과 일
플레이팅
마 스 터

FRUIT PLATING MASTER

고윤희 김미숙 이수연
전현준 이 솜 전선주
지음

과일플레이팅 마스터

한국직업능력연구원에 등록된 민간자격증

KCDA
한국카빙데코레이션협회
Korea Carving Decoration Association

CONTENTS

PART 3

식품위생학

PART 4

과일플레이팅 자격검정 예제

저자소개

고 윤 희

• 일반경력

- 사)한국카빙데코레이션협회 부회장
- 사)한국카빙데코레이션협회 푸드카빙명장
- Food Carving Great Master 제 2호
- 사)한국카빙데코레이션협회 국가대표 1기, 2기 팀장
- 사)한국카빙데코레이션협회 본사 전임교수
- 김기진카빙데코레이션학원 부원장
- 사)한국카빙데코레이션협회 Expert 심사위원
- 한국국제요리경연대회 – 카빙경연 총괄 심사위원장
- WACS코리아 푸드 트렌드 페어 – 카빙경연 총괄 심사위원장
- 서울국제 푸드앤테이블웨어 – 카빙경연 총괄 심사위원장
- 향토식문화대전 – 카빙경연 총괄 심사위원장
- 서울푸드페스티벌 – 카빙경연 총괄 심사위원장
- 계명문화대학교 호텔항공외식관광학부 〈푸드카빙〉 외래교수
- 수성대학교 호텔조리과 〈푸드카빙〉 외래교수
- 우석대학교 외식산업조리학과 〈푸드카빙〉 외래교수
- 상지영서대학교 평생교육원 〈푸드카빙〉 담당교수
- 계명문화대학교 평생교육원 〈푸드카빙〉 담당교수

• 학 력

- 영남대학교 외식산업학 박사수료
- 경희대학교 조리외식경영학 석사

• 연구실적 및 저서

- 푸드카빙데코레이션의 학습몰입 및 참여몰입이 심리적안정, 러브마크 및 충성도에 미치는 영향 (2019)
- 푸드카빙데코레이션 교육생의 인구통계학적특성에 따른 우울과 자아존중감의 변화와 차이에 관한 탐색적 연구 〈외식경영연구〉 2020
- 외식업체의 비대면 서비스 품질이 만족과 구매의도에 미치는 영향 〈한국조리학회지〉 2020
- 레스토랑 종사원의 비언어적 커뮤니케이션이 브랜드 이미지 및 충성도간의 관계연구 : 프랜차이즈 레스토랑 소비자를 중심으로 〈한국조리학회지〉 2020
- New 음료와 칵테일 〈조주기능사 필기, 실기 문제집〉 (2014)
- 푸드카빙데코레이션 마스터 〈카빙 자격검정 실기〉 (2015)
- 2016 푸드카빙데코레이션 필기시험 문제집
- 2018 푸드카빙데코레이션 드로잉북
- 2018 칵테일가니쉬 마스터 교재
- 2020 수박카빙데코레이션 마스터 교재
- 2020 수박카빙&푸드카빙 드로잉북
- 2022 비누카빙 마스터 교재

• 수 상 경 력

- WTCO 국제인증대회 심사위원 인증
- 제 18회 대한민국 향토식문화대전 & 국제탑셰프그랑프리 지도자상 수상 (2021)
- 대한민국 푸드카빙 명장배 카빙데코레이션 경연대회 심사위원장상 수상 (2021)
- 2020 국제탑쉐프 그랑프리 카빙경연대회 심사위원 위촉 (2020)
- 2020 한국푸드카빙기능대회 심사위원장상 수상 (2020)
- 제 14회 한국카빙데코레이션경연대회 심사위원장상 수상 (2020)
- 온라인 한국카빙데코레이션 경연대회 심사위원장상 수상 (2020)
- 대한민국 푸드카빙 명장배 카빙데코레이션경연대회 심사위원장상 수상 (2019)
- 사)한국카빙데코레이션협회 대회작품 최우수지도자상 수상 (2019)
- 사)한국카빙데코레이션협회 과일플레이팅부문 베스트오브베스트티쳐상 수상 (2019)
- 사)한국카빙데코레이션협회 푸드카빙플레이팅부문 베스트오브베스트티쳐상 수상 (2019)
- 사)한국카빙데코레이션협회 수박카빙부문 베스트오브베스트티쳐상 수상 (2019)
- 사)한국카빙데코레이션협회 동물카빙부문 베스트오브베스트티쳐상 수상 (2019)
- 사)한국카빙데코레이션협회 칵테일가니쉬부문 최우수지도자상 수상 (2019)
- 사)한국카빙데코레이션협회 대회출전작품 최우수지도자상 (2018)
- 사)한국카빙데코레이션협회 2018 최우수심사위원상 수상 (2018)
- 2016,2017 한국카빙데코레이션협회 베스트오브베스트티쳐상 연속수상
- 사)한국카빙데코레이션협회 최우수지도자상 4회 연속수상
- 2015 제 17회 FHC국제요리예술대회〈중국〉 카빙부문 은메달 수상
- 2014 Asia Food Festival 〈페낭〉 말레이시아 아뮤즈부쉬부문 은메달 수상
- 2015 한국국제요리경연대회 국회의원 특별대상 수상
- 2015 상지영서대학교 공로상 수상 〈총장상〉
- 2016 대한민국 향토식문화대전 카빙부문 농촌진흥청장상 대상 수상
- 2017 한국국제요리경연대회 식품의약품안전처장상 대상 수상
- 2017 서울푸드페스티벌 카빙부문 서울시장상 대상 수상
- 2017 전주비빔밥축제 카빙부문 전라북도지사상 대상 수상
- 사)한국외식산업협회 표창장 수상
- 사)한국음식관광협회 글로벌리더 국가대표 선정 및 표창장 수상
- 2014 한국카빙데코레이션협회 경연대회 카빙부문 대상 수상
- 2014 강원도 서비스경진대회 특별전시 카빙부문 대상 수상
- 2013, 2014 한국국제요리경연대회 칵테일 부문 금메달 연속 수상
- 2014 한국국제요리경연대회 개인조각부문 금메달 수상
- 2014,2015 한국카빙데코레이션협회 공로패 연속수상
- 2022 푸드카빙 Best of Best Teacher상 수상

• **방 송 출 연**

- KBS2 8시 아침뉴스타임 푸드카빙, 과일예쁘게모양내기 출연 (2016)
- SBS 강호동 "스타킹" 작품연출 (2016)
- 배우 박성웅 카비광고 TV CHF "애플수박작품연출" (2016)
- KBS2 생방송 '아침이 좋다' 작품연출 (2017)
- SBS 드라마 〈기름진멜로〉 작품연출 (2018)
- KBS2 생생정보 〈과일플레이팅〉 방송출연 (2018)
- MBC '생방송 오늘 저녁' 이구역의 1인자편 푸드카빙 1인자 방송출연 (2018)
- MBN 생생정보마당 〈여성최초푸드카빙명장〉 방송출연(2018)
- SBS 드라마 〈열혈사제〉 작품연출 (2019)
- 영국 엘리자베스 여왕 93세 생일상 수박카빙 작품연출 (JTBC뉴스) (2019)
- MBC '살맛나는 세상' 〈여성최초푸드카빙명장〉 방송출연 (2019)
- OBS '이것이 인생' 〈여성최초푸드카빙명장〉 방송출연 (2019)
- SBS '네모세모' 〈여성최초푸드카빙명장〉 방송출연 (2020)
- SBS 백종원 '맛남의 광장' 〈푸드카빙명장 고윤희교수〉 방송출연 (2021)
- CJ헬로비전 '명물인생' 〈푸드카빙명장 고윤희교수〉 방송출연 (2022)

• **자 격 증**

- 조주기능사
- 양식조리기능사
- 커피바리스타 2급
- 제과기능사
- 제빵기능사
- 푸드카빙데코레이션 2급, 1급, 마스터
- 숙명여자대학교 한국음식연구원 푸드스타일리스트 과정 수료(Level Ⅰ, Ⅱ)
- 외식경영관리사
- 푸드스타일리스트
- 텔레마케팅관리사
- 과일플레이팅 2급, 1급, 마스터
- 이벤트카빙 프로페셔널, 강사
- 푸드카빙플레이팅 1급, 마스터, 강사
- 스티로폼카빙 1급, 마스터
- 아이스카빙 2급, 1급, 마스터

김 미 숙

• 일 반 경 력

- (현) 사)한국카빙데코레이션협회 부회장
- (현) 사)한국카빙데코레이션협회 명장
- (현) 사)한국카빙데코레이션협회 이사
- (현) 사)한국카빙데코레이션협회 심사위원
- (현) 사)한국카빙데코레이션협회 푸드카빙플레이팅 전문강사
- (현) 사)한국카빙데코레이션협회 수박카빙데코레이션 전문강사
- (현) 사)한국카빙데코레이션협회 동물카빙데코레이션 전문강사
- (현) 사)한국카빙데코레이션협회 과일플레이팅 전문강사
- (현) 사)한국카빙데코레이션협회 아이스카빙 전문강사

• 수 상 경 력

- 2018 한국카빙데코레이션경연대회 푸드카빙데코레이션 개인전시 서울시장상
- 2017 아티산 페스티벌 기능인대회 푸드카빙 금상
- 2017 WACS 푸드카빙경연 동상 수상
- 2018 한국카빙데코레이션경연대회 스티로폼카빙 개인전시 금상
- 2018 한국카빙데코레이션경연대회 푸드카빙데코레이션 라이브 금상
- 2018 한국카빙데코레이션경연대회 과일플레이팅 라이브 금상
- 2018 한국카빙데코레이션경연대회 푸드카빙플레이팅 라이브 금상

[2023 한국카빙데코레이션경연대회]

- 푸드카빙 단체전시 대상
- 수박카빙 단체전시 대상
- 동물카빙 단체전시 대상
- 스티로폼카빙 단체전시 대상
- 펌킨카빙 단체전시 대상
- 비누카빙 단체전시 대상
- 아이스카빙 단체전시 대상
- 푸드카빙플레이팅 개인전시 금상
- 스티로폼카빙 개인전시 대상
- 과일플레이팅 개인전시 금상
- 비누카빙 개인전시 금상
- 펌킨카빙 개인전시 대상
- 아이스카빙 개인전시 대상
- 수박카빙 개인전시 대상

• 자 격 증

- 수박카빙 마스터
- 동물카빙 마스터
- 스티로폼카빙 마스터
- 칵테일가니쉬 마스터
- 푸드카빙플레이팅 마스터
- 이벤트카빙 프로페셔널
- 비누카빙 마스터
- 펌킨카빙 마스터
- 아이스카빙 마스터
- 꽃풍선 전문강사
- 앙금플라워
- 부산 폐백이바지 전문가

• 저 서

- 2018 칵테일가니쉬 마스터
- 2019 푸드카빙데코레이션 자격증 필기시험 문제집

이 수 연

• 일 반 경 력

- 사단법인 한국 카빙 데코레이션협회 7기 국가대표
- 사단법인 한국 카빙 데코레이션협회 이사
- 사단법인 한국 카빙 데코레이션 협회 심사위원
  (수박/ 동물/ 비누/ 과일플레이팅/ 푸드 플레이팅/
  칵테일 가니쉬/ 호박/ 스티로폼)
- 사단법인 한국 카빙 데코레이션 협회 심사위원장
- 사단법인 한국 카빙 데코레이션 협회 강의파트너
- 사단법인 한국 카빙 데코레이션 협회 과일플레이팅 전문강사
- 사단법인 한국 카빙 데코레이션 협회 이벤트 카빙
  프로페셔널 인증강사
- 파주 두원공과대학교 단기특강
- 천안 병천고등학교 수박카빙, 이벤트카빙 보조강사

• 자 격 증

- 수박 카빙 데코레이션 - 2급/ 1급/ 마스터
- 과일 플레이팅 - 2급/ 1급/ 마스터
- 동물 카빙 데코레이션 - 2급/ 1급/ 마스터
- 아이스 카빙 - 2급/ 1급/ 마스터
- 펌킨 카빙 - 2급/ 1급/ 마스터
- 비누카빙 - 2급/ 1급/ 마스터
- 푸드 카빙 플레이팅 - 1급/마스터
- 칵테일 가니쉬 -1급/마스터
- 스티로폼 카빙 - 1급/마스터
- 이벤트 카빙 프로페셔널
- 한식 조리기능사
- 중식 조리기능사
- 일식 조리기능사
- 양식 조리 기능사
- 제빵 기능사
- 미용사
- 요양보호사

• 저 서

- 동물 카빙 마스터 교재
- 비누 카빙 마스터 교재

• 수 상 경 력

- 2022. 제19회 서울 국제 푸드 앤 테이블 웨어 박락회
  * 푸드 카빙 단체전시 - 해양수산부장관상
- 2022. 한국 카빙 데코레이션 경연대회
  * 동물카빙미러 경연대회 - 서울시장상
- 2021. 한국 카빙 데코레이션 경연대회
  * 과일 플레이팅 개인전시 - 서울시장상
- 2023. 제16회 사단법인 한국 카빙 데코레이션 협회 총회
  * 지도자상 * 대회작품 우수지도자상 * 수박카빙 우수지도자상
  * 이벤트카빙 우수지도자상
- 2022. 제15회 사단법인 한국 카빙 데코레이션협회 총회 * 표창장
- 2022. 제19회 서울 국제 푸드 앤 테이블 웨어 박람회
  * 푸드 카빙 단체전시 - 대상 * 과일 플레이팅 ㄹ-이브경연 - 금상
  * 푸드카빙 라이브 경연 - 은상
- 2022 대한민국 푸드카빙 명장배 카빙데코레이션 경연대회
  * 펌킨카빙 개인전시 - 대상 * 아이스카빙 라이크경연 - 금상
  * 비누카빙 개인전시 - 금상 * 스티로폼 개인전시 - 금상
- 2022. 한국푸드카빙기능대회
  * 수박카빙단체전시 - 대상 * 동물카빙단체전시 - 최우수상
- 2022. 제16회 한국카빙데코레이션 경연대회
  * 동물카빙미러경연 - 대상 * 스티로폼개인전시 - 대상
  * 푸드카빙단체전시 - 대상
- 2021 제15회 한국 카빙 데코레이션 경연대회
  * 과일 플레이팅개인전시 - 대상 * 푸드플레이팅개인전시 - 금상
  * 동물카빙미러경연금상 - 금상 * 칵테일가니쉬개인전시 - 금상
  * 스티로폼개인전시 - 금상 * 수박카빙미러경연 - 최우수상
  * 동물카빙데크레이션 - 우수상
- 2021 대한민국 푸드카빙 명장배 카빙데코레이션 경연대회
  * 수박카빙미러경연 - 대상 * 푸드카빙데코레이션개인전시 - 금상
  * 과일플레이팅개인전시 - 금상 * 스티로폼개인전시 - 금상
  * 푸드카빙플레이팅개인전시 - 금상 * 용카빙라이브 - 최우수상
  * 동물카빙미러경연 - 최우수상 * 칵테일가니쉬개인전시 - 최우수상
- 2021 제18회 향토식문화대전
  * 푸드카빙데코레이션개인전시 - 금상 * 용카빙 라이브 - 금상

전 현 준

• 일 반 경 력

- 사) 한국카빙데코레이션협회 이사
- 사) 한국카빙데코레이션협회 국가대표
- 사) 한국카빙데코레이션협회 심사위원장
- 사) 한국카빙데코레이션협회 이벤트카빙프로페셔널 인증강사
- 사) 한국카빙데코레이션협회 과일플레이팅 전문강사
- 사) 한국카빙데코레이션협회 강의파트너
- 사) 한국카빙데코레이션협회 전임강사
- 사) 한국카빙데코레이션협회 2022 표창장
- 사) 한국카빙데코레이션협회 2022 우수지도자상
- 사) 한국카빙데코레이션협회 2022 대회작품 우수지도자상
- 한국관광공사 창업 컨설턴트
- 부산삼성여자고등학교 SCIENTIFIC 조각 푸드카빙 특강
- 울산 행정복지센터 청소년 진로체험 특강
- 평창 '제1회 하리페스티벌' 메인 강사
- 한국관광외식협회 바리스타 강사

• 자 격 증

- 수박카빙데코레이션 2급 / 1급 / 마스터
- 동물카빙데코레이션 2급 / 1급 / 마스터
- 호박카빙데코레이션 2급 / 1급 / 마스터
- 비누카빙데코레이션 2급 / 1급 / 마스터
- 푸드카빙플레이팅 2급 / 1급 / 마스터
- 과일플레이팅 2급 / 1급 / 마스터
- 칵테일가니쉬 2급 / 1급 / 마스터
- 스티로폼카빙 2급 / 1급 / 마스터
- 아이스카빙 2급 / 1급 / 마스터
- 이벤트카빙프로페셔널
- SCAE Foundation
- SCAE Intermediate
- SCAE Professional
- 한국커피협회 바리스타 2급
- 한식조리기능사
- 조주기능사

• 수 상 경 력

- 제 19회 서울국제푸드앤테이블웨어

* 푸드카빙단체전시 대상 * 푸드카빙단체전시 환경부장관상

* 푸드카빙라이브 금상 * 푸드카빙개인전시 은상
* 과일플레이팅라이브 은상

- 2022 한국푸드카빙기능대회
  * 푸드카빙단체전시 대상 * 푸드카빙개인전시 금상
  * 수박카빙개인전시 금상 * 동물카빙미러경연 금상
  * 수박카빙미러경연 우수상 * 과일플레이팅개인전시 금상
- 2022 한국카빙데코레이션경연대회
  * 푸드카빙단체전시 대상 * 푸드카빙개인전시 대상
  * 수박카빙개인전시 금상 * 아이스카빙라이브 금상
  * 수박카빙미러경연 금상 * 동물카빙미러경연 최우수상
  * 푸드카빙플레이팅 최우수상 * 칵테일가니쉬라이브 대상
  * 칵테일가니쉬라이브 서울시장상
- 2022 대한민국푸드카빙명장배 카빙데코레이션 경연대회
  * 수박카빙단체전시 대상 * 푸드카빙단체전시 금상
  * 수박카빙개인전시 대상 * 수박카빙미러경연 대상
  * 과일플레이팅경연 대상 * 푸드카빙플레이팅 금상
  * 푸드카빙개인전시 금상 * 동물카빙미러경연 금상
  * 펌킨카빙개인전시 금상 * 동물카빙개인전시 최우수상
  * 용카빙라이브경연 최우수상 * 수박카빙스피드스킬 대상
  * 동물카빙스피드스킬 금상 * 칵테일가니쉬개인전시 최우수상
  * 아이스카빙 금상
- 2023 온라인 한국카빙데코레이션 경연대회
  * 국가대표특별전시 대상 * 푸드카빙단체전시 금상
  * 아이스카빙단체전시 대상

이 솜

•일반경력

- 사) 한국카빙데코레이션협회 이사
- 사) 한국카빙데코레이션협회 7기국가대표
- 사) 한국카빙데코레이션협회 심사위원
- 사) 한국카빙데코레이션협회 과일 플레이팅 전문강사
- 사) 한국카빙데코레이션협회 이벤트카빙 프로페셔널 인증강사
- 사) 한국카빙데코레이션협회 강의 파트너
- 사) 2023년 한국카빙데코레이션협회 표창장

•수상경력

- 2019 대한민국 푸드카빙 명장배 카빙데코레이션경연대회
  *푸드카빙데코레이션 학생부 단체전시 우수상
- 2019 제16회 대한민국 향토식문화대전
  *푸드카빙 학생부 단체전시 산림청장상
  *푸드카빙 학생부 단체전시 금상
- 2021 대한민국 푸드카빙 명장배 카빙데코레이션 경연대회
  *푸드카빙데코레이션.단체전시 대상
  *푸드카빙데코레이션 개인전시 은상
- 2022 한국푸드카빙기능대회
  *수박카빙 단체전시 대상 *수박카빙 미러경연 대상
  *동물카빙 단체전시 최우수상 *동물카빙 개인전시 금상
  *동물카빙 미러경연 대상 *과일플레이팅 개인전시 최우수상
  *푸드카빙플레이팅 개인전시 최우수상 *푸드카빙 개인전시 최우수상
- 2022 제19회 서울국제푸드앤테이블웨어박람회
  *푸드카빙단체전시 해양수산부 장관상
  *푸드카빙단체전시(일반부) 대상 *푸드카빙 개인전시 금상
  *푸드카빙라이브 동상 *과일플레이팅라이브 금상
- 2022 제16회 한국카빙데코레이션 경연대회
  *수박카빙 미러경연 서울특별시장상
  *수박카빙 미러경연 대상 *수박카빙 개인전시 금상
  *수박카빙 단체전시 대상 *동물카빙 단체전시 대상
  *동물카빙 미러경연 최우수상 *동물카빙 개인전시 최우수상
  *푸드카빙 개인전시 최우수상 *푸드카빙 단체전시 최우수상
  *푸드카빙 플레이팅 라이브경연 금상
  *과일플레이팅 라이브경연 대상
- 2022 대한민국 푸드카빙 명장배 카빙데코레이션 경연대회
  *과일플레이팅 라이브경연 대상
  *푸드카빙 단체전시 대상
  *수박카빙 스피드스킬 금상
  *펌킨카빙 개인전시 금상

*칵테일 가니쉬 개인전시 금상
*푸드카빙플레이팅 개인전시 최우수상
- 2023 한국카빙데코레이션 경연대회
* 국가대표 특별전시 대상
* 아이스카빙 단체전시 대상
* 아이스카빙 개인전시 대상
* 수박카빙 단체전시 대상
* 비누카빙 개인전시 금상
* 펌킨카빙 개인전시 대상

· 자 격 증

- 수박카빙데코레이션- 2급/1급/. 마스터
- 과일플레이팅- 2급/1급/마스터
- 동물카빙데코레이션- 2급/1급/마스터
- 푸드카빙플레이팅 - 1급/마스터
- 칵테일 가니쉬 - 1급/마스터
- 이벤트카빙 프로페셔널
- 펌킨카빙 -2급/1급/마스터
- 비누카빙 - 2급/1급/마스터
- 스티로폼 카빙 1급/마스터
- 아이스카빙2급/1급/마스터
- 한식조리기능사
- 양식조리기능사
- 일식조리기능사
- 중식조리기능사
- 제과기능사
- 제빵기능사
- 바리스타2급

전 선 주

• 일 반 경 력

- 한국카빙데코레이션협회 이사
- 과일플레이팅 전문강사
- 수박카빙데코레이션 심사위원
- 동물카빙데코레이션 심사위원
- 과일플레이팅 심사위원
- 동래구 진료교육지원센터특강 강사
- 명인고등학교 방과후수업지도

• 수 상 경 력

- 제 15회 한국카빙데코레이션경연대회
  *푸드카빙플레이팅 경연 대상 서울시장상
  *푸드카빙 데코레이션 단체전시 금상
  *푸드카빙플레이팅 개인전시 대상
  *과일플레이팅 개인전시 은상 *수박카빙 미러경연 우수상
  *동물카빙 미러경연 우수상
  *푸드카빙데코레이션 개인전시 우수상
  *수박카빙데코레이션 개인전시 우수상
  *동물카빙데코레이션 개인전시 최우수상
- 2021 대한민국 푸드카빙 명장배 카빙데코레이션 경연대회
  *푸드카빙데코레이션 단체전시 대상
  *푸드카빙플레이팅 개인전시 대상
  *푸드카빙데코레이션 개인전시 금상
  *수박카빙 미러경연 금상 *용 라이브경연 금상
  *동물카빙 미러경연 은상 *과일플레이팅 개인전시 우수상
- 2021 대한민국 향토식문화대전 "국제탑쉐프그랑프리"
  *푸드카빙 단체전시 대상 *용라이브 경연 은상
  *푸드카빙 개인전시 동상
- 2022 한국푸드카빙기능대회
  *수박카빙 미러경연 금상 *과일플레이팅 개인전시 우수상
  *동물카빙 미러경연 최우수상
- 제19회 서울국제 푸드앤 테이블웨어
  *푸드카빙 단체전시 금상 *푸드카빙 라이브경연 은상
  *과일플레이팅 라이브경연 은상
- 제 16회 한국카빙데코레이션경연대회
  *푸드카빙 단체전시 대상 서울시장상 *푸드카빙 단체전시 금상
  *칵테일가니쉬 라이브경연 최우수상
- 2022 대한민국 푸드카빙 명장배 카빙데코레이션 경연대회
  *수박카빙 단체전시 금삼 *용카빙 라이브경연 우수상

*2022년 표창장 수상 *2022년 대회작품 우수지도자상 수상
*2022년 동물카빙데코레이션 우수지도자상 *2022년 수박카빙데코레이션 우수지도자상

• 자 격 증

– 이벤트카빙 프로페셔널
– 수박카빙 데코레이션 마스터
– 동물카빙 데코레이션 마스터
– 과일플레이팅 데코레이션 마스터
– 푸드카빙 데코레이션 마스터
– 칵테일가니쉬 마스터
– 스티로폼카빙 마스터
– 과일플레이팅 전문강사
– 한식 조리기능사
– 양식 조리기능사
– 중식 조리기능사
– 일식 조리기능사
– 사회복지사
– 간호조무사
– 요양보호사
– 실기교사 자격증
– 동력수상레저기구 조정면허

과일플레이팅
자격검정 안내

<table>
<tr><th>구 분</th><th>과일플레이팅
2급</th><th>과일플레이팅
1급</th><th>과일플레이팅
MASTER</th></tr>
<tr><td>필기
시험과목
(출제비중)</td><td>과일플레이팅 실무(40%)
과일플레이팅 재료학(30%)
식품위생학(30%)</td><td>과일플레이팅 실무(40%)
과일플레이팅 재료학(30%)
식품위생학(30%)</td><td>과일플레이팅 실무(40%)
과일플레이팅 재료학(30%)
식품위생학(30%)</td></tr>
<tr><td>실기시험</td><td>과일플레이팅 제시된 작품 3접시 (30분)
또는 지정된 교육장에서 지정된 교육과정을 수료할 경우 대체평가가능</td><td>제시된 과일플레이팅 중급 예제 2작품을 시간 내 완성

제한시간 : 1시간 30분</td><td>제시된 과일플레이팅 고급 예제 2작품을 시간 내 완성

제한시간 : 2시간 30분</td></tr>
<tr><td>응시자격</td><td>지정된 교육을 이수한 사람만 응시가능 / 연령제한 없음</td><td>지정된 교육을 이수한 사람만 응시가능 / 연령제한 없음</td><td>과일플레이팅 1、2급 자격증 소지해야하며, 지정된 교육을 이수해야만 응시가능</td></tr>
<tr><td>필기시험
문항 수</td><td colspan="3">객관식 50문항
(필기시험은 한국카빙데코레이션협회 홈페이지에서 온라인으로 시행됨)</td></tr>
<tr><td>합격기준</td><td colspan="3">합격기준 점수는 필기시험과 실기시험 공통으로 적용됨.
과일플레이팅 2급 100점 만점에 60점 합격
과일플레이팅 1급 100점 만점에 70점 합격
과일플레이팅 마스터 100점 만점에 80점 합격</td></tr>
<tr><td>시험일시</td><td colspan="3">본사 시험장 시험실시 횟수: 24회(매달)
(홈페이지 공고: http://www.foodcarving.co.kr)</td></tr>
<tr><td rowspan="2">전형료</td><td colspan="2">1급과 2급 시험 응시료
필기: 30,000원/ 실기: 50,000원
(고등학교 및 대학교에서 단체로 시행되는 상시시험은 응시료가 변경될 수 있음)</td><td>마스터 시험 응시료
필기: 30,000원
실기: 70,000원</td></tr>
<tr><td colspan="3">1급,2급,마스터 공통 자격증 실기시험 합격 후 자격증 발급비 : 건당 20,000원</td></tr>
<tr><td>원서교부
및 문의처</td><td colspan="3">KCDA한국카빙데코레이션협회 (http://www.foodcarving.co.kr)</td></tr>
<tr><td>기타사항</td><td colspan="3">시행: 한국카빙데코레이션협회</td></tr>
</table>

과일플레이팅에 대한 소개

최근 소비자들의 지식수준과 소득수준이 향상되고, 여가생활과 감성적인 소비가 확산되면서 소비자들의 생활 속에 식사는 내식에서 외식으로 변화하고 있다. 이러한 변화로 인하여 외식업의 경쟁은 더욱 치열하게 되었고, 식사의 품질 뿐만 아니라, 소비자들이 지각하는 분위기와 식공간의 연출 등의 요소들이 더욱 중요해지고 있는 실정이다. 즉 식생활이 단순히 생존의 의미로 배를 채우기 위한 생존의 의미가 약화되면서 음식의 질이나 분위기, 서비스가 더욱 중요시되고 있다는 것이다. 같은 음식이라도 어떻게 담는가, 어떤 색의 배열을 따르는가, 어떤 용기에 담아내는가에 따라서 다르게 평가된다. 음식의 구매의사 행동을 결정하는 것은 후각이나 미각보다는 시각이 더 중요한 결정적 요인이라는 것은 많은 연구에서 검증된 바 있다. 소비자들은 식 공간에서 단순히 음식을 먹는 공간이 아닌 행복과 기쁨을 느끼는 문화 공간, 휴식공간의 여러 가지 기능적 역할을 기대하고 있다.

과일플레이팅이란 식 공간에서 식사 후의 후식의 개념으로만 알려져 있지만, 과일은 식공간의 시각적인 부분을 가장 크게 자극할 수 있는 소재일 수 있다. 과일의 여러 가지 색감과 그 이미지는 식공간의 분위기를 한층 더 신선하고, 고급스럽게 만들게 된다. 또한, 소비자들의 눈을 즐겁게 해주고, 식욕증진에도 긍정적인 역할을 하게 된다. 최근 외식마케팅 분야에서 중요하게 거론되고 있는 엔터테인먼트적 요소라 할 수 있다. 즉 고객의 시각적 즐거움을 유발하여 고객이 외식상품을 구매하는 경험을 긍정적으로 만든다는 것이다.

과일플레이팅 자격인증 주관사 소개

• 한국카빙데코레이션협회 소개

한국카빙데코레이션협회는 과일플레이팅에 대한 소비자들의 인식을 높이고, 기술력을 배양하여 선진 외식문화를 선도하고 있다. 또한, 카빙스킬을 보유한 협회 회원들 간의 협력과 유대를 강화하여 외식산업의 건전한 발전과 공정경쟁을 추진하며, 관련 신기술을 개발, 보급하고 있다. 한국카빙데코레이션협회는 회원들이 외식산업에서의 카빙 전문가로서 입지를 다질 수 있도록 돕고, 선진 외식문화산업의 국내·외 경쟁력 제고로 국내 외식산업의 발전에 기여하기 위해 설립된 카빙데코레이션 분야를 대표하는 단체이다.

FRUIT
PLATING
MASTER

PART 1

과일플레이팅(Fruits Plating) 재료학

제 1장 과일의 영양소

제 2장 과일의 종류

제 1장 과일의 영양소

과일은 각종 비타민, 무기질, 식이섬유, 항산화 영양소가 풍부한 건강에 유익한 식품으로 알려져 있다. 과일은 대체로 지방과 단백질이 적고 수분이 많다. 과일을 뜻하는 영단어 Fruit는 즐거운, 유익한의 뜻을 가진 라틴어 Frui에서 유래되었다. 과일의 상큼한 맛은 기분을 전환시키기도 하며 과일의 유용한 성분이 체액을 알칼리성으로 유지해주거나 인체에 필요한 영양을 공급하고, 체내의 불순물을 배출하기도 하는 등 과일은 우리에게 다양한 유익함을 제공한다.

다른 식품들도 그렇듯 아무리 좋은 과일도 적당한 양을 섭취하는 것이 중요하다. 과일은 혈당을 빨리 높이지 않는 편이지만 과당이나 포도당이 많이 함유되어 있어 당뇨병 환자는 섭취할 때 주의해야 하며, 식후에 과일을 많이 섭취하는 것은 좋지 않다. 본디 과당은 과일에서 처음 발견이 되어 과당, 포도당은 포도에서 발견이 되어 포도당이라 불린다고 한다. 과일에 포함된 식이섬유는 혈당상승을 완화하는 작용을 하므로 과일은 껍질 채 먹는 것이 좋고, 과일의 즙을 짜서 먹을 경우 식이섬유가 거의 없어지고 비타민 손실도 많이 되므로 생과일을 먹는 것이 좋다.

또, 제철에 재배한 자연산 과일을 다양하게 먹는 것이 가장 좋다. 비닐하우스에서 재배한 과일은 자연산 과일보다 항산화 영양소 함량이 낮다. 그리고 과일의 갖가지 색깔은 각자가 다른 항산화 영양소를 함유하고 있음을 의미하며, 그 영양소가 각자 다른 역할을 하므로 다양한 색깔의 과일을 먹는 것이 좋다.

예부터 신토불이(身土不二)라고 하였다. 계절에 맞추어 수확한 과일은 제철이 아닌 때 수확한 과일보다 영양소 함량이 더 많다. 여름의 제철과일은 더위를 해소해주는 효과가 있고 바나나는 열대지역에서 배앓이를 할 때 먹으면 씻은 듯이 낫는다고 한다. 이렇듯 자신이 사는 지역에서 나는 제철과일은 맛도 좋으면서 자신의 체질에도 가장 잘 맞는 것이다.

종류	주요 성분	100g 당 Kcal	제철
딸기	비타민C. 엽산. 안토시아닌(눈 건강). 자일리톨.	26	1-5월
파인애플	섬유질. 유기산. 비타민B·C. 칼륨.	23	3-9월
매실	칼슘. 유기산. 피크린산(해독).	29	5-6월
망고	당분. 비타민A. 카로틴.	68	5-10월
살구	당분. 유기산. 베타카로틴. 라이코펜(항암). 아미그달린(폐건강).	33	6-7월
참외	수분. 칼륨. 엽산. 쿠쿨비타신(항암).	35	6-8월
오렌지	비타민A·C. 섬유질.	50	6-10월
복숭아	수분. 당분. 펙틴. 유기산. 아스파라긴산(숙취).	41	7-8월
수박	수분. 칼륨. 비타민C. 라이코펜(항암). 시트룰린(이뇨).	21	7-8월
자두	펙틴. 유기산. 안토시아닌(눈건강).	34	7-8월
블루베리	식이섬유. 안토시아닌(눈건강).	56	7-9월
토마토	수분. 카로틴. 비타민C. 리코펜(항암). 루틴(혈관).	14	7-9월
레몬	구연산. 비타민C.	31	7-10월
멜론	수분. 칼륨. 베타카로틴. 비타민C.	38	7-10월
포도	유기산. 당분. 플라보노이드(항암).	60	8월
키위	식이섬유. 비타민C·E. 엽산. 칼륨. 칼슘	54	8-10월
무화과	당분. 유기산. 벤즈알데히드(항암). 단백질. 펙틴.	43	8-11월
감	당분. 비타민A·B·C. 타닌.	44	9-10월
배	수분. 루테올린(호흡기). 아스파라긴산(숙취). 비타민B·C	51	9-11월
석류	당질. 유기산. 식물성 에스트로겐.	67	9-12월
귤	비타민C. 펙틴. 헤스페리딘(혈관).	38	9-12월
사과	유기산. 펙틴. 당분.	57	10-12월
바나나	탄수화물. 비타민A·C. 칼륨. 비타민B·C.	98	연중 계속
체리	비타민C·E. 안토시아닌(눈건강). 멜라토닌. 칼슘. 베타카로틴(항암).	60	연중 계속
자몽	구연산. 펙틴. 비타민C.	30	연중 계속
아보카도	필수지방산. 탄수화물. 단백질. 비타민A·C·E.	191	연중 계속

제 2장 과일의 종류

1. 감

1) 원산지

감은 동북아시아(한국, 중국, 일본) 특유의 온대 낙엽과수이다. 중국의 〈예기〉에 최초의 기록이 있고 〈신수본초〉, 〈제민요술〉등에서 확실히 기술되고 있다.

문헌을 통해 추측해보면 우리나라에서는 고려시대부터 재배된 것으로 보인다. 우리나라 고유의 단감은 지리산 남부에 산재되어 있었는데, 현재 재배되고 있는 단감은 모두 일제강점기에 일본에서 도입된 것들이다. 현재 재배되고 있는 재래종은 모두가 떫은 감이다. 국내산지는 경산, 청도, 의성, 산청, 예천 등의 경상도 지방이 유명하다.

2) 생산시기

감은 품종에 따라 수확하는 시기가 약간씩 차이가 있는데, 보통 9월 하순에서 10월 하순에 수확한다.

3) 저장방법

0℃에서 폴리에틸렌 봉지에 밀봉해 두면 표면과 꼭지에서 수분이 증발하는 것을 막아 2개월간 보존할 수 있다. 온도가 상승할수록 과육이 쉽게 무르고, 상온(25–28℃)에서는 5–7일간 보관이 가능하다.

4) 특성

포도당, 과당이 주 성분이며 이로 인해 단맛이 난다. 비타민 A, B, C가 풍부하고 여러 가지 유기산과 칼륨이 많아 영양가 높은 과일이라고 할 수 있다.

떫은맛을 내는 디오스프린 성분은 피부 수렴의 효과가 있어 점막표면 조직을 수축시켜 설사를 멎게 하거나 혈관을 튼튼하게 해 동맥경화와 고혈압을 예방한다. 수확 후 시간이 지나면 감이 스스로 만들어낸 아세트알데히드가 타닌과 결합하여 떫은맛이 나지 않게 된다. 이러한 이유로 떫은 감은 혈중 알코올 농도를 낮추는 효과가 있다.

5) 고르는 방법

감은 형태에 따라 납작한 반시, 둥근 모양의 둥시, 상투 고양의 상투감, 고둥 보양의 고둥시, 화분 모양의 본시, 둥근 형태의 원시 등으로 구분한다. 과일 깎기 작품의 형태에 맞추어 적절한 감을 고르면 된다. 한편, 크기나 육질에 따라서 다양하게 구분하기도 한다. 떫은 감은 가공하여 건시나 홍시 등으로 먹고, 주로 생식을 하는 감은 단감이다. 따라서 과일 깎기에서는 아삭한 질감을 가진 단감을 사용한다.

단감은 꼭지가 황색이면서 꼭지나 꼭지 반대쪽이 볼록하게 튀어나온 것이 씨가 고르게 박혀 있고 맛이 좋다. 껍질에 탄력과 윤기가 있으면서 표면은 울퉁불퉁하지 않으면서 얼룩이 없어야 한다. 전체적으로 색이 고르고 짙은 것이 좋으며, 꼭지 쪽에서 보았을 때 가로 세로의 비율이 비슷한 직사각형 모양이 좋다.

2. 멜론

1) 원산지

북아프리카, 중앙아시아 및 인도 등을 원산지로 보고 있으나, 중동에도 야생형을 재배하고 있었기 때문에 단정하기 어렵다. 현재는 세계각지에서 온실재배를 하게 되었다.

2) 생산시기

연중 생산이 가능하며, 씨를 뿌려 채취할 때까지 100일이 걸린다. 생산제철은 7월부터 10월까지이다.

3) 저장방법

온도는 4.4℃-10℃, 습도는 85%에서 10-14일 정도 저장이 가능하다. 낮은 온도로 저장했을 경우에는 저온 장해를 입는다. 갓 딴 것은 살이 단단하고 향이 좋지 않아 실온에서 후숙하여 먹는다. 냉장고에 넣을 때는 반드시 완숙된 것을 보관해야한다. 너무 차가운 상태에서는 단맛이 떨어진다. 에틸렌을 많이 발생하는 과일이므로 다른 과일과 함께 두지 않는다.

4) 특성

멜론은 100여종의 다양한 품종이 있는데 이를 크게 두 가지의 네트멜론과 무네트멜론으로 구분한다. 네트멜론은 표면에 그물무늬가 있고, 무네트멜론은 그물 무늬가 없이 매끈하다. 우리나라에서는 주로 네트멜론을 재배한다.

수분이 많아 체내에 쌓인 열을 내려주고 갈증을 해소해준다. 수분을 제외한 대부분은 탄수화물이다. 100g당 열량이 38kcal정도로 낮고, 섬유질이 많아 변비에 효과적이다. 품종에 따라 표피와 과육의 색이 다양한데, 녹색이나 황록색의 과육은 비타민 C가 많은 편이고 적색의 과육은 카로틴이 많은 편이다. 이 물질들은 항산화 작용이 뛰어나다. 칼륨이 많고 혈전 형성을 예방하는 성분이 있어 고혈압과 혈관계 질환에 좋으며, 가래를 삭이는 효과가 있어 기관지 질환 개선에 도움이 된다.

5) 고르는 방법

멜론은 열매가 맺힌 후 밭에서 55일에서 60일간 충분히 익힌 후 수확하지 않으면 아무리 후숙을 잘하여도 맛이 나아지지 않는다. 밭에서 충분히 익힌 멜론은 꼭지 부분이 안으로 살짝 들어가 있고 네트멜론의 경우 선명하고 균일한 네트가 꼭지와 아랫부분 끝까지 채워져 있고 무네트 멜론은 껍질이 고른 것을 고른다. 들어보았을 때 무게감이 있으면서 표면은 탄력이 있는 것이 좋다.

3. 바나나

1) 원산지

원산지는 동남아시아와 뉴기니에서 폴리네시아에 걸친 지역이다. 날로 먹는 바나나는 아시아, 남아메리카, 중앙아메리카에서 생산되고 그 중 브라질, 인도, 필리핀, 인도네시아, 에콰도르 등이 주요 산지다.

2) 생산시기

연중 내내 꽃이 피고 열매가 열린다.

3) 저장방법

바나나는 상온(약 15℃)에서 후숙하여 먹는다. 이 때, 신문지에 싸서 보관하면 더욱 오래 보관할 수 있다. 바나나의 꼭지는 특히 에틸렌 발생량이 많으므로 오래 보관하고 싶다면 꼭지는 따로 감싸두는 것이 좋다. 냉장고에 넣으면 껍질이 단시간에 까맣게 되나 과육은 오랫동안 신선한 상태로 유지된다. 껍질에 검은 점이 있는 때가 가장 맛있지만 금방 무르기 때문에 빨리 섭취해야 한다. 또한 바닥에 닿아 압력을 받은 부분이 잘 무르기 때문에 매달아서 보관하기도 하는데, 잘 익은 바나나는 줄기에서 잘 떨어지므로 익지 않은 바나나만 매달아서 보관하도록 한다.

4) 특성

엄지손가락 크기에서 50cm를 넘는 것까지 크기가 아주 다양하고 색깔도 노란색이나 흰색, 연갈색, 주홍 등으로 다양하다. 칼로 잘라 오래 두면 표면이 까맣게 변하는데, 레몬즙에 넣어두면 변색을 예방할 수 있다.

수분이 75% 함유되어 있고, 당분이 많아 다른 과일에 비해 열량이 높다. 덜 익은 바나나는 녹말이 많고 후숙되면 녹말이 당화하여 과당, 포도당, 설탕으로 변한다. 식이섬유가 풍부하여 변비 해소에 도움이 되고 단백질도 함유되어 있다.
다양한 미네랄이 함유되어 있는데, 특히 칼륨이 많아 고혈압과 뇌졸중 예방에 효과적이다. 카로틴, 비타민 B, C등이 풍부하게 함유되어 있어 스트레스 해소와 항산화 작용이 탁월하다. 특히 백혈구의 종양괴사인자를 늘려 면역력을 향상시키는 효과가 있는데 이 효과는 바나나에 검은 반점이 있을 때 극에 달한다.

5) 고르는 방법

상처나 무른 곳이 없는 것을 골라야 한다. 잘 후숙 된 바나나는 밝거나 진한 노란색을 띠고 있으므로 탁한 색을 띠는 것은 좋지 않다. 바로 먹기 위해서는 검은 반점이 있는 것이 당도가 높아 괜찮고, 오래 두고 먹으려면 꼭지가 약간 연두색인 것을 골라 노랗게 될 때까지 후숙하며 먹어도 좋다.

4. 방울토마토

토마토는 식물학적으로 말하면 과일이라 할 수 있지만, 원예학적으로 말하면 채소이다. 하지만, 일반적으로 과일을 담을 때 붉은색의 대표적인 과일로써 사용되고 있다. 따라서 본 저서에서는 방울토마토도 과일의 관점에서 이해하고자 한다.

1) 원산지

토마토와 같이 남미 서부 고원지대가 원산지로 알려져 있다. 국내에서는 1990년대부터 재배되기 시작했다.

2) 생산시기

7~9월에 익어서 출하되는데, 하우스 재배로 겨울에도 생산된다.

3) 저장방법

씻은 후 물기를 제거하고 꼭지를 떼서 15~25℃에 통풍이 잘되는 그늘에서 보관한다.

4) 특성

토마토보다 당도가 높고 색깔은 붉은색, 노란색, 주황색 등 여러 가지가 있다.

방울토마토는 칼로리가 낮고 식이섬유가 많다. 방울토마토가 붉은색을 띠게 하는 리코펜은 항산화 효과가 아주 뛰어나다. 비타민 B가 풍부하여 스트레스 해소에 효과적이고 비타민 C, A도 많아 피부에 좋다. 루틴이 함유되어 있어 몸속의 콜레스테롤과 중성지방을 줄여주어 혈관질환에도 도움이 된다. 토마토의 효능을 더 크게 하기 위해서는 기름과 함께 먹거나 가열하여 먹는 것이 좋다.

5) 고르는 방법

무르지 않고 단단한 것이 좋고 붉은색을 띠면서 꼭지가 신선한 것을 고른다.

5. 배

1) 원산지

중앙아시아가 원산지이며 현대에는 중국, 한국, 이탈리아, 미국에서 주로 생산되고 있다.

2) 생산시기

9~10월에 출하되고 11월~6월에는 저장했던 배를 출하한다.

3) 저장방법

완숙된 것을 폴리에틸렌 봉지나 신문지에 싸서 냉장고에 보관한다. 최적 온도는 2~5℃, 습도는 90%이며 3개월까지 저장이 가능하다. 고온(30℃이상)에서 보관하면 흑변 현상이 일어난다.

4) 특성

배는 서양배, 일본배, 중국배로 나뉜다. 우리나라에서 재배되는 것은 일본종이다. 우리나라에서 많이 먹는 일본종은 과육 내에 식이섬유인 석세포가 많아 변비에 좋다.

배는 수분이 많아 갈증에 좋고 아스파라간산이 간의 활동을 도와주어 숙취해소에도 좋다. 비타민 B, C도 많아 피로회복과 피부미용에 효과적이다. 칼륨, 칼슘, 나트륨 등의 미네랄이 많이 함유된 알칼리성 식품이라 혈액을 중성으로 유지시키고 고혈압에 도움이 된다. 특히 배에 함유된 루테올린이 가래나 천식, 기침에 효과적이고, 해열에 효과가 있어 예로부터 민간요법에 많이 사용되었다. 연육효소가 있어 고기요리와 어울리고, 껍질에 함유된 펙틴은 콜레스테롤 수치를 낮춰주기도 한다.

5) 고르는 방법

껍질이 팽팽하고 묵직하며 상처가 없는 것이 좋다. 잘 숙성된 것은 향기가 나며 크기가 클수록 단맛이 난다. 모양은 전체적으로 둥글어야 과육의 단맛이 일정하며, 전체적으로 푸른 부분이 없이 색이 일정해야 한다.

6. 사과

1) 원산지

코카서스에서부터 서아시아까지의 온랭한 지역이 원산지다. 현재는 러시아, 중국, 미국, 프랑스 등이 주요 생산국이며, 우리나라는 안동, 영풍, 의성, 군위 등이 주 산지다.

2) 생산시기

보통 7월 말에서 11월 초에 수확하는데, 10~11월에 가장 다양한 품종으로 많은 양이 나온다. 저장용은 이보다 일찍 수확하여 저장해둔다.

3) 저장방법

껍질을 벗긴 사과는 엷은 소금물에 잠깐 담갔다가 비닐봉지에 밀봉하여 냉장고에 보관하면 변색되지 않는 상태에서 보관할 수 있다. 약 0℃, 85%의 습도에서 4~5개월간 저장할 수 있는데, 그 이하로 저장 시 내부가 갈변하거나 산패하기 쉽다. 급속 냉동이나 C.A.저장방법으로 장기간 저장했다가 봄과 여름에 출하하기도 한다. 한편, 사과를 찬 곳에 두면 과당의 성질이 변하여 단 맛이 강해진다.

4) 특성

홍옥, 국광, 부사 등의 품종에 따라 신맛과 단맛, 향 등에 차이가 있다. 사과는 에틸렌 발생량이 많은 과일이므로 후숙이 필요한 바나나나 감, 키위 등과 함께 두면 좋다. 당근과 함께 두면 쓴맛이 나게 하며 오이는 누렇게 변하도록 하는 효과가 있어 함께 두지 않는 것이 좋다. 과일을 오래두고 먹고자 할 때도 사과와 함께 두지 않도록 한다.

칼륨이 많아 고혈압 치료와 예방에 효과적이며, 껍질에 있는 펙틴이라는 섬유질이 콜레스테롤 수치와 혈당을 낮추고 노폐물을 배설시켜준다. 소량의 비타민이 들어있는데 특히 비타민 C가 피로회복과 피부미용, 해독작용, 면역기능에 효과적이다. 사과에 함유된 유기산은 위액의 분비를 촉진하고 철분의 흡수를 높여주며 피로물질을 제거한다.

5) 고르는 방법

사과는 꼭지가 있어야 신선함이 오래 유지 되고 꼭지가 푸를수록 수확한지 얼마 되지 않았다는 증거다. 잘 익은 사과는 꼭지 반대편을 보고 판단하는데, 꼭지 반대편이 푸르지 않고 붉게 변한 것이 좋다. 향이 좋으면서 전체적으로 색이 고르고 밝은 것이 좋은데, 어두운 색깔의 사과는 과숙되어 향도 좋지 않다. 만졌을 때 단단하고, 두드렸을 때 맑은 소리가 나면 좋다. 표면을 만졌을 때 기름기처럼 끈적한 것이 만져지는 것은 과숙된 것이므로 표면이 뽀드득한 것을 고른다.

7. 수박

1) 원산지

열대 아프리카가 원산지로 기원전 200년부터 고대 이집트에서 재배하였고, 각지에 분포된 것은 약 500년 전이라고 한다. 한국에는 조선시대〈연산군일기〉(1507)에 수박의 재배에 대한 기록이 나타났고, 〈도문대작〉에서는 고려를 배신하고 몽고에 귀화하여 고려인을 괴롭힌 홍다구가 처음으로 개성에다 수박을 심었다고 하였다. 오늘날에는 우수한 품종은 물론 씨 없는 수박도 생산되고 있다. 국내 밭 수박 산지는 중부이남 지방으로 고창, 무등산 수박이 유명하다.

2) 생산시기

일반적으로 4월에 농지에 직접 파종하여 7-8월에 수확하며 촉성 및 억제재배법을 이용하여 하우스수박은 연중 생산이 가능하다.

3) 저장방법

수박을 저장하는 데 최적의 온도는 2.2-4.4℃, 최적습도는 80-85%로, 저온에서 1-2주간 저장할 수 있다. 어는점은 껍질의 경우 1.8℃이고, 과육은 1.5℃이므로 냉동보관은 삼가야 한다. 또한, 호온성 작물로서 실온에 저장하는 한계온도는 20℃이다.

4) 특성

품종에 따라 껍데기의 색깔, 두께, 과육의 색, 모양이 다양한데, 주로 속살이 붉고 초록색 겉껍질에 검은색 줄무늬가 있는 것을 접하게 된다.

수분이 아주 많고 당질과 비타민 A, C와 칼륨이 함유되어 있다. 수박은 저온일수록 단맛이 증가하며 소금을 소량 첨가하면 단맛이 증가한다. 시트룰린이 들어있어 이뇨작용, 해열, 해독작용을 한다. 사포닌도 함유되어 있는데, 이 성분은 이뇨작용을 하며 신기능 장애나 숙취, 부종 해소에 효과적이다. 칼륨도 함께 이뇨작용을 한다.

5) 고르는 방법

수박은 다른 과일처럼 겉으로 익은 정도를 판단하기 어렵다. 두드렸을 때 맑은 소리가 나고 껍데기에 광택이 나는 것, 줄이 선명한 것, 꼭지 반대편의 꽃자루를 눌렀을 때 탄력이 있으면서 그 크기가 작은 것이 대체로 달고 싱싱하다. 수박은 너무 크면 수분이 많아 향기와 맛과 영양이 떨어지게 된다. 또한, 햇빛을 받지 못한 부분은 노란빛을 내며 껍질부분에 흠이 있는데, 노란색 부분과 흠이 적은 것을 선택하는 것이 좋다.

8. 오렌지

1) 원산지

원산지는 인도이고, 주산지는 미국 캘리포니아이다.

2) 생산시기

농법이 발달하여 연중 내내 생산되는데, 2월~11월이 제철이라 이 때 생산된 것은 당도가 높고 즙도 풍부하다.

3) 저장방법

1~2℃, 습도 85~90%가 저장의 최적조건으로, 이 환경에서 7~8개월 저장이 가능하다. 냉장고에서는 폴리에틸렌 봉지에 담아 1주일간 저장할 수 있다.

4) 특성

당분이 7~11%, 산이 0.7~1.2%함유되어 있어 새콤달콤한 맛이 난다. 비타민 A, B, C가 함유되어 있어 면역력 증진과 피부 미용, 빈혈예방에 좋으며 항산화 효과가 뛰어나다. 비타민을 비롯하여 칼륨, 섬유질이 많아 심장질환에 아주 좋고 섬유질로 인해 변비에도 효과가 있다. 또, 오렌지 속의 플라보노이드는 암세포의 성장을 억제하고 모세혈관을 강화시키며 콜레스테롤 수치를 낮추는 역할을 한다.

5) 고르는 방법

전체적으로 둥글고 만졌을 때 단단하고 껍질은 부드러운 것이 좋고, 붉은 기가 돌 정도로 짙은 주황색을 띠는 것이 좋다. 들어보았을 때 묵직한 것은 과즙이 풍부하다.

9. 참외

1) 원산지

원산지는 아프리카 사하라 남부이고 이것이 인도, 중국 등지로 넘어갔다. 현재는 중국, 일본, 한국에서 주로 재배하고 있다. 우리나라에는 삼국시대 이전에 들어온 것으로 보인다.

2) 생산시기

여름(6~8월)에 출하되나 최근에는 하우스재배로 4계절 출하하고 있다.

3) 저장방법

신문지에 싸서 상온에 보관하는 것이 좋다. 2℃에서는 14일간 저장 가능하다.

4) 특성

껍질은 노란색뿐만 아니라 흰색, 녹색 등이 있고 과육은 흰색이다.

수분이 많아 갈증 해소에 도움이 되고 칼로리가 낮은 편이다. 칼륨이 많아 이뇨작용을 하고 혈압을 낮춰준다. 비타민 C가 많고 과일 중에서 엽산이 가장 많아 임산부에게 좋고 피로회복과 빈혈예방에 효과적이다. 또한 해독과 유해균제거 기능이 있어 식중독 예방에 좋고 황달 치료에도 좋으며, 참외 속 쿠쿨비타신 성분은 콜레스테롤 흡수를 억제하고 항암 효과를 나타낸다.

5) 고르는 방법

줄무늬가 선명하고 골이 깊고 향이 좋은 것이 맛있는 참외이다. 성인 남성의 주먹 크기가 가장 좋은데, 크기가 너무 크면 싱겁고 너무 작으면 식감이 떨어진다. 두드렸을 때 둔탁한 소리가 나는 것은 물이 차 있으므로 피하고, 물에 띄웠을 때 떠 있지 않는 것은 씨가 상한 것이니 씨를 제거하고 먹어야 한다.

10. 키위

1) 원산지

중국의 중·남부가 원산지이지만 현재 보편적으로 먹는 키위는 뉴질랜드산 개량품종이다. 국내에서는 전남, 경남, 제주지역에서 재배가 가능하다.

2) 생산시기

10월 말에서 11월 중순에 당도가 일정 수준 이상에 달하였을 때 수확한다.

3) 저장방법

딱딱한 것은 신맛이 강하므로 상온(15~20℃)에서 후숙하여 먹는데, 냉장고에서는 한 달 정도 보관이 가능하다. 완전히 익은 키위는 냉장고에서 1~2주 보관할 수 있다. 0℃에서 습도 90%로 4~6개월 동안 장기 저장할 수 있다.

4) 특성

키위는 영양소의 밀도가 높은 과일로, 특히 비타민C, E가 매우 많다. 비타민 C는 항산화 작용과 콜라겐 형성, 철분 흡수에 도움이 되고, 비타민 E도 항산화 작용이 뛰어나고 과산화지질의 생성을 억제하며 면역력을 강화한다. 키위에 포함된 케르세틴 또한 항산화 작용으로 암을 예방하는 효과가 있다. 섬유질이 풍부하여 독소를 배출하고, 폴리페놀과 피토케미컬이 콜레스테롤 수치를 낮추어 혈관질환에 도움을 주기도 한다. 칼륨이 많아 고혈압에 좋고 엽산이 있어 임산부에게 좋다. 단백질 분해 효소가 있어 고기와 잘 어울린다.

5) 고르는 방법

껍질이 윤기 있고 색깔은 어두운색보다 갈색을 띤 것이 좋다. 손으로 쥐었을 때 전체적으로 약간 무른 느낌이 드는 것이 잘 익은 것이다.

11. 파인애플

1) 원산지

원산지는 브라질과 파라과이이고, 16세기 초에 세계로 전파되어 열대와 아열대지방에서 재배되고 있다. 한국에서는 1960년대에 들어와 하우스재배를 하고 있다.

2) 생산시기

연중 6~8월과 1~3월에 2번 수확한다.

3) 저장방법

후숙을 하면 달아지고, 완전히 숙성됐을 때 냉장고에 보관한다. 50% 착색된 파인애플은 10~12℃에서 2주간 보존할 수 있다. 숙성되지 않은 경우 10℃이하에서 저온장해를 입는다. 파인애플은 눕혀서 주기적으로 굴려주거나 거꾸로 세워서 후숙을 해야 수분이 골고루 분포되며 전체적으로 맛이 좋아진다. 주황색이 되었을 때는 바로 먹도록 해야 한다.

4) 특성

과육은 백색이나 황색을 띠며 즙이 많은데, 카로틴 색소가 노란빛을 띠게 한다.

구연산과 사과산이 있어 새콤한 맛이 나며 식욕을 돋우고, 비타민 B, C와 함께 피로회복을 돕는다. 칼륨이 많아 이뇨작용이 있고 풍부한 비타민 C가 혈관을 튼튼하게 만들어 고혈압과 동맥경화 등의 혈관계 질환에 효과적이다. 브로멜린이라는 단백질 분해 효소가 풍부하여 단백질의 소화를 돕고 육류 요리와 잘 어울린다. 또한, 식이섬유가 풍부하여 변비에 좋다.

5) 고르는 방법

껍질의 1/3 이상이 노란색으로 변하고 단 냄새가 강하게 날 때가 맛있다. 들었을 때 묵직한 것이 즙이 많은 것이고, 덜 익은 파인애플은 먹었을 때 입이 아린다.

12. 포도

1) 원산지

카스피해 남부와 서아시아에서 유래했고 주요 생산지는 미국, 호주, 뉴질랜드, 프랑스, 이탈리아, 오스트리아, 독일, 스위스, 칠레이다. 포도주의 영향으로 세계 과일 생산량의 약 3/1을 차지하고 종이 아주 다양하다. 국내 주산지는 경북과 충북이며, 국내 주요 생산 품종은 캠벨 얼리이다.

2) 생산시기

자연재배 한 것은 8월 말~10월 말, 하우스 재배한 것은 4월부터 나온다.

3) 저장방법

폴리에틸렌 봉지에 넣어 냉장고에 두면 짧게 보관할 수 있고 오래 보관하고 싶을 때는 알맹이를 떼 내어 냉동 보관하면 된다.

4) 특성

포도는 미네랄의 함량은 적은 반면 주석산, 사과산, 구연산 등의 유기산이 많아 체내의 독성분을 제거하기도 한다. 포도는 당질이 주성분인데, 주로 포도당과 과당이며 이 성분들은 쉽게 흡수되어 피로 회복에 도움이 된다. 포도 속의 플라보노이드는 혈전 생성을 억제하여 동맥경화와 심장병 예방에 효과가 있다. 껍질에 주로 함유된 레스베라트롤은 염색체 이상을 예방하고 비정상 세포의 증식을 억제하여 강력하게 항암 작용을 하는 것으로 유명하다. 또, 껍질 속에는 폴리페놀이 많이 들어 있는데 이것은 항산화 효과가 비타민 E의 50배에 달한다. 그 밖에 비타민 A, B, C, D가 함유되어 있다.

5) 고르는 방법

알이 촘촘하게 박혀있고 굵은 것이 좋다. 알을 만져보았을 때 탱탱하고 포도의 위쪽이 가장 단 맛이 나기 때문에 아래쪽의 알을 따서 맛을 보면 전체 포도송이의 맛을 짐작할 수 있다. 흰색 분이 있는 것은 포도가 당분이 많은 것을 뜻한다. 포도를 들었을 때 알이 떨어지는 것은 수확한지 오래됐으므로 구입하지 않는 것이 좋다.

13. 그밖에 과일

1) 딸기

고르는 법 윤기가 나고 꼭지까지 잘 익은 것이 좋고 꼭지가 위로 들린 것이 달다.

저장 방법 습기에 약하므로 종이상자에 담아 보관하는 것이 좋고, 금방 먹을 딸기는 랩을 씌워 냉장고에 보관한다. 딸기는 빨리 무르기 때문에 최대 1주일간 보관가능하다.

효능 피부미용. 눈 건강. 암 예방. 혈관계 질환에 효과. 빈혈예방.

2) 자두

고르는 법 윤기가 나고 단단한 것을 고른다.

저장 방법 상온에 두면 잘 무르기 때문에 하나씩 포장하여 냉장 보관한다. 10일 정도 보관이 가능하다. 에틸렌을 많이 발생하는 과일이므로 다른 과일과 함께 두지 않는다.

효능 변비예방. 빈혈에 효과. 피로회복. 눈 건강. 피부 미용.

3) 석류

고르는 법 들었을 때 무겁고 외피의 색이 짙고 단단하며 상처가 적은 것을 고른다.

저장 방법 선선한 곳에서 보름정도 보관이 가능하고, 수분이 날아가지 않게 밀봉하여 냉장보관하면 한 달 동안 보존할 수 있다.

효능 피부 미용. 피로회복. 혈액 순환. 눈 건강.

4) 귤

고르는 법 껍질이 얇고 단단한 것이 좋고, 무거운 것이 과즙이 많다.

저장 방법 소금물로 한번 씻어준 뒤 서로 닿지 않도록 보관하고, 습기에 약하므로 신문지에 싸서 서늘한 보관한다. 보름정도 보관할 수 있다.

효능 피부미용. 혈액 순환. 피로회복. 신진대사 원활.

5) 복숭아

고르는 법 모양이 균일하고 알이 굵으면서 색이 고른 것, 흠집이 없으면서 향이 강한 것을 고른다.

저장 방법 신문지에 싸서 냉장고에 오래두면 단맛이 떨어지나 오래 보관할 수 있다. 상온에 보관하면 3일 정도 보관가능하다.

효능 이뇨작용. 변비예방. 숙취 해소. 니코틴제거. 피로회복. 기관지 건강. 해독.

6) 살구

고르는 법 색이 골고루 퍼져 있고 상처가 없는 것을 고른다.

저장 방법 냉장고에서 1주일간 보관할 수 있다. 상온에 보관하면 쉽게 물러진다.

효능 피부미용. 피로회복. 폐 건강. 눈 건강.

FRUIT PLATING MASTER

PART 2

과일플레이팅(Fruits Plating) 실무

제 3장 과일플레이팅의 개요

제 4장 과일에 대한 이해

제 5장 과일플레이팅 도구

제 6장 과일플레이팅 스킬

제 3장 과일 플레이팅의 개요

과일플레이팅(Fruits Plating)이란 과일을 보기 좋게 그릇에 담아낸다는 뜻으로, Plating은 그릇, 접시를 뜻하는 Plate에서 파생되어 그릇에 요리를 보기 좋게 담는다는 의미로 사용되고 있다. 요리사들이 요리에서 가장 중요한 것은 플레이팅이라고 할 정도로 음식을 어떻게 담아내느냐에 따라 같은 음식이라고 맛있게 느껴지기도 하고 맛없게 느껴지기도 하는 것이다.

호텔의 식음료 부서 및 일반 외식업체에서 후식을 제공할 때 등 과일플레이팅 기술은 전 산업 분야 어디에서든지 사용되고 있다. 전문 조리사가 가지는 전문스킬로서 가장 많이 사용되고, 일반적인 기업에서도 회의 중 브레이크 타임에는 다과로써 과일과 차를 제공하게 되는데 이때에도 과일플레이팅 기술은 중요하게 사용된다. 외식업체의 입장에서 마지막으로 제공하게 되는 후식은 외식업체에 대한 인상을 남기는 마지막 기회이기 때문에 후식으로 제공하는 과일을 어떻게 담아내어 특별한 느낌을 줄지는 아주 중요한 문제가 되는 것이다.

또, 최근에는 가정에서도 과일플레이팅에 대한 수요가 늘어나고 있다. 과거에는 단순히 음식을 통해 영양분을 섭취하는 것이 목적이었다면, 오늘날에는 경제성장에 따라 식생활을 통해 정신적이고 사회적인 욕구 또한 충족하고자 하는 분위기가 형성되고 있다. 여가문화, 파티문화가 발달함에 따라 가정에서 손님을 접대하는 횟수가 많아졌고 더욱 고급스럽게 손님을 대접하고자 하는 욕구가 생겼으며, 생활에 여유가 늘어나자 자신의 가족이나 본인의 만족을 위해 음식 하나도 아름답게 담아내고자 하는 사람들이 많아졌다. 이러한 맥락에서 과일플레이팅 기술은 가정의 전반적인 생활의 질을 향상하는 데 기여할 수 있다.

제 4장 과일에 대한 이해

1. 과일 세척 및 손질

1) 가운데에 딱딱하고 큰 씨앗이 있는 과일 – 살구, 자두, 복숭아, 아보카도, 망고

세척 흐르는 물에 깨끗이 씻는다. 복숭아는 흐르는 물에 여러 번 씻어서 복숭아털을 제거해줘야 하고, 특히 껍질이 얇아 그대로 먹는 자두나 살구 같은 과일은 신경을 써서 씻어준다.

손질 망고는 가운데의 길고 얇은 씨앗을 중심으로 3등분을 하면 쉽게 씨앗을 제거할 수 있다.

다른 과일들은 씨앗이 있는 부분까지 칼을 넣어 가운데에 세로로 360° 칼집을 내준다. 반으로 갈라진 과육을 잡아 서로 반대방향으로 비틀어서 씨앗과 과육을 분리해낸다. 한 쪽 편 과육에 붙은 씨앗은 칼로 빼내거나 한 번 더 반으로 칼집을 내어 손으르 비틀어 빼낸다.
껍질은 칼로 깎아 내고, 껍질이 잘 벗겨지는 과일은 손, 숟가락 등으로 분리해낼 수 있다. 세로로 등분하기, 가로로 슬라이스하기 등의 방법으로 잘라내면 되고, 아보카도나 망고는 과육이 크고 부드러워 깍둑썰기를 하거나 스쿱으로 떠낼 수도 있다.

2) 작은 씨앗이 중심부에 있는 과일 – 사과, 배, 감, 참외

세척 물에 1분 정도 담갔다가 흐르는 물에 씻는다.

손질 반으로 가르거나 조각을 낸 후 껍질을 깎으면 통째로 껍질을 깎을 때보다 다루기가 좋다. 꼭지부분은 잘라내고 씨는 세로로 길게 파내거나 가로로 홈을 내어 잘라낸다. 참외 씨의 경우 긁어주면 쉽게 제거되고 감의 씨는 경우에 따라 칼로 쉽게 빼낼 수 있다. 껍질은 과육과 색이 다르고 유연성과 탄력이 있어 모양을 내기 좋다. 세로로 등분하거나 가로로 슬라이스를 하는 등 다양한 방법으로 잘라낼 수 있다.

3) 감귤류 – 오렌지, 자몽, 레몬, 귤

세척 껍질을 먹지 않더라도 과일을 다루는 과정에서 표면에 있는 광택제나 농약이 과육에 옮겨갈 수 있기 때문에 베이킹 소다로 씻거나 굵은 소금으로 문지르거나 식초 물에 담가둔다. 껍질에 홈이 많으므로 껍질을 이용할 경우 세 가지 방법을 모두 다 이용하여 세척하는 것이 좋다.

손질 껍질을 손으로 벗긴 후 결대로 쪼개서 낸다. 두꺼운 껍질을 그릇처럼 이용하여 속살을 작게 잘라 넣거나 껍질의 모양을 살려 슬라이스해서 낼 수도 있다. 겉껍질과 속껍질의 색이 다른 것을 이용하여 모양을 내주는 방법도 있다.

4) 크기가 큰 과일 – 수박, 멜론, 파인애플

세척 껍질을 가볍게 물로 씻어준다.

손질 세로로 등분하거나 가로로 슬라이스 하여 멜론은 가운데 씨를 긁어내고 파인애플은 가운데 심을 잘라낸다. 껍질과 속살을 분리하여 깍둑썰기하거나 슬라이스 형태로 내면되고, 수박이나 멜론은 질긴 섬유질이 없어 스쿱으로 떠낼 수도 있다. 큰 과일의 껍질은 그릇으로 쓰기 좋다.

5) 작은 알 형태의 과일 – 방울토마토, 블루베리, 체리, 포도, 딸기

세척 물에 오래 담가두면 영양소가 빠져나가고 잘 물러지므로 흐르는 물에 씻는다. 꼭지가 있는 것은 꼭지를 떼지 않은 상태에서 씻어야 영양소가 빠져나가지 않는다. 포도는 1분간 물에 담가뒀다가 흐르는 물에 씻어준다.

손질 그대로 내거나 작게 잘라 낼 수 있다. 껍질을 벗길 수 있는 것은 벗겨서 모양을 낼 수도 있다.

6) 기타 과일

키위 물에 문질러 씻은 다음 잘라서 껍질을 벗기거나 껍질을 벗겨 자른다. 세로로 등분하거나 가로로 슬라이스 할 수 있고 껍질 채로 반을 갈라 숟가락으로 떠먹을 수도 있다.

석류 물로 씻은 후 껍질에만 칼집을 내어 손으로 갈라준다. 알맹이가 터지지 않도록 조심해서 털어낸다.

바나나 껍질이 튼튼하여 그릇처럼 이용할 수 있다. 속살을 다양한 방법으로 잘라 껍질 위에 올려서 낸다. 껍질과 속살을 분리하지 않고 다양한 방법으로 잘라 속살과 껍질 색깔의 대비를 이용하여 담아 낼 수도 있다.

2. 과일의 맛있는 온도

대부분의 과일은 5–10℃ 근방에서 가장 맛있다. 온도가 높으면 단맛이 떨어지고 너무 차가우면 질감이 나빠진다. 반면 열대과일은 상온에 두고 먹는 것이 더 달고 맛있다.

딸기	4-5℃	자두	4-5℃	감	5-7℃
사과	4-5℃	오렌지	5℃	복숭아	8-13℃
배	4-5℃	참외	5-7℃	수박	8-10℃
포도	4-5℃	멜론	5-7℃	토마토	12-13℃

3. 과일의 갈변

사과, 바나나, 복숭아, 배, 살구 등은 깎아서 상온에 두면 갈색으로 변한다. 산소와 접촉하면 과일 속의 폴리페놀산화효소가 작용하여 페놀화합물이 산화되게 하므로 갈변이 일어나는 것이다. 일반적으로 사용할 수 있는 갈변방지 방법은 다음과 같다.

① 물에 담가 일시적으로 산소와 접촉하는 것을 막는다.

② 소금물에 담가 효소의 활성을 저해시킨다.

③ 설탕물에 담가 산소의 접촉을 막는다.

④ 살짝 데쳐서 효소를 불활성화한다. 맛이 변할 확률이 높다.

⑤ 레몬즙, 오렌지 즙에 담가 효소의 활성을 저해한다. 과일의 향도 더 좋아진다.

⑥ 비타민C를 처리하여 산화를 막는다.

⑦ 식초물에 담가 효소의 활성을 저해시킨다.

제 5장 과일플레이팅 도구

1. 샤토나이프

날이 얇고 끝이 뾰족하여 섬세한 작업을 하기 좋다. 과일 껍질에 무늬를 만들 때 유용하다.

2. 스쿱(Scoop)

질긴 섬유질이 없고 부드러우면서도 잘 으스러지지 않는 과일은 스쿱으로 돌려가며 구슬 모양으로 떠낼 수 있다.

3. 스텐조각도

곡선이나 뾰족한 모양을 만들 때 이용한다.

4. 원형커터(Cutter)

다양한 모양의 커터로 과일을 찍어 모양을 낼 수 있다. 원형커터로는 파인애플심이나 사과, 배 등의 씨 부분을 간편하게 제거할 수 있다. 별모양, 꽃모양 등 다양한 형태의 원형커터가 판매되고 있다.

5. 식칼

큰 과일을 자를 때 식칼을 이용하면 큰 힘을 들이지 않고 자를 수 있다. 과일을 크게 잘라 내거나 껍질을 깎을 때도 쓰인다. 과일을 깎을 때 가장 많이 사용되는 도구로써 이 칼만으로도 다양한 형태의 과일깎기를 할 수 있다. 특히 사과 돌려깎기를 할 때는 이 칼을 이용하여 돌려깎기 한다.

6. 꼬지(Pick)

메론, 바나나, 오렌지 등의 과일을 카빙 할 때 껍질을 고정시키는 용도로 사용될 수 있고, 꼬치에 여러 가지 과일을 꽂아 다양한 색감으로 화려하게 연출 할 수 있다.

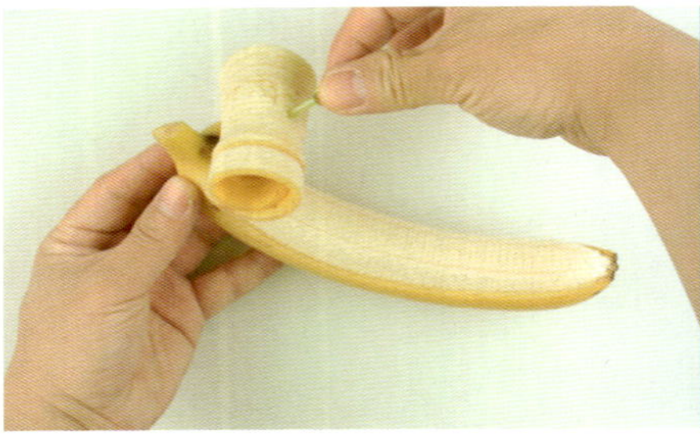

제 6장 과일플레이팅 스킬

1. 과일 담는 구도와 접시

과일을 접시에 담았을 때의 전체적인 구도를 고려하고 접시의 모양이나 크기도 함께 고려한다. 과일 끼리의 색깔의 조화를 생각하며 담는다. 일반적으로 한 입에 먹을 수 있는 크기로 잘라내는 것이 좋다. 허브 잎이나 꽃으로 장식을 하여 포인트를 주어도 좋다. 이때에도 색깔의 어우러짐을 고려하도록 한다.

과일을 담아내는 방법은 여러 가지가 있지만, 과일을 담는 구도는 접시의 모양에 따라 가장 큰 영향을 받게 된다. 가장 일반적으로 많이 사용되는 접시는 둥근 형태이지만, 최근에는 둥근 형태 뿐 만 아니라, 사각형, 비대칭 형태 등의 다양한 모양의 접시들이 있어서 그 상황에 맞추어 구도를 설정하는 것이 적절하다.

또한, 접시의 색에 따라서도 과일을 플레이팅 하는 구도가 달라진다. 접시의 색감은 가능하면 흰색을 사용하는 것이 좋지만, 색감이 있는 접시를 사용한다면, 그 접시와 동일한 색의 과일은 플레이팅 하는 재료로 사용하지 않는 것이 성공적인 과일플레이팅을 할 수 있는 방법이다.

2. 사과의 갈변

일반적으로 사과는 가능하면 미리 깎아두지 말고, 손님에게 제공하기 직전에 깎는 것이 좋다. 만약 미리 깎아두어야 한다면, 설탕물 또는 오렌지 주스에 사과를 5초 정도 담갔다가 건지면 갈변을 막을 수 있다. 설탕물의 경우에는 사과를 무르게 할 수 있으니 가능하면 오렌지 주스에 담가 두는 것이 좋다. 사과에 오렌지 주스를 이용하여 표면을 코팅시키게 되면 사과의 풍미와 당도를 더욱 강하게 만들어 주기도 한다.

사과를 오렌지 주스에 코팅시킬 때에는 반드시 모든 부분을 절단한 후, 카빙 데코레이션 한 후에 코팅 시켜야 한다. 사과를 자른 후 오렌지 주스에 담갔다가 다시 껍질 부분을 깎거나 카빙을 하게 되면 그 부분은 갈변될 수 있기 때문이다.

3. 과일 카빙데코레이션

과일에 섬세한 무늬를 넣어주어 시각적으로 아름답게 보이게 하는 것은 섭취하는 사람에게 시각적인 즐거움을 줄 수 있다. 껍질에 무늬를 넣거나 껍질의 탄력을 이용하여 다양한 형태로 변형할 수도 있고 껍질이나 과일 자체를 그릇으로 사용할 수도 있다.

과일을 먹기 전에 그 과일에 아름다운 꽃과 문구 및 이미지 등이 조각되어 있는 과일을 접하는 고객들의 시각적인 즐거움은 분명 최고의 고객감동을 일으키는 원인 변수가 될 것이다. 이러한 과일 카빙 스킬은 과일 깎기의 최고의 스킬이며, 과일플레이팅의 최상위 기술이라 할 수 있다.

4. 둥근 과일의 8등분 절단 방법

수박, 메론, 배, 사과, 오렌지 등 다양한 과일들이 있다. 이러한 둥근형태의 과일들의 절단 방법은 대부분 비슷하다. 기본적으로는 8등분 할 것을 추천한다. 과일에 따라서 약간의 차이가 있지만, 수박, 메론, 사과, 오렌지, 배 등은 8등분으로 절단하는 경우가 가장 많다. 본 저서에서도 대부분 절단 방법은 8등분 절단 방법을 따르고 있다. 8등분 절단방법은 과일을 먼저 4등분한 후 다시 반으로 절단하는 방법이다.

5. 돌려깎기 스킬

과일플레이팅 전문가라면 당연히 습득해야하는 스킬이 바로 돌려깎기 스킬 일 것이다. 돌려깎기는 대부분 둥근 과일의 껍질을 깎을 때 사용되는 기술이다. 큰 식도를 이용하여 손목을 돌려주는 스냅(snap)을 이용하여 껍질을 깎는 방법이다. 돌려깎기 스킬이 필요한 이유는 일반적으로 사과를 깎을 때에 위쪽 부분부터 아래쪽 부분까지 사과 껍질을 가로로 길게 늘어트리며 깎아 나가는 방식을 많이 사용하는데 이 방법은 사과의 표면에 가로 굴곡을 만들어 깨끗해 보이지 않게 만들기 때문이다. 사과나 배 등을 돌려깎기 했을 때에는 표면의 굴곡이 거의 없어지며 돌려깎기 한 것만으로도 고급스러운 과일 플레이팅을 할 수 있다.

필수예제(사과돌려깎기)

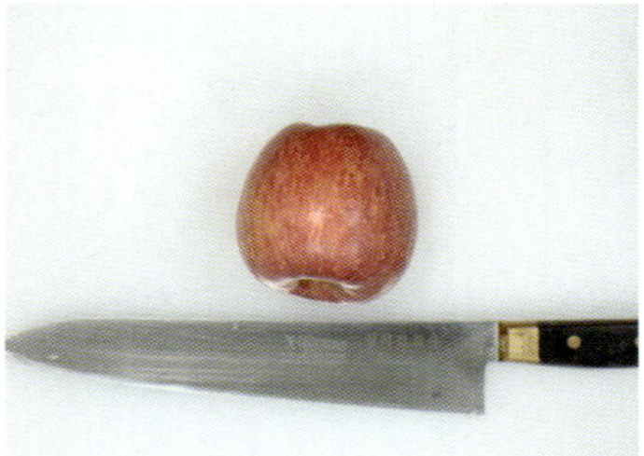

1. 사과와 큰칼을 준비한다.

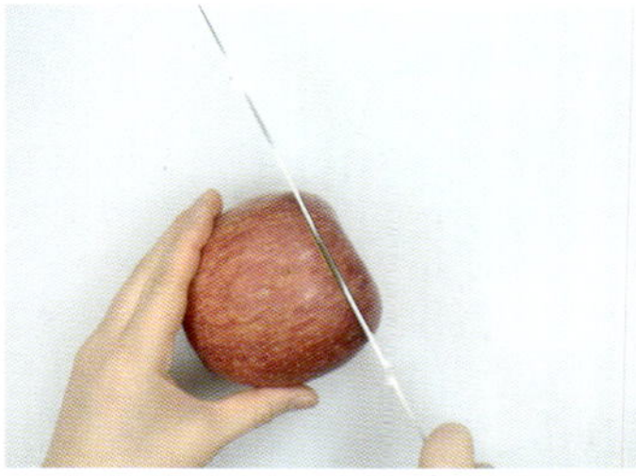

2. 사과의 앞쪽과 뒷쪽을 잘라낸다.

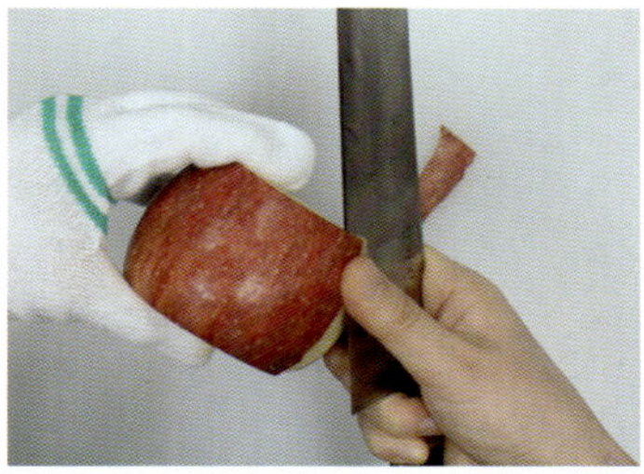

3. 엄지로 칼날과 사과를 함께 잡고 검지와 칼날 사이 홈에 사과를 고정시킨다.

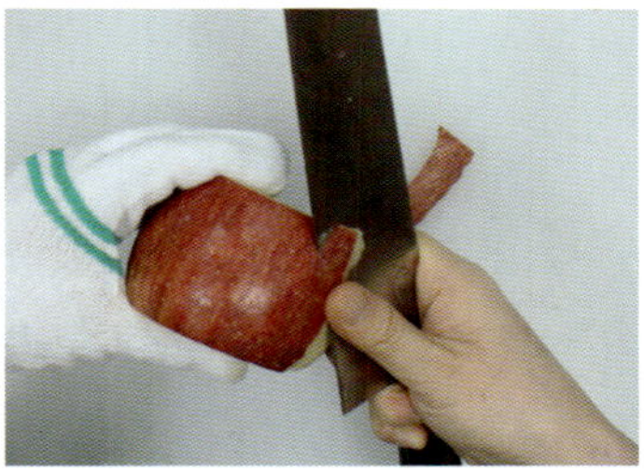

4. 손목을 돌리면서 껍질을 깎아준다.

5. 칼을붙인상태에서 원위치로 돌아간 후, 사과를 살짝 돌려가며 반복작업을 해준다.

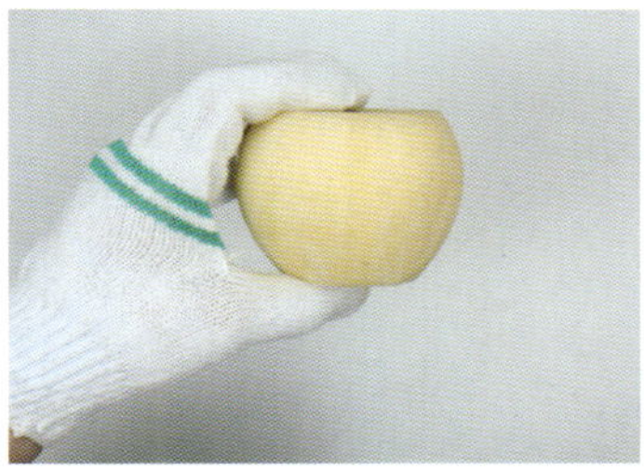

6. 반복작업을 하여 돌려깎기를 완료한다.

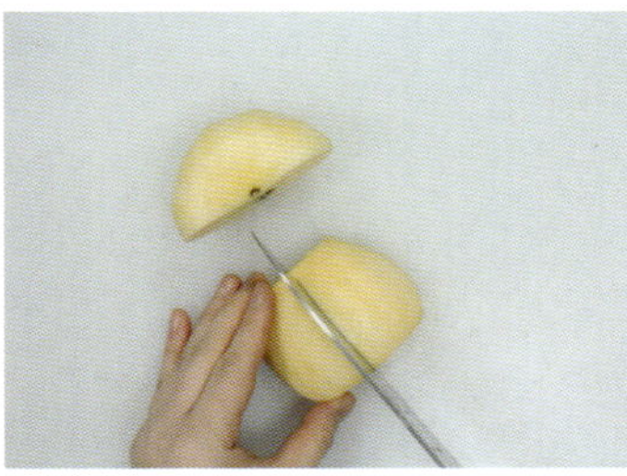

7. 사과를 4등분 한다.

8. 사과를 8등분한다.

9. 사과의 속씨를 제거한다.

10. 사진과 같이 담아낸다.

11. 완성한다

FRUIT
PLATING
MASTER

PART 3

식품위생학

제 7장 식품오염

제 8장 지켜야할 개인위생 사항

제 9장 개인위생을 위한 필수 요건

제 7장 식품오염

안전한 음식의 가장 위험한 장애물은 사람이다. 식중독을 일으키는 원인이 사람인 경우가 많다는 것이다. 청결한 몸 관리와 개개인의 위생관리는 식중독 방지에 있어서 매우 중요하다. 식자재가 구입되어 주방에서 처리되는 과정의 모든 단계는 사람이 관여하게 되며, 이때 부주의에 의해 오염될 가능성에 노출되어 있다. 조리사들의 청결하지 않은 머리카락과 작업을 할 때 분비되는 타액 및 공기, 점액, 땀, 분비물, 손톱 등은 다양한 병원균을 함유하고 있는데, 이는 음식을 조리하는 과정에서 오염되어 고객에게 전염이 된다. 청결한 개인위생관리는 식중독을 방지하는 데 매우 중요하며, 고객들에게 위생적인 음식을 제공할 수 있다. 음식점에서는 체계적이고 표준화된 위생관리를 통해 주기적으로 위생교육을 실시하여 식중독사고를 미연에 방지해야한다.

식재료는 구입 전 생산지에서부터 여러 가지 미생물과 화학물질, 중금속 등에 의해 오염되었을 경우를 제외하고는 대부분 조리사에 의해 오염된다. 건강한 조리종사자의 경우에도 병원균을 가지고 있다. 조리업무는 육체적 노동 작업이 많아 땀 및 분비물 등에 의해 병원균에 노출될 수 있고, 상처를 입어 세균에 감염될 수 있다. 따라서 조리종사자들은 아래와 같은 행동을 삼가야 한다.

1. 머리카락을 만지는 행동
2. 머리를 긁는 행동
3. 귀와 코를 만지는 행동
4. 손톱을 길러 이물질이 있는 상태로 손작업을 하는 행동
5. 칼에 베이거나, 데인 상처가 있는 상태로 작업을 하는 행동
6. 큰 소리로 떠들며 작업을 하는 행동
7. 음식물 앞에서 기침 및 재채기를 하는 행동
8. 주방에서 가래와 침을 뱉는 행동
9. 더러운 복장을 착용하고 작업하는 행동
10. 식중독에 증상이 있는 조리사가 주방업무를 보는 행동
11. 주방에서 흡연을 하는 행동
12. 오염된 신발을 신고 주방에서 업무를 보는 행동
13. 위생모와 스카프를 착용하지 않고 근무하는 행동

또한 조리종사자들은 병자와 접촉하거나 오염된 물건, 시설, 도구 등을 만져 음식을 오염시킬 수 있다. 건강한 조리종사자의 비위생적인 행동, 습관이 음식을 오염시킬 수 있는 중요한 요인이 된다. 따라서 외식업체에서는 개인위생관리지침을 체계화하여 조리사들이 올바른 개인위생관리를 할 수 있도록 해야 한다. 따라서 업소의 상황에 맞는 표준화된 위생관리 지침을 만들어 모든 조리사들이 볼 수 있는 적당한 위치에 부착하여 숙지하도록 해야 한다. 철저한 개인 위생관리는 사람에 의한 오염을 미연에 방지할 수 있다. 개인위생관리에서 꼭 지켜야 하는 항목들을 살펴보면 다음과 같다.

1. 위생 사고를 예방할 수 있는 올바른 지식을 습득하고 실천한다. 2. 정기적인 건강검진을 받는다. 3. 항상 청결한 복장을 유지하고, 오염된 조리복은 바로 갈아입는다. 4. 손의 청결을 유지하기 위해 자주 손을 씻어준다. 5. 머리카락이 떨어지지 않도록 짧고 단정하게 하고, 위생모를 꼭 착용한다.

제 8장 지켜야 할 개인위생 사항

조리사들의 개인위생은 자신뿐만 아니라 고객들의 건강을 지키기 위해 그 중요성을 아무리 강조해도 지나치지 않다. 조리사들이 지켜야할 의무적인 사항들은 음식점 마다 다르고, 그 환경 및 상황에 따라 다르겠지만, 그 내용들을 요약해 보면 다음과 같다.

1. 개인위생을 위한 규칙과 식중독을 일으키는 원인에 대한 숙지 2. 손톱은 이물질이 끼지 않도록 짧게 깎는다. 3. 화장품을 바르지 않는다. 4. 손은 자주 세척한다. 5. 조리 작업 시에는 장신구를 착용하지 않는다. 6. 화장실 이용 후에는 반드시 손을 씻는다. 7. 오염된 도구와 장비는 음식이 닿지 않도록 한다. 8. 조리 업무 중 잡담을 하지 않는다. 9. 항상 살균된 청결한 행주만 사용한다. 10. 외부 오염물질이 주방으로 들어오지 못하도록 관계자 외 출입을 금지시킨다.

11. 상처를 입었거나 질병에 걸린 조리사는 조리업무에서 배제시킨다.
12. 복장은 항상 청결하게 유지한다.
13. 조리작업 중 신체부위를 만지지 않는다.
14. 조리작업 중 껌을 씹는 행동을 하지 않는다.
15. 식품의 맛을 볼 때는 개별식기를 이용한다.
16. 반지, 귀걸이, 시계 등의 장신구는 하지 않는다.

제 9장 개인위생을 위한 필수 요건

1. 손 씻기 및 관리

음식점의 주방에서 근무하는 조리사들이 가장 많이 사용하는 신체부위가 손이고, 식중독을 가장 많이 일으키는 개인위생 요인도 손이다. 따라서 손은 가장 중요하게 다루어야할 개인위생 항목이다. 자주 손 씻기를 하지 않거나 청결하게 유지하지 않으면 다양한 병원균이 성장하기 좋은 환경을 만들어 주는 것이며, 오염된 손은 음식에 2차 오염을 시키게 된다. 이는 고객들에게 식중독을 유발시키는 원인이 되는 것이다. 손 씻기는 조리사에게 기본적인 사항이지만, 많이 바쁜 주방이나, 손 씻는 시설이 제대로 갖춰져 있지 않은 상황에서라면 규칙적인 습관을 들이기가 쉽지 않을 것이다. 그럼에도 불구하고 손 씻기는 반드시 습관으로 만들어야 할 것이다. 다음은 손 씻기를 반드시 해야 하는 상황이다.

1. 식재료를 정리하는 중 손에 흙 또는 오염물이 묻은 경우
2. 쓰레기통 및 쓰레기를 만진 후
3. 익히지 않은 식재료(닭고기, 생선, 고기류)를 다루기 전, 후
4. 더러운 조리복, 앞치마, 위생모, 안전화, 행주 등을 만진 후
5. 머리 또는 얼굴과 같은 신체의 일부분을 만진 후
6. 상처를 만진 후
7. 화장실을 이용한 후
8. 식품에 사용하면 안 되는 화학물질을 만진 후
9. 재채기, 기침 등을 하면서 손으로 막은 후
10. 오염된 주방기기, 시설, 그릇을 만진 후
11. 설거지를 하고 난 후

12. 음식물 찌꺼기를 처리했을 경우
13. 흡연을 한 후
14. 돈을 만진 후
15. 식사 또는 휴식 후
16. 주방에서 근무를 시작할 때
17. 로션을 사용한 경우
18. 식사를 한 후
19. 청소를 한 후
20. 기타 불결한 것을 만진 후

손 씻기를 할 때는 손목까지 손 전체를 완전히 씻어야 하며, 특히 손톱에는 각종 오염물질이 끼어있어 병원균의 서식처가 될 수 있으므로 집중적으로 세척해야한다. 손 씻기 과정을 살펴보면, 중성세제 또는 손 세척 전용세제를 이용하여 충분히 거품을 낸 다음, 깍지를 끼고 손을 비벼주고, 손바닥과 손등을 문지르며, 손가락을 돌려가며 닦아주고, 손톱 아래 부분을 충분히 문지른 다음 흐르는 물로 손을 깨끗이 헹궈준다. 다음으로 종이타월을 이용하여 물기를 닦고, 종이타월로 수도꼭지를 잠그면 된다. 이러한 방법으로 필요할 때마다 되풀이해야 청결한 손을 유지할 수 있다. 여기서 주목해야할 부분은 손을 아무리 깨끗하게 씻었다 할지라도 요리된 음식이나 고객에게 공급해야할 음식을 맨손으로 만져서는 안 된다는 것이다. 또한 금방 씻은 손에 로션을 사용하지 않는 것이 좋다. 로션은 세균에게 필요한 수분을 공급하여 세균이 피부에 번식하는 역할을 하기 때문이다.

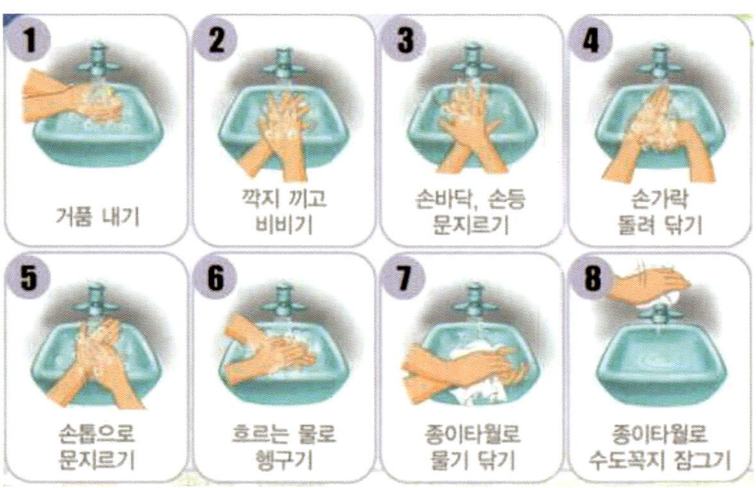

더불어, 미생물을 식품에 옮기지 않기 위해서는 적절한 손 관리가 필요하다. 몇 가지 손 관리 방법을 살펴보면, 첫째, 손톱에는 음식물이나 더러운 물질 및 해로운 물질들이 끼일 수 있으므로 주의해야한다. 둘째, 손톱은 짧고 깨끗하도록 유지해야한다. 셋째, 손톱광택제나 인조 손톱 및 아크릴 손톱을 착용해서는 안 된다. 그 이유는 인조손톱이 부러져 고객들의 음식에 들어갈 수 있고, 깨끗이 유지하기도 힘이 들며, 장갑을 찢을 수도 있기 때문이다. 넷째, 손의 상처나 베인 곳은 치료하고 식품과 접촉이 없는 청소 등과 같은 다른 업무를 하는 것이 좋다.

주방에서는 여러 가지 종류의 장갑을 사용한다. 장갑을 적절히 사용함에 따라 사람과 음식 사이에서 위생적인 차단벽이 될 수 있다. 장갑은 음식을 취급하는 조리사들에게는 맨손보다 위생적이다. 그러나 사용했던 장갑을 다른 음식물에 재사용하여 교차오염을 유발해서는 안 된다. 예를 들어 육류고기를 손질한 다음 그 장갑을 낀 채로 다른 음식물에 접촉해서는 안 된다는 것이다. 장갑을 갈아 껴야 하는 경우를 보면 다음과 같다.

① 익히지 않은 고기를 취급한 후나 조리된 음식 또는 즉시 먹을 수 있는 음식을 다루기 전 교체

② 새로운 작업을 하기 전 교체

③ 4시간이 되기 전에 교체, 필요하다면 더 자주 교체

④ 장갑이 더러워지거나 찢어진 경우 교체

2. 복장관리

조리복은 조리사의 신체를 열과 전기, 위험한 도구, 기기, 설비 등으로부터 보호해주는 역할을 하면서, 위생적인 조리를 할 수 있도록 하는 데 그 목적이 있다. 따라서 청결하게 유지하는 것이 중요하며, 오염되었다면 자주 갈아입는 것이 좋다.

손을 닦거나, 뜨거운 물건을 옮기는 데 위생복을 이용해서는 안 된다. 즉 음식과의 직접적인 접촉을 피하도록 해야 하며, 조리업무를 할 때는 꼭 조리복을 착용하고 업무를 수행해야한다. 음식물이 묻은 조리복을 편리하게 갈아입을 수 있도록 탈의실을 따로 마련하는 것이 좋다. 조리복은 조리사의 몸에 딱 맞는 치수로 제작되어야 한다. 너무 작으면 활동이 불편하게 되고, 너무 크면, 작업과정에서 위험한 상황이 발생하기도 한다. 조리 시 상의의 소매가 음식과 접촉하지 않도록 하는 것이 좋다.

위생모는 머리카락이 음식에 떨어져 음식을 오염시키거나, 고객들의 비위를 상하게 하는 것을

방지하기 위해 꼭 착용해야한다. 위생모는 보통 종이나 나일론, 합성종이, 천 등으로 만들어진다. 너무 길거나 넓은 위생모는 조리업무를 방해하기 때문에 적당한 크기를 사용하는 것이 좋다. 위생모를 착용할 때는 머리카락이 완전히 들어가도록 쓰는 것이 좋고, 여성 조리사의 경우 그물망을 이용하여 머리카락이 떨어지지 않도록 해야 한다. 위생모는 대부분 1회용으로 사용하는 경우가 많아 오염된 위생모는 새것으로 교체하여 착용해야한다.

주방의 바닥은 전처리, 조리작업 등에서 흘러나온 부산물과 기름등으로 미끄러운 경우가 많으며, 무거운 주방장비와 칼 등의 장비가 많이 있다. 주방에서는 낙상이나 주방기구에 의한 부상을 입는 사고가 자주 발생한다. 따라서 조리종사자들은 사고가 발생하지 않도록 평소에 세심한 주의를 기울여야 하며, 안전기준에 적합한 안전화를 착용해야한다. 안전화의 외피는 질긴 가죽으로 만들어졌으며, 발가락과 발등 위에는 쇠로 만들어진 안전장치가 되어 있다. 또한 미끄럼을 방지하기위해 바닥은 특수처리 되어있다.

앞치마는 조리사의 의복이 오염되는 것을 막는 용도뿐만 아니라 신체를 보호하는 용도로 착용한다. 일반적으로 앞치마는 천으로 만들어진 앞치마와 고무로 코팅된 앞치마, 일회용 앞치마 등이 있다. 앞치마가 오염된 경우 자주 교체하여 청결을 유지해야한다. 또한 머플러는 주방에서 불의의 사고로 상해가 생겼을 때 응급처치하기 위해 착용하는 것이다.

3. 개인위생시설

식중독과 같은 위생 사고는 종사원들의 부족한 위생지식과 부적합한 비위생적 행동으로 많이 발생한다. 이러한 원인을 제거하고 주기적으로 위생교육을 실시하는 것도 중요하지만, 위생적인 행동을 할 수 있도록 시설과 장치를 마련해 주는 것도 매우 중요하다. 즉 위생관리 규칙을 표준화하여 조리사들이 숙지하도록 교육을 한다고 해도 위생적인 행동을 할 수 있는 시설 및 설비가 준비되지 않았다면 위생적인 행동이 어려울 수 있다. 따라서 음식점의 관리자는 위생 관리를 위해 필요한 장비와 설비, 시설을 마련하여 조리사들이 위생적인 행동을 할 수 있도록 환경을 조성해야한다.

첫 번째로 종사원의 휴게실 및 탈의실이다. 종사원의 휴게실은 음식점마다 다르지만, 일반적으로 단독으로 설치되어 있거나 탈의실과 겸용으로 사용하는 경우가 많다. 이러한 시설은 조리사들이 편리하게 출입할 수 있도록 설계되어야 한다. 규모가 작은 음식점이라 하여도 이러한 휴게실 및 탈의실을 설치하는 것이 바람직하다. 휴게실과 탈의실에 세면기와 샤워실을 마련하여 조리업무를 시작하기 전에 손 씻기를 할 수 있도록 환경을 조성해야한다. 또한, 화장실을 설치하여 고객들이 사용하는 화장실과 구분하는 것이 좋다.

두 번째로 세면기이다. 각 주방구역별로 각각 손을 씻을 수 있는 세면기를 설치하는 것이 바람직하다. 각 세면기 근처의 벽에 손 세척용 세제를 부착하여 사용한다.

4. 건강진단

음식점에서는 작업 전에 조리사들의 건강상태를 확인해야한다. 먼저 설사, 발열, 콧물이 흐르는지의 여부를 확인하고, 복통, 구토, 황달 등의 증상이 있는지 확인해야 하며, 화농성 질환, 피부질환이 있는지 확인해야 한다. 만약 해당자가 있을 경우 조리업무에서 제외시켜야 한다. 조리사들이 질병을 앓고 있을 경우 다른 종사원뿐만 아니라 고객에게도 직·간접적으로 위해를 줄 수 있다. 따라서 조리사들은 자신의 건강상태와 주방에 근무해도 가능한지를 검사하기 위해 정기적으로 지정된 의료기관에서 건강진단을 받아야 한다. 이는 전염병의 확산과 식중독을 예방하기 위한 식품위생법규에 해당한다. 정기적인 건강진단은 보통 연 1회 받아야 한다. 하지만 몸에 이상이 있는 경우에는 수시로 검사를 하는 것이 적절하다. 건강진단 결과 조리사들은 조리업무를 하지 못할 수도 있다.

5. 위생교육

한명의 조리사가 많은 일을 할 경우 일을 위생적으로 못할 가능성이 크다. 음식도 준비하고, 그릇도 준비하고, 고객에게 음식을 제공하는 일까지 한다면 여러 사람이 각자가 맡은 일을 할 때보다 음식이 오염될 가능성이 높아진다. 어떠한 음식점이라 하더라도 지속적인 관찰과 관심이 없으면 위생적으로, 성공적으로 운영되기 어렵다.

조리사들의 식품위생 지식과 태도, 관리자의 지도 감독은 식중독 발생 감소를 위한 중요한 요소이다. 따라서 주기적으로 위생교육을 실시해야 한다. 위생교육의 내용은 과학적 지식에 근거한 위생관리의 원리와 실천 사항으로 구성해야 하고, 조리사들의 지식수준이 미흡한 부분은 강조하여 교육을 실시해야 한다. 조리사들이 볼 수 있도록 게시하는 위생매뉴얼은 쉬운 말로 기록되어있어야 하고, 평이한 말로 조리사들에게 교육을 시켜야한다. 가능하면 조리사들이 위생규칙을 꼭 지켜야 하는 위치인 손 씻는 곳, 화장실 등에는 POP를 이용하여 실천사항을 게시하는 것도 좋은 방법이다. 또한 관리자들은 위생교육을 통한 위생관리 수행도를 높이기 위해 위생적 행동을 저지하는 장해요인을 제거하고, 조리사들이 적극적으로 위생적 행동을 하도록 유도해야 한다. 아울러 위생교육 후 정기적인 평가를 통해 적절한 피드백을 제공하는 것이 좋다.

음식점에서 관리자가 조리사들에게 교육시켜야 할 항목들을 구체적으로 살펴보면 다음과 같다.

1. 식재료를 취급할 때 위생과 안전에 대한 요구사항을 규정하고 설명해야 한다.
2. 조리사들을 채용할 때에는 위생적 행동에 대해 적성이 맞는 사람을 채용해야 한다.
3. 신입 조리사는 경력 조리사에게 올바른 위생교육과 음식을 안전하게 다루는 방법을 배워야 한다.
4. 조리사들로 하여금 위생규칙을 철저히 지키도록 유도한다.
5. 위생적 행동에 대한 관리와 감시를 한다.
6. 특정 위생적 행동에 대해 우선순위를 두는 것보다는 모두 같은 정도로 중요하게 지키도록 한다.
7. 영업자 준수사항이 변경되었을 때에는 위생 표준매뉴얼도 개정하도록 한다.

6. 질병 및 상처의 보고

조리사는 자신의 건강상태를 조리업무를 시작하기 전에 관리자에게 보고해야만 한다. 만약 일을 하는 동안에 몸이 아프거나 상처를 입었다면 즉시 그러한 상태를 보고해야만 한다. 관리자는 직원들이 평소에 이러한 정보를 관리자에게 알릴 수 있도록 직원들을 관리해야 한다.

조리사의 건강상태가 좋지 않거나, 상처가 있는 경우 식품 또는 장비를 오염시킬 가능성이 있다고 판단된다면, 그 조리사는 하던 일을 멈추고 병원으로 가야한다. 관리자들은 조리사가 발열, 설사, 구토, 후두염증, 황달 등의 증세가 있는 경우 일을 멈추도록 해야 하고, 이 중 설사와 구토증상이 있는 경우에는 다른 조리사들과 격리시켜야 한다.

손이 베이거나 까질 경우, 화상, 열상, 염증, 피부감염 또는 감염된 상처는 치료하고 위생밴드를 이용하여 처리해야 한다. 만약 손에 밴드를 붙였다면 손가락 고무 밴드를 끼우고 장갑을 착용하고 조리업무 및 식품과 접촉할 수 있는 업무에서 제외시켜야 한다. 상처가 아물 때까지 음식표면에 접촉하지 않는 업무(청소 등)를 해야 한다. 안전한 식품을 공급하기 위해 청결하고 적절한 손 관리를 교육해야한다.

손가락을 다친 경우 먼저 밴드를 상처부위에 붙여준다.	밴드를 붙인 부위에 고무 밴드를 끼우고, 조리업무 및 식품과 접촉할 수 있는 업무를 제외한 업무(청소 등)를 수행한다.

FRUIT
PLATING
MASTER

PART 4

과일플레이팅 자격검정 예제

제 10장 과일플레이팅 2급 예제

제 11장 과일플레이팅 1급 예제

제 12장 과일플레이팅 마스터 예제

제 10장
과일플레이팅 2급 예제

2급 예제-사과1

1. 사과를 준비한다.

2. 양쪽 끝부분을 자른다.

3. 절반을 자른다.

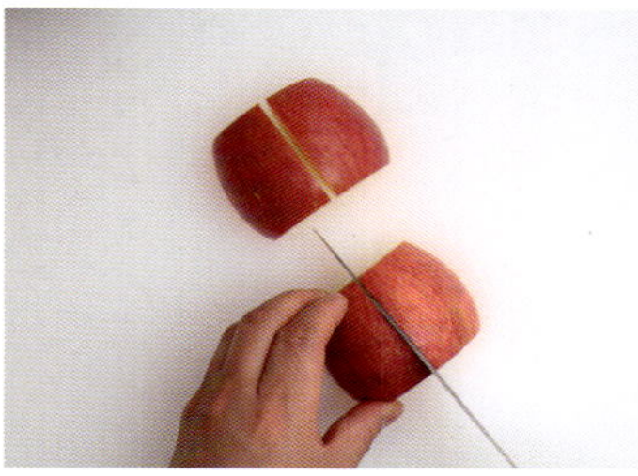

4. 절반으로 잘라준다.

5. 다시 절반으로 자른다.

6. 심을 제거한다.

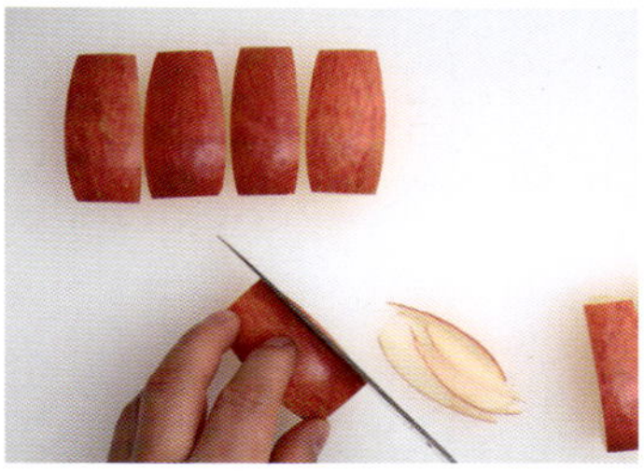

7. 둥근부분을 잘라낸다.

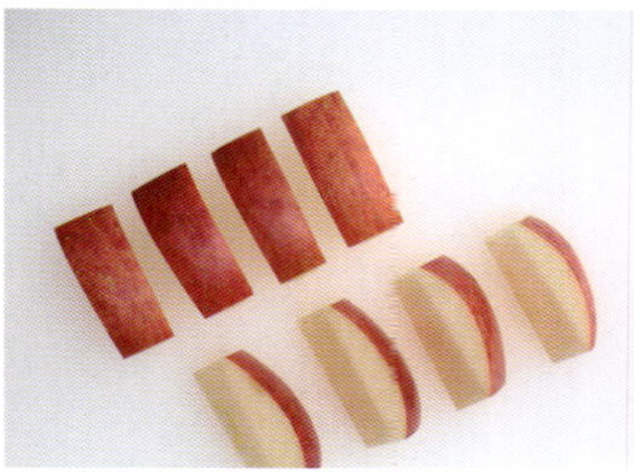

8. 사진과 같다.

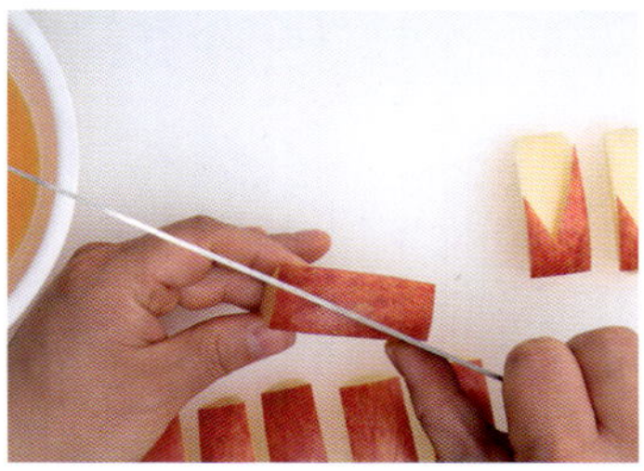

9. 칼집을 넣어준다.

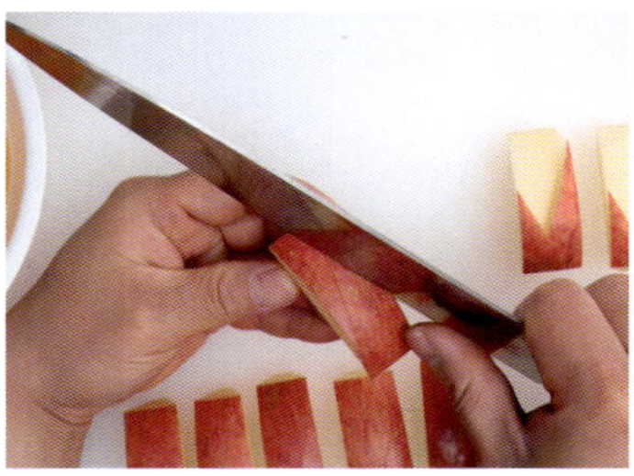

10. 한쪽라인은 길게 한쪽은 조금 짧게 칼집을 낸다.

11. V자 윗부분부터 껍질을 벗긴다.

12. 사진과 같이 떨어지는 껍질을 제거한다.

13. 사진과 같다.

14. 갈변방지를 위해 오렌지주스에 담가둔다.

15. 완성한다.

2급 예제-사과2

1. 사과를 준비한다.

2. 양쪽 끝부분을 자른다.

3. 절반을 자른다.

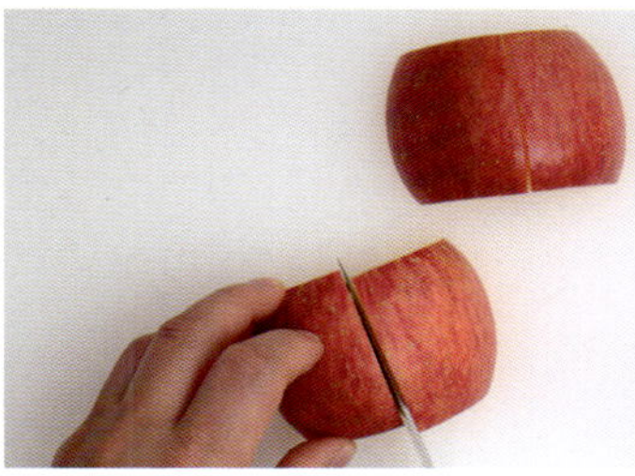

4. 절반으로 잘라준다.

5. 다시 절반으로 자른다.

6. 심을 제거한다.

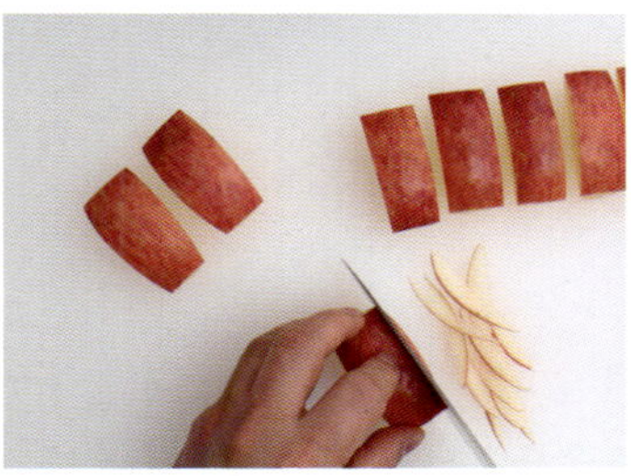

7. 둥근부분을 잘라낸다.

8. 칼집을 넣어준다.

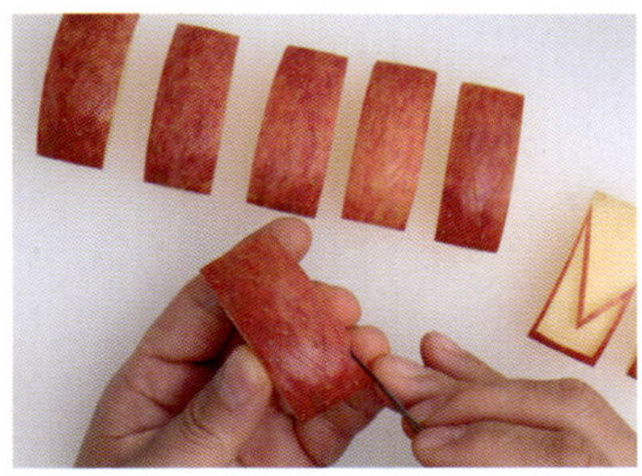

9. 양쪽 길이가 다르게 하여 바깥쪽에 칼집을 내준다.

10. V자 윗부분 껍질 부분을 벗겨낸다.

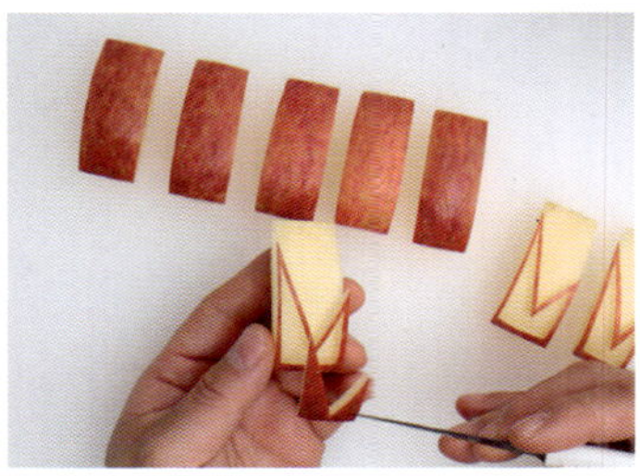

11. V자를 그려낸 안쪽을 파낸다.

12. 완성한다.

2급 예제-사과3

1. 사과를 준비한다.

2. 양쪽 끝부분을 자른다.

3. 절반을 자른다.

4. 절반으로 잘라준다.

5. 다시 절반으로 자른다.

6. 심을 제거한다.

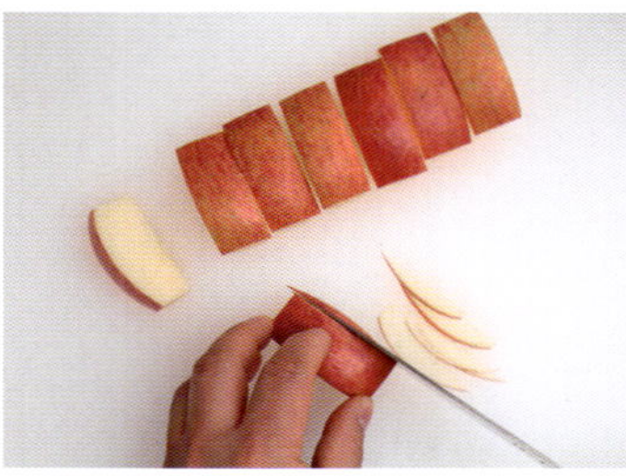
7. 둥근부분을 잘라낸다.

8. 사과 껍질 부분의 X자로 칼집을 넣어준다.

9. 칼집을 넣을때 너무 깊지 않을 정도로 넣어준다.

10. 양쪽에 칼집을 넣어 파내준다.

11. 갈변방지를 위해 오렌지주스에 담가둔다.

12. 완성한다.

2급 예제-사과4

1. 사과를 준비한다.

2. 양쪽 끝부분을 자른다.

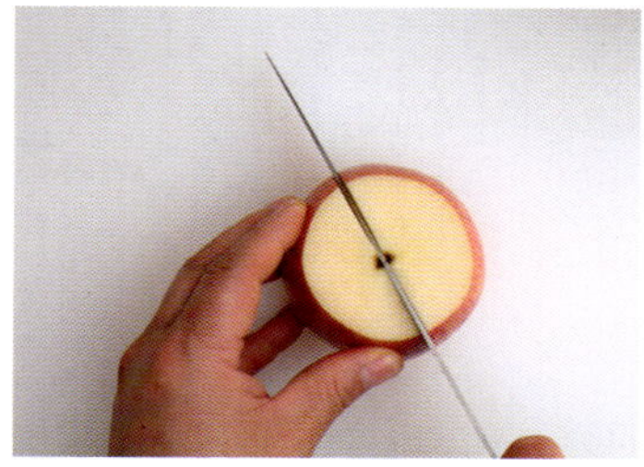

3. 절반을 자른다.

4. 절반으로 잘라준다.

5. 다시 절반으로 자른다.

6. 심을 제거한다.

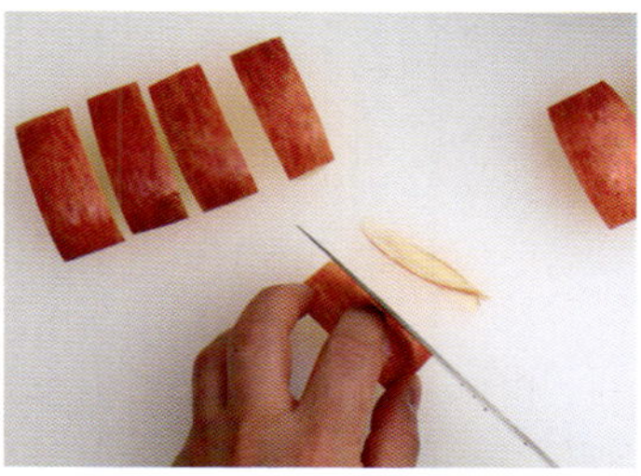

7. 둥근부분을 잘라낸다.

8. 사과 껍질 부분의 X자로 칼집을 넣어준다.

9. 칼집을 넣을때 너무 깊지 않을 정도로 넣어준다.

10. 양쪽에 칼집을 넣어 파내준다.

11. 껍질 부분의 칼을 세워 라인을 따라 그려준다.

12. 라인을 파내준다.

13. 갈변방지를 위해 오렌지주스에 3초 정도 코팅시킨다.

14. 완성한다.

2급 예제-사과5

1. 사과를 준비한다.

2. 절반으로 잘라준다.

3. 양쪽 끝부분을 잘라준다.

4. 심을 제거해준다.

5. 동등하게 등분해준다.

6. 샤토나이프로 세로로 일정한 간격으로 칼집을 내준다.

7. 사진과같이 바둑판식으로 껍질을 제거한다.

8. 완성한다.

9. 갈변방지를 위해 오렌지 주스에 3초 정도 코팅시킨다.

10. 완성한다.

2급 예제-사과6

1. 재료와 도구를 준비한다.

2. 사과를 반으로 자른다.

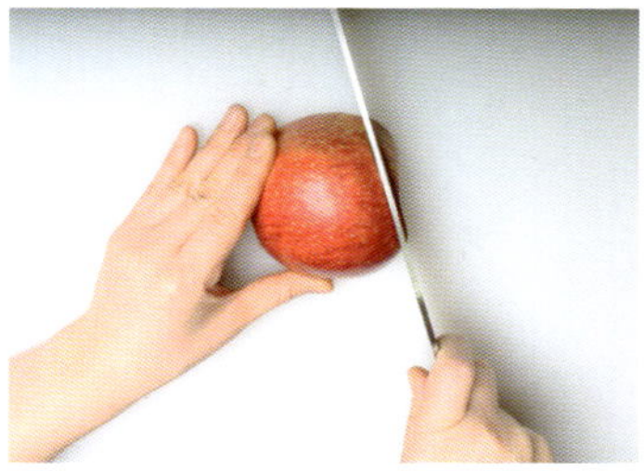

3. 사과의 윗부분을 일자로 잘라 낸다.

4. 사과의 아랫부분도 마찬가지로 일자로 잘라낸다.

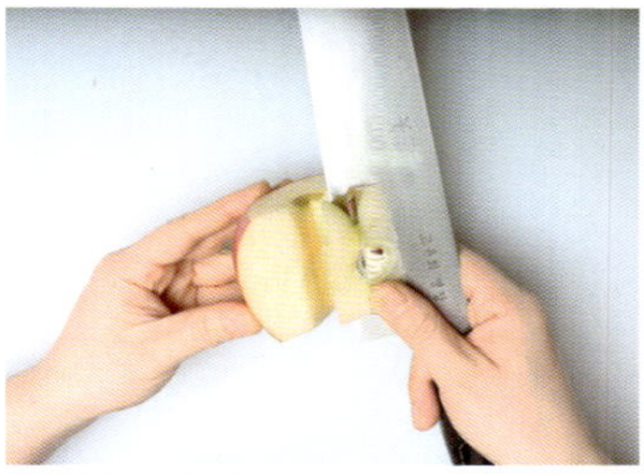

5. 씨를 제거한다.

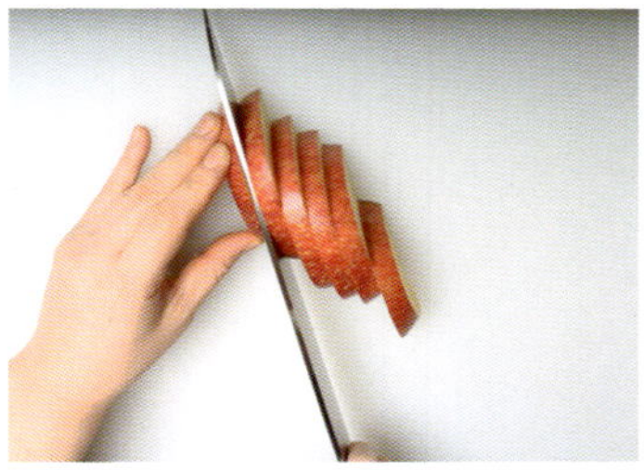

6. 사진과 같이 사과를 6등분 한다.

7. 등분한 사과를 모아잡고, 일정한 간격의 세로 선을 살짝 긋는다.

8. 만들어진 사각형에 대각선으로 라인을 넣어준다.

9. 칼을 눕혀 일정하게 껍질을 떼어내고, 오렌지주스에 코팅시킨다.

10. 다시 원래의 모양으로 사과를 모은다.

11. 완성한다.

2급 예제-사과7

1. 사과를 준비한다.

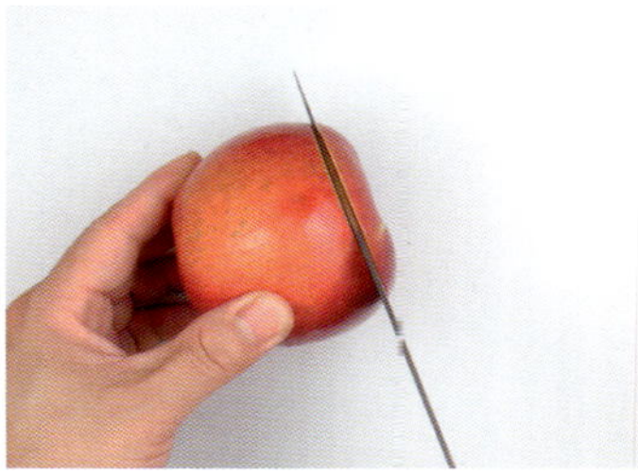
2. 사과의 한면을 잘라준다.

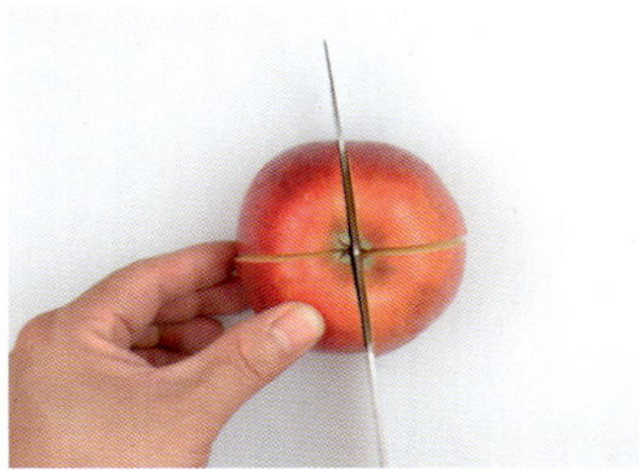
3. 8등분 해준다.

4. 사진과 같이 8등분한다.

5. 사선으로 칼집을 넣어준다.

6. 끝부분부터 껍질을 제거한다.

7. 심을 제거해준다.

8. 껍질을 칼집 넣어줬던 부분에 끼워준다.

9. 완성한다.

2급 예제-사과8

1. 사과를 준비한다.

2. 절반을 자른다.

3. 양쪽 끝부분을 자른다.

4. 심을 제거한다.

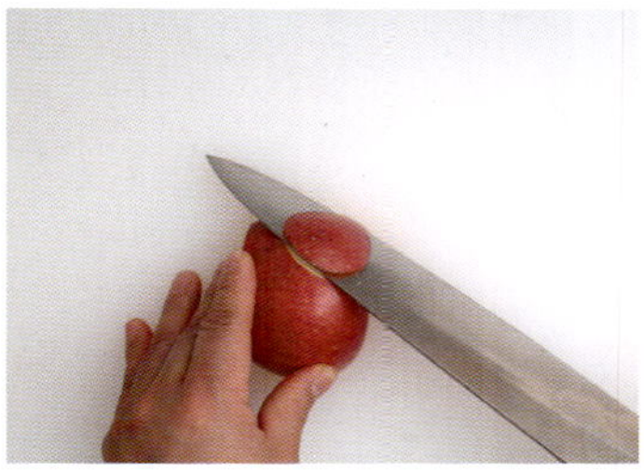

5. 양쪽에 껍질 부분을 살짝 잘라 내준다.

6. 일정한 간격으로 슬라이스 해준다.

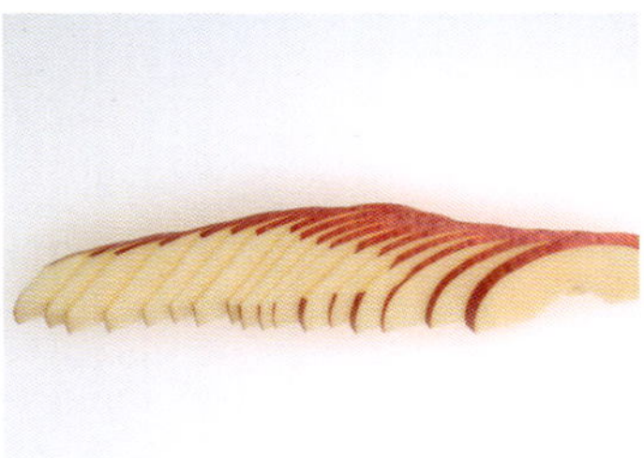

7. 사진과 같다.

8. 갈변방지를 위해 오렌지주스에 코팅시켜준다.

9. 슬라이스 된 사과를 일정한 간격으로 펼쳐준다.

10. 완성한다.

2급 예제-사과9

1. 사과를 준비한다.

2. 절반을 자른다.

3. 8분의 1등분 크기로 양옆을 잘라낸다.

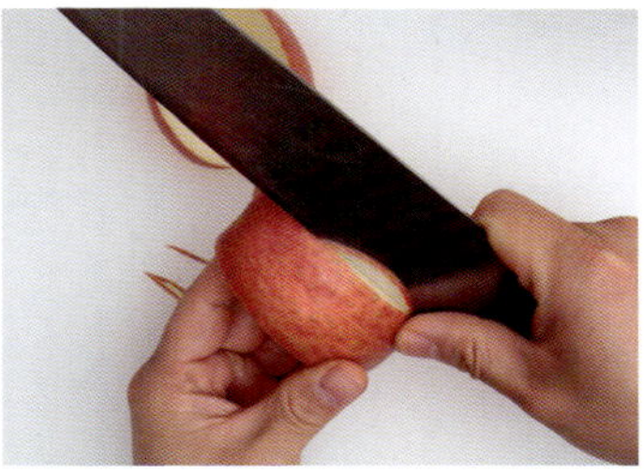

4. 남은 부분은 양쪽에서 사선으로 잘라준다.

5. 사진과 같다.

6. 일정한 간격으로 잘라준 것을 펼쳐준다.

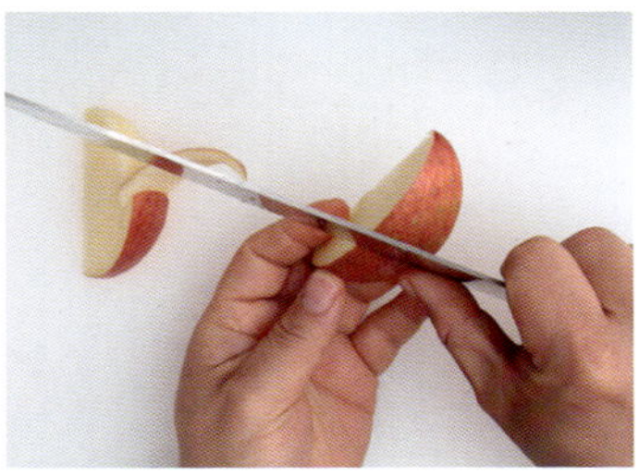

7. 사이드의 8분의 1조각의 껍질 중앙부분에 비스듬하게 칼집을 넣어준다.

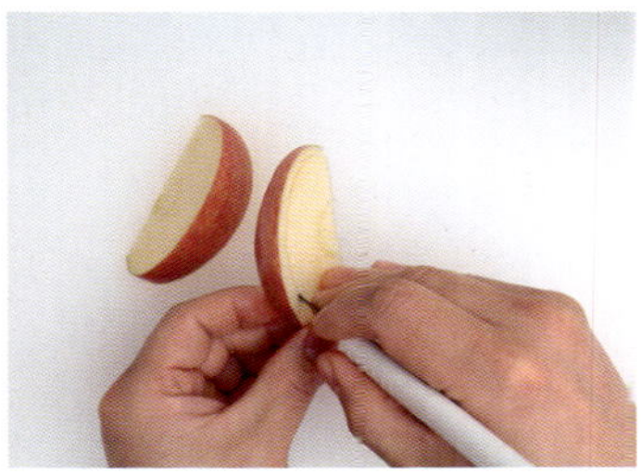

8. 위쪽에서부터 칼집넣은 곳 까지의 껍질을 제거한다.

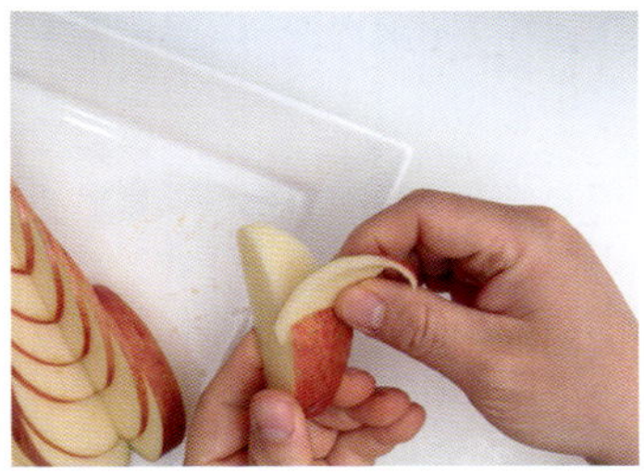

9. 떨어진 껍질을 반대로 끼워넣어준다.

10. 완성한다.

2급 예제-사과10

1. 사과를 준비한다.

2. V자로 일정한 두께로 잘라준다.

3. 사진과 같다.

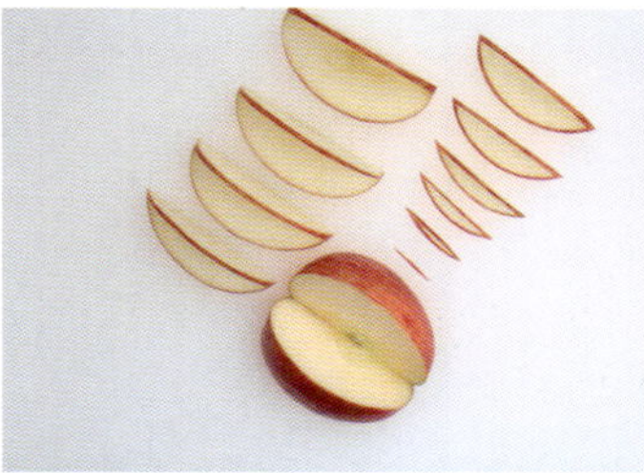

4. 사진과 같이 일정한 두께로 잘라준다.

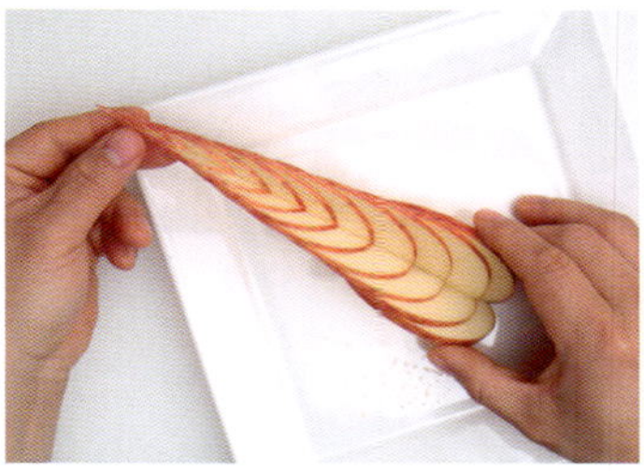

5. V자로 자른 사과를 일정하게 펼쳐준다.

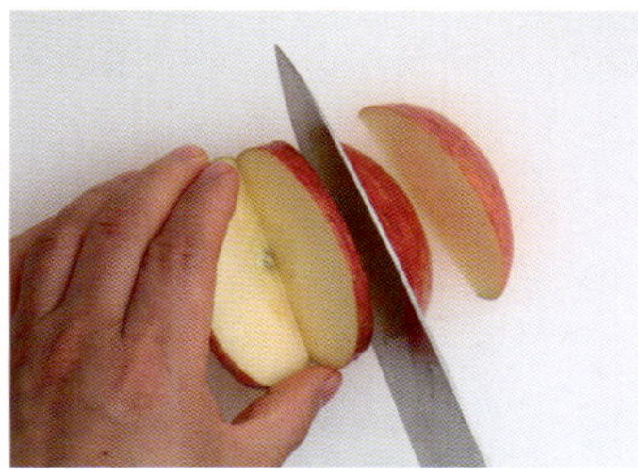

6. 8분의 1등분으로 잘라준다.

7. 얇게 슬라이스 해준다.

8. 오렌지 주스에 3초 정도 코팅시킨다.

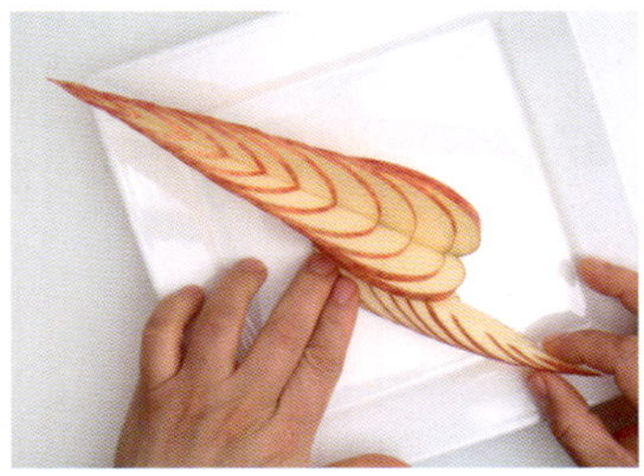

9. 슬라이스 한 사과를 일정하게 펼쳐 놓아준다.

10. 완성한다.

2급 예제-사과11

1. 사과를 준비한다.

2. 사과를 사진과 같이 잘라준다.

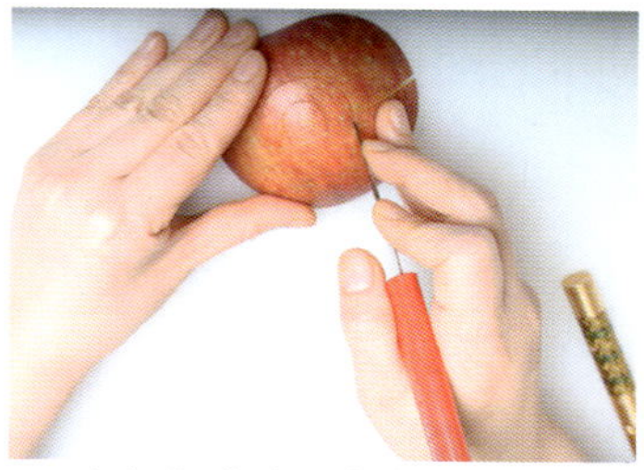

3. 잘라낸 사과조각의 한쪽 면에 백조 머리 라인대로 선을 넣는다.

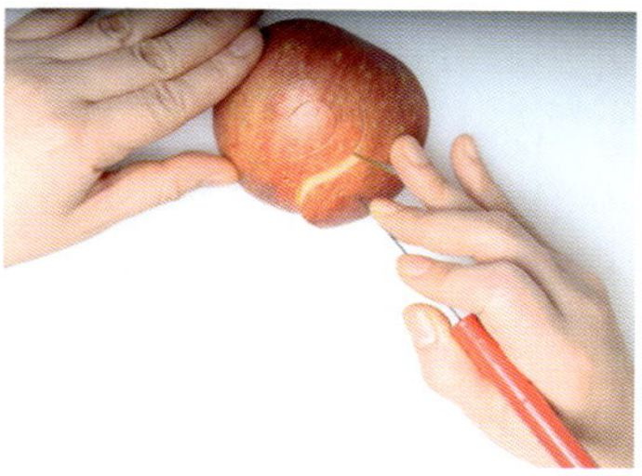

4. 사진과 같이 필요없는 부분을 떼어낸다.

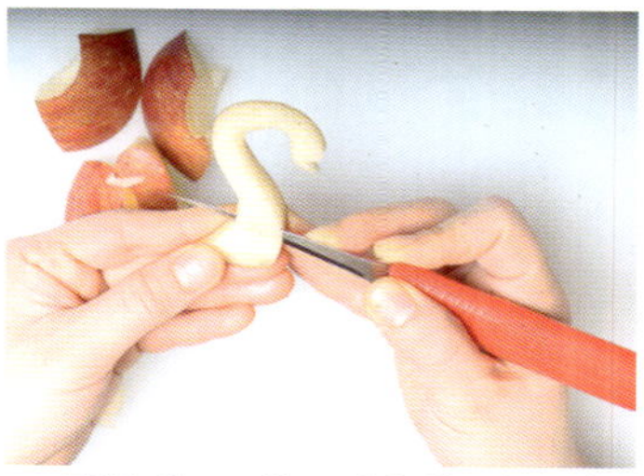

5. 뒤쪽에 보이는 과육을 어느정도 제거해준다.

6. 사진과 같다.

7. 사진의 한쪽 면에 칼을 양쪽에서 사선으로 넣어 조각을 떼어낸다.

8. 같은 방법으로 계속 반복하여 순서대로 점점 큰 조각들을 떼어낸다.

9. 총 3가지 면에 마찬가지로 반복작업을 한다.

10. 떼어낸 조각들은 잘 정리해서 오렌지주스에 담궈준다.

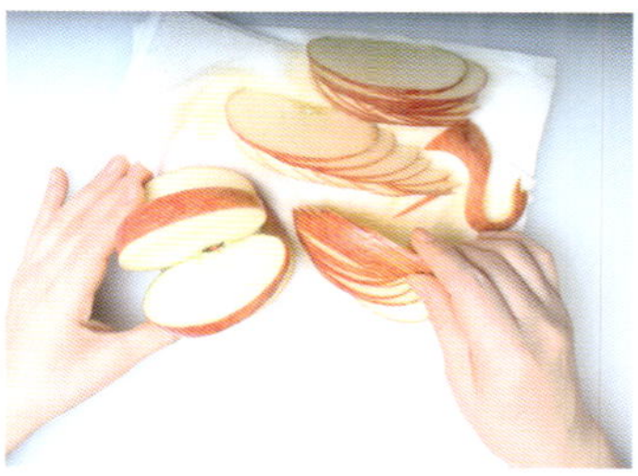

11. 오렌지주스에서 빼낸 조각들을 원래 위치에 펼쳐서 끼워넣어준다.

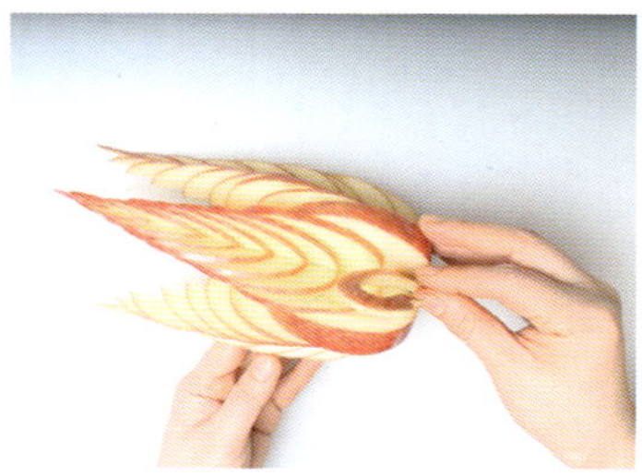

12. 사진과 같다.

13. 완성한다.

2급 예제-사과12

1. 사과를 준비한다.

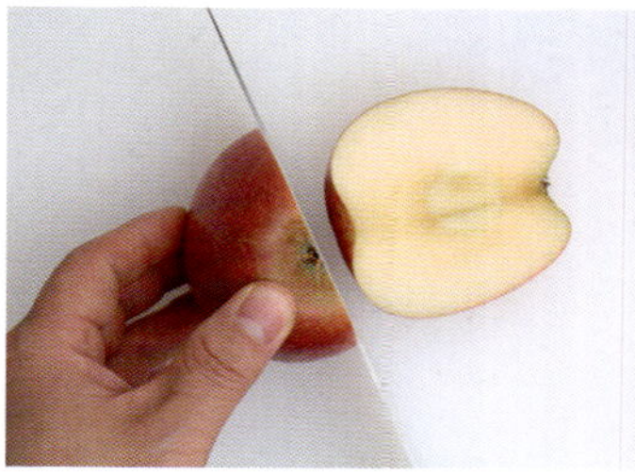

2. 절반을 자른다.

3. 심을 제거한다.

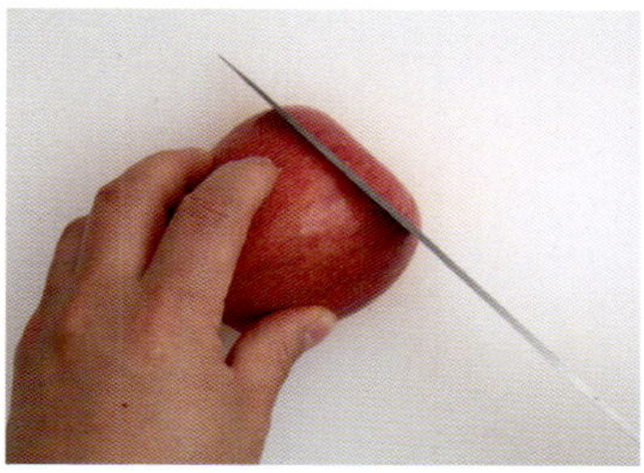

4. 양쪽 끝부분을 자른다

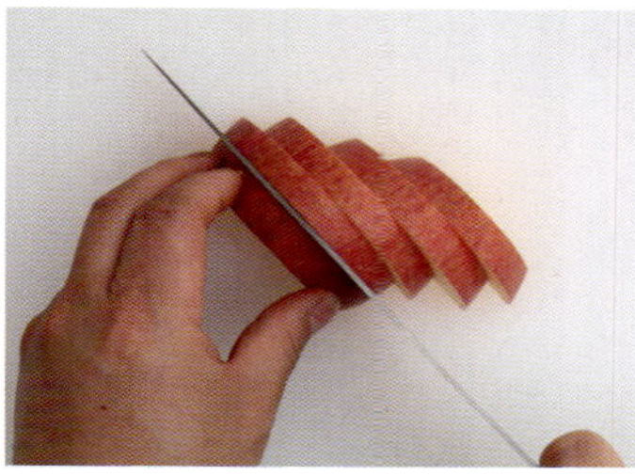

5. 일정한 간격으로 등분한다.

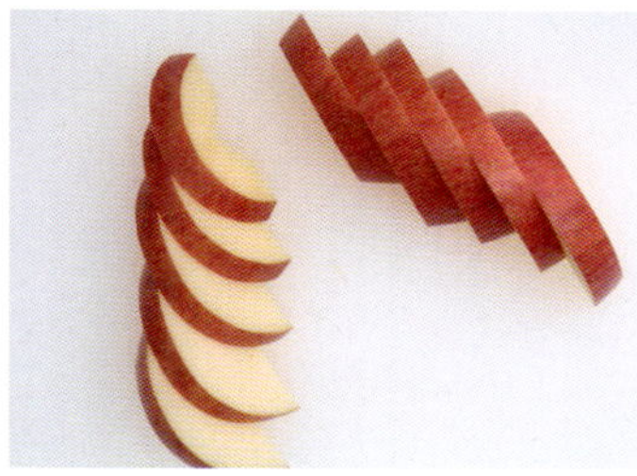

6. 사진과 같다.

7. 슬라이스 된 부분에 칼집을 내준다.

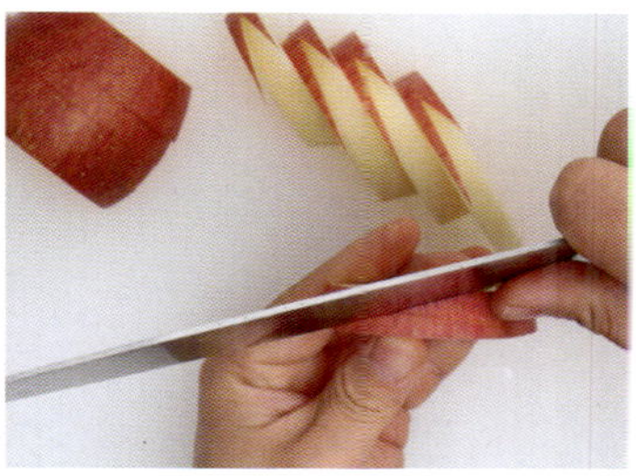

8. 반대편도 길이를 다르게 칼집을 내준다.

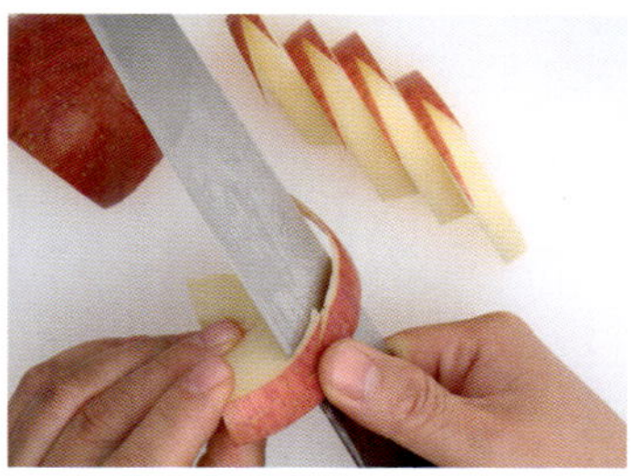

9. 아래부분 1cm정도 남겨두고 껍질을 벗겨낸다.

10. 사진과 같다.

11. 완성한다.

2급 예제-사과13

1. 사과를 준비한다.

2. 양쪽 끝부분을 자른다.

3. 절반을 자른다.

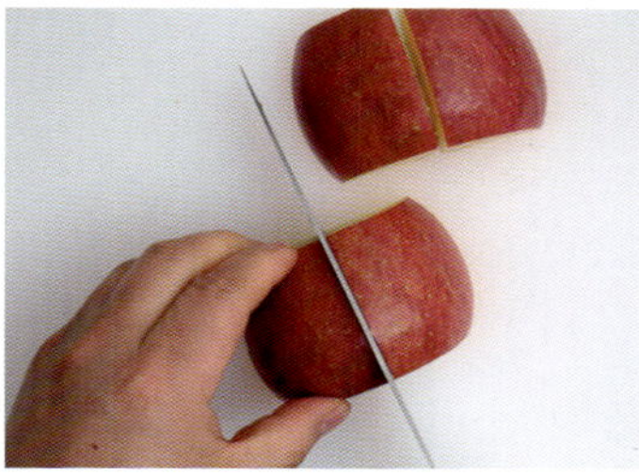

4. 절반으로 잘라준다

5. 절반으로 잘라준다.

6. 심을 제거한다.

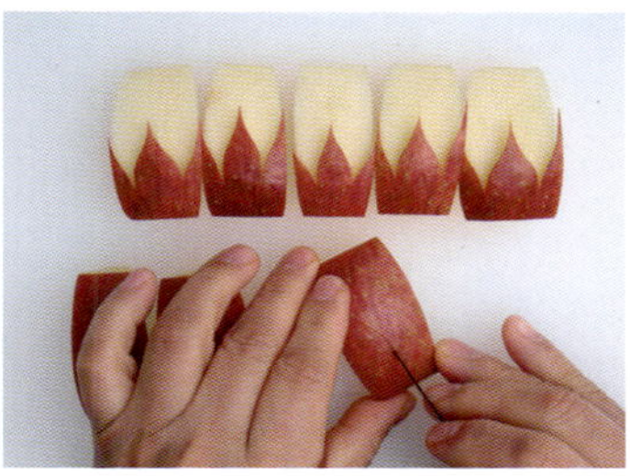

7. 샤토나이프로 사진과 같이 칼집을 넣어준다.

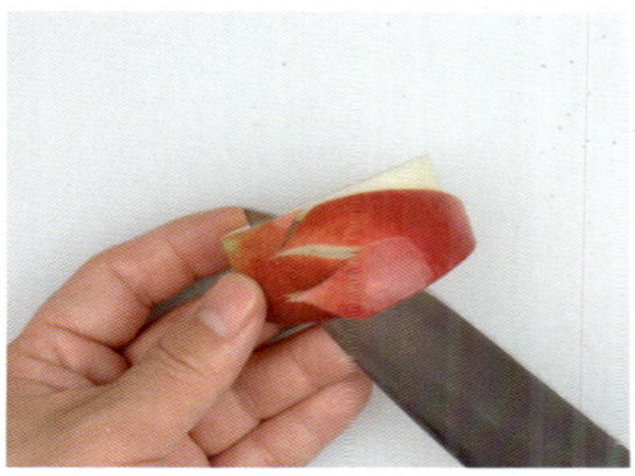

8. 아래부분을 남겨두고 껍질을 제거해준다.

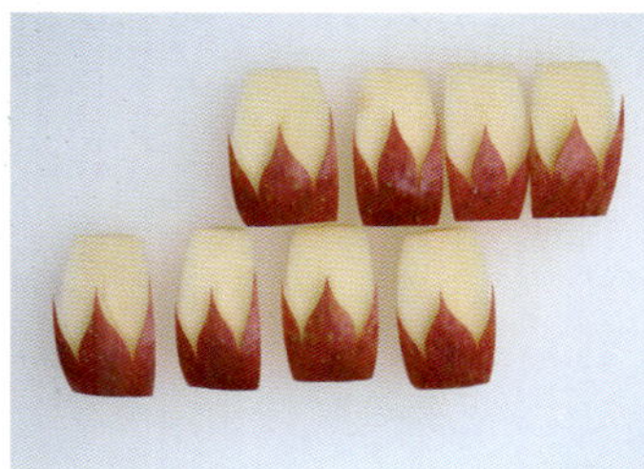

9. 사진과 같다.

10. 완성한다.

2급 예제-사과14

1. 사과를 준비한다.

2. 양쪽 끝부분을 자른다.

3. 절반을 자른다.

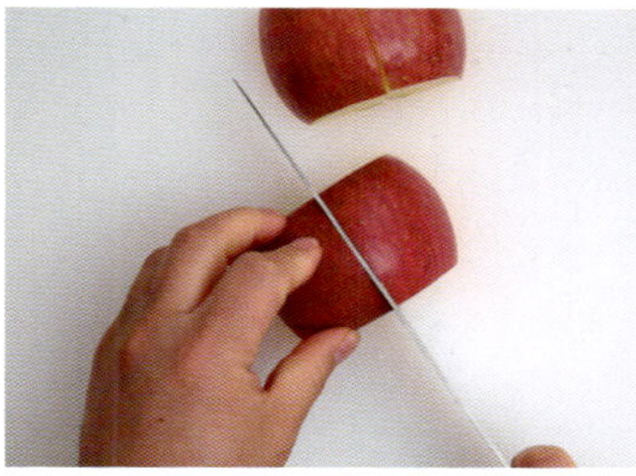

4. 절반으로 잘라준다

5. 4등분 해준다.

6. 심을 제거한다.

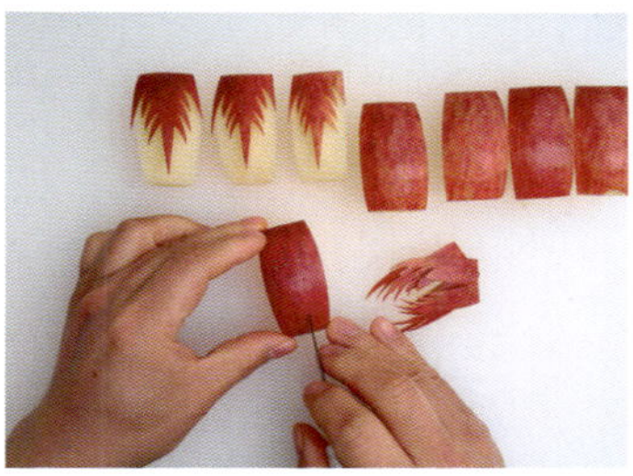

7. 사진과 같이 칼집을 내어 파내 준다.

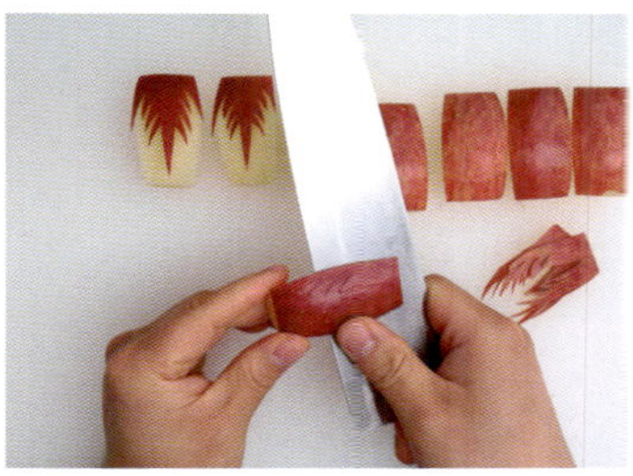

8. 사진과 같이 껍질을 벗겨낸다.

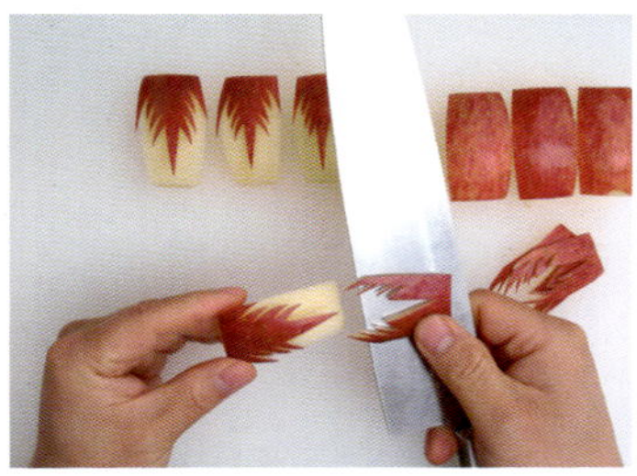

9. 사진과 같다.

10. 완성한다.

2급 예제-사과15

1. 사과를 준비한다.

2. 양쪽 끝부분을 자른다.

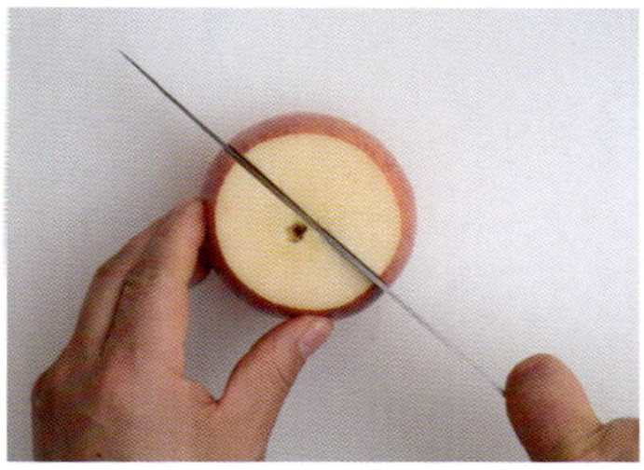

3. 절반을 자른다.

4. 8등분 해준다.

5. 심을 제거한다.

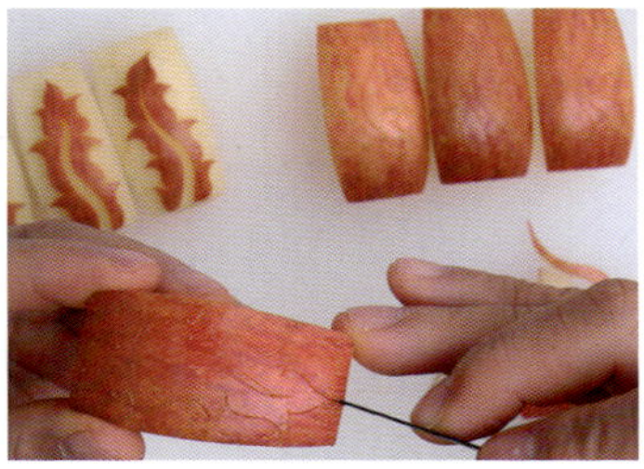

6. 샤토나이프로 사진과 같이 칼집을 넣어준다.

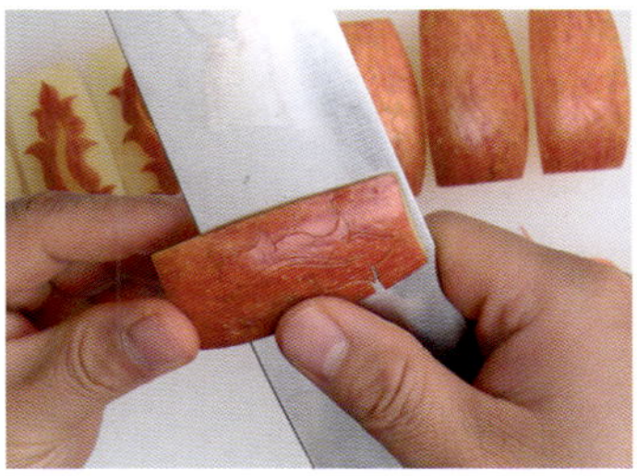

7. 사진과 같이 껍질을 제거한다.

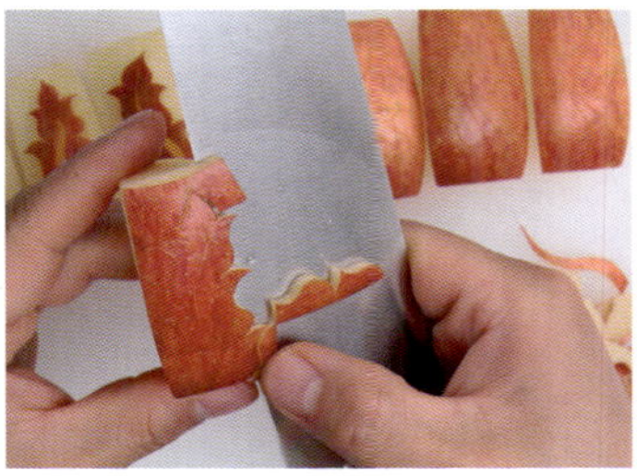

8. 옆 쪽도 껍질을 제거한다.

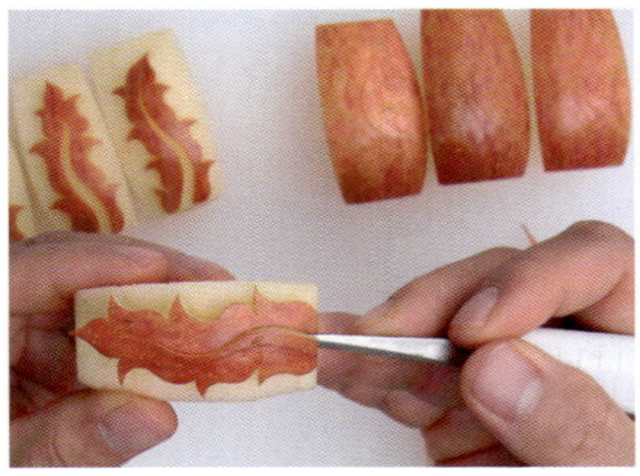

9. 샤토나이프를 눕혀 안쪽 껍질을 제거한다.

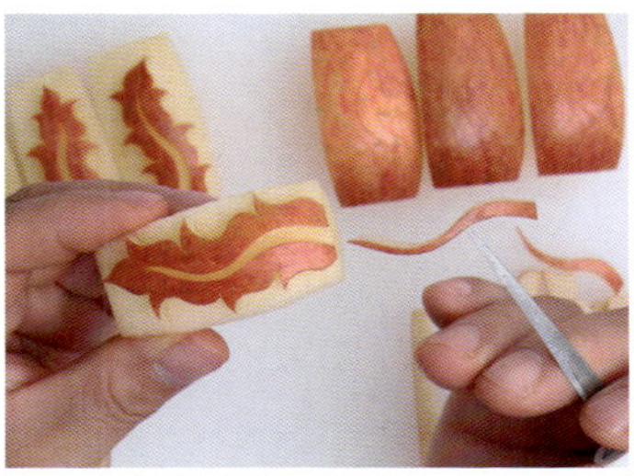

10. 사진과 같다.

11. 완성한다.

2급 예제-사과16

1. 사과를 준비한다.

2. 양쪽 끝부분을 자른다.

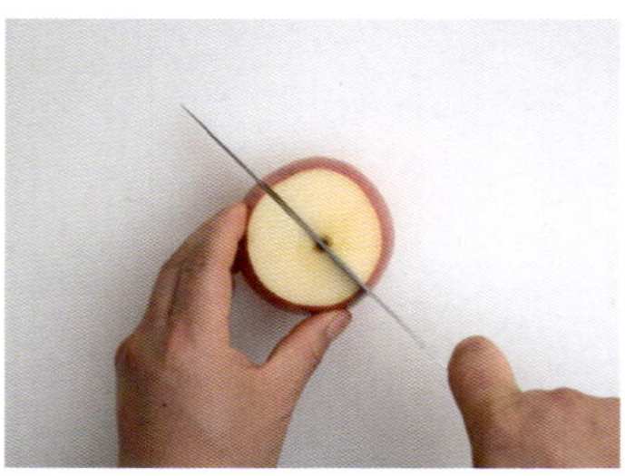

3. 절반을 자른다.

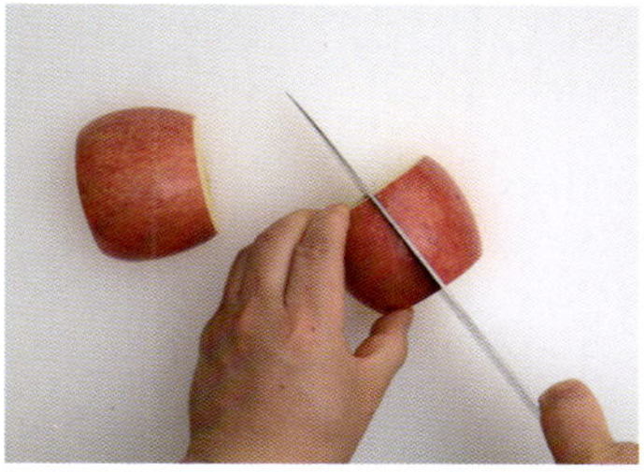

4. 8등분으로 잘라준다.

5. 심을 제거한다.

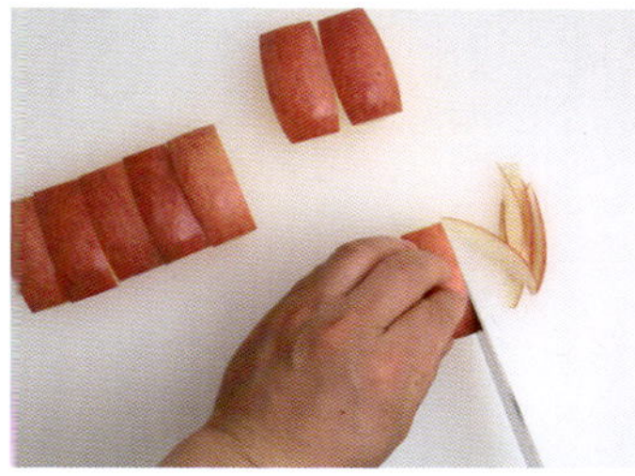

6. 둥근부분을 잘라낸다.

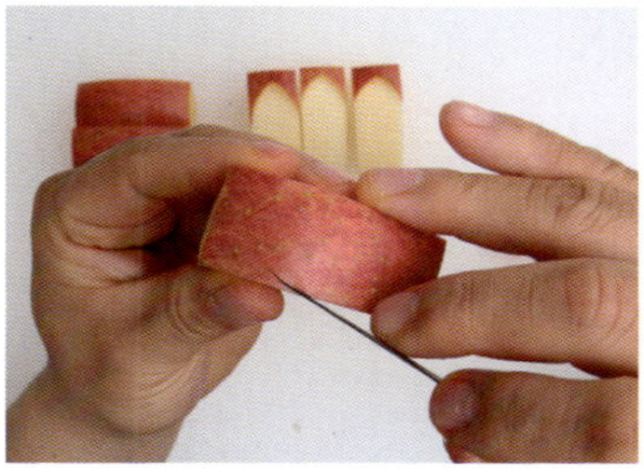

7. 칼집을 내준다.

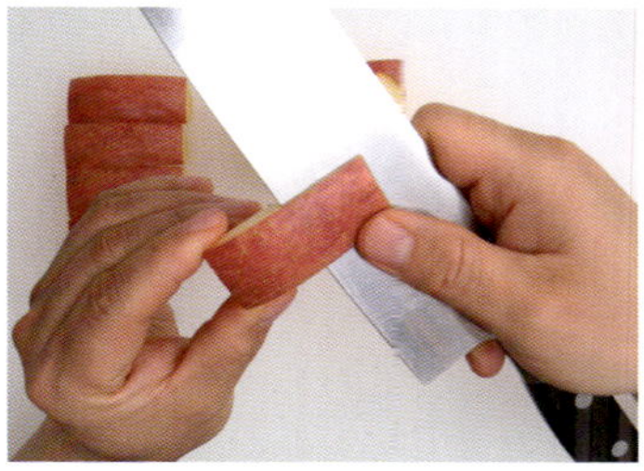

8. 사진과 같이 껍질을 제거한다.

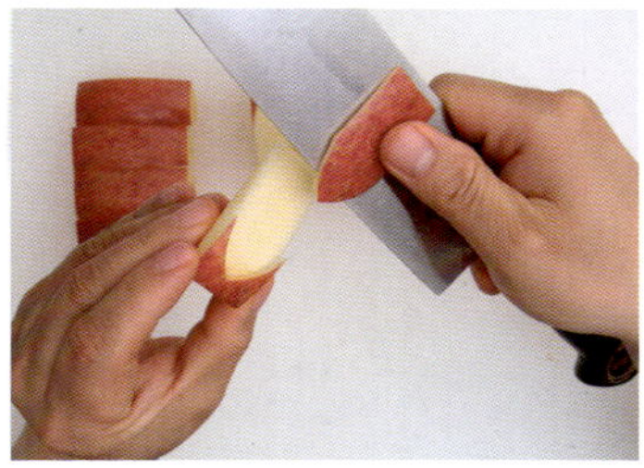

9. 사진과 같다.

10. 칼을 세워서 곡선으로 칼집을 내준다.

11. 사진과 같이 칼을 눕혀서 라인이 드러나도록 파낸다.

12. 사진과 같다.

13. 칼을 세워서 곡선으로 칼집을 내준다.

14. 칼을 눕혀서 라인이 드러나도록 파낸다.

15. 반복하여 사진과 같이 만들어준다.

16. 완성한다.

2급 예제-사과17

1. 사과를 준비한다.

2. 양쪽 끝부분을 자른다.

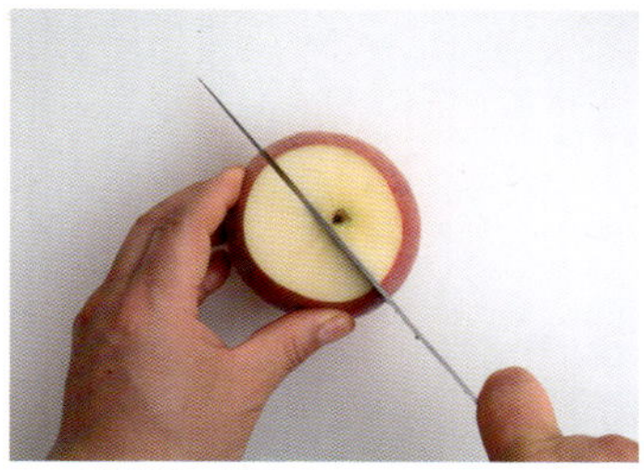
3. 절반을 자른다.

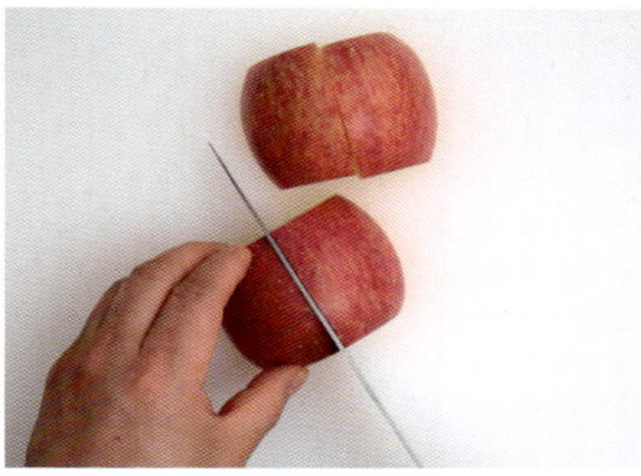
4. 8등분 해준다.

5. 심을 제거한다.

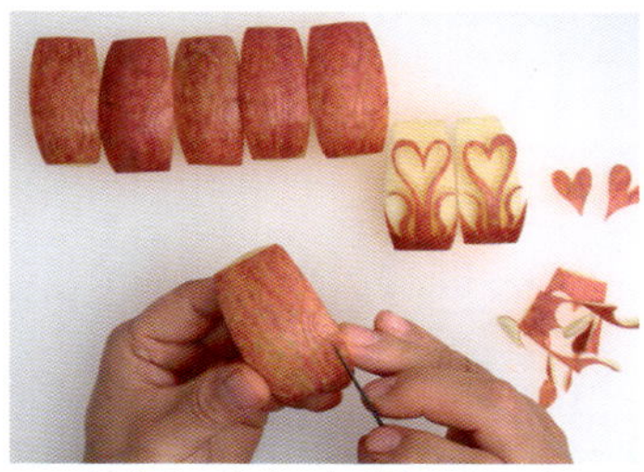
6. 사진과 같이 칼집을 내준다.

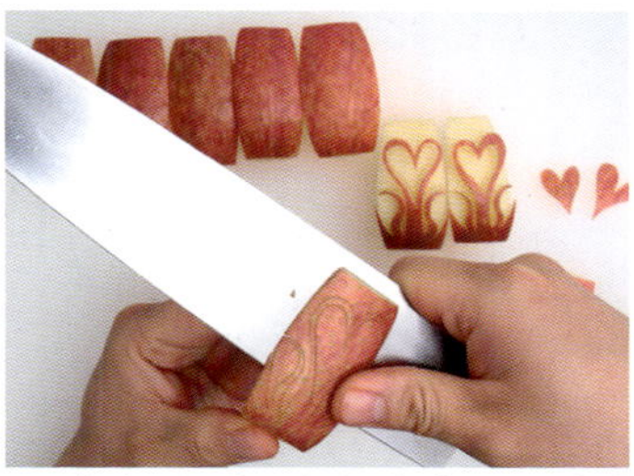
7. 아래부분을 약간 남겨두고 껍질을 벗겨낸다.

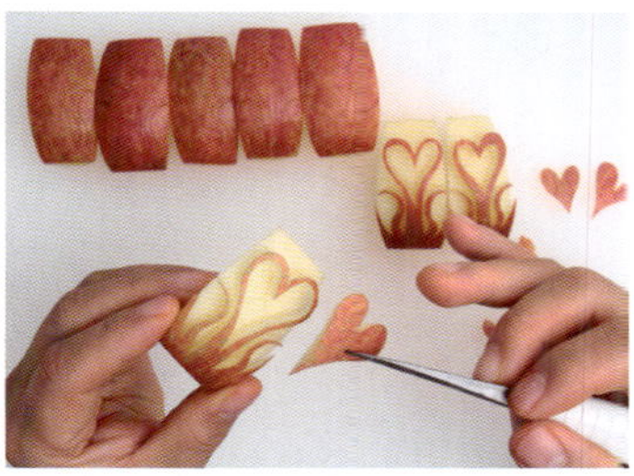
8. 안쪽 하트라인을 그려주고, 파낸다.

9. 완성한다.

2급 예제-사과18

1. 사과를 준비한다.

2. 양쪽 끝부분을 자른다.

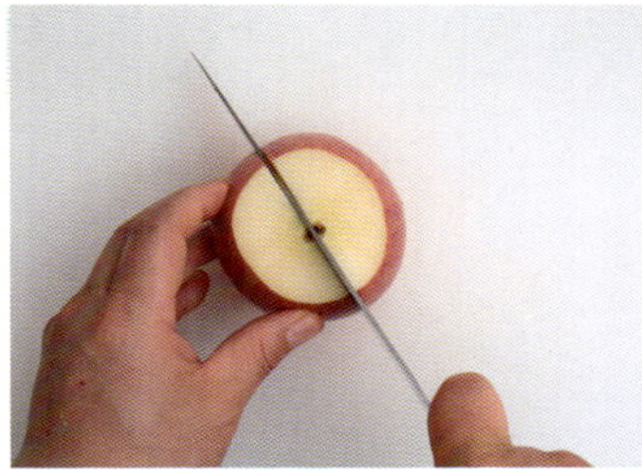

3. 절반을 자른다.

4. 8등분 해준다.

5. 심을 제거한다.

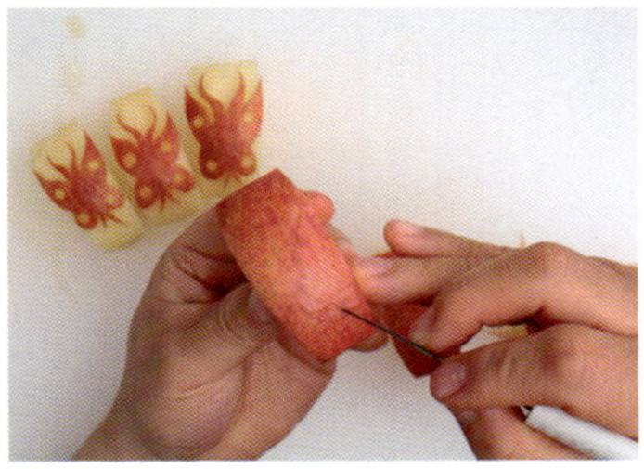

6. 사진과 같이 칼집을 내준다.

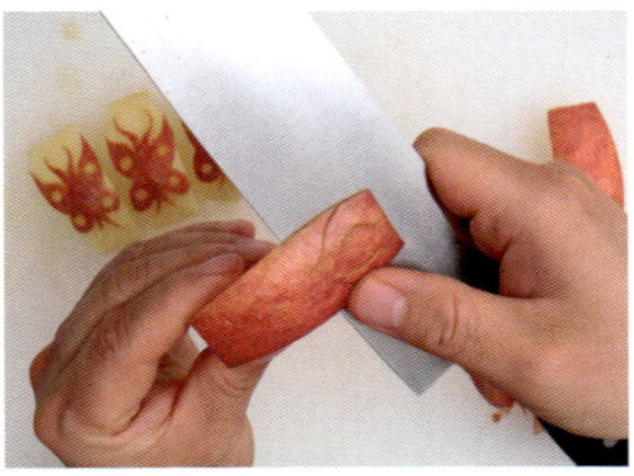

7. 껍질을 벗겨낸다.

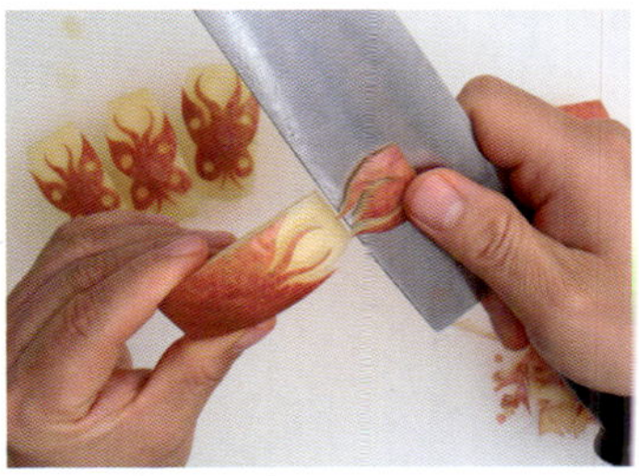

8. 사진과 같다.

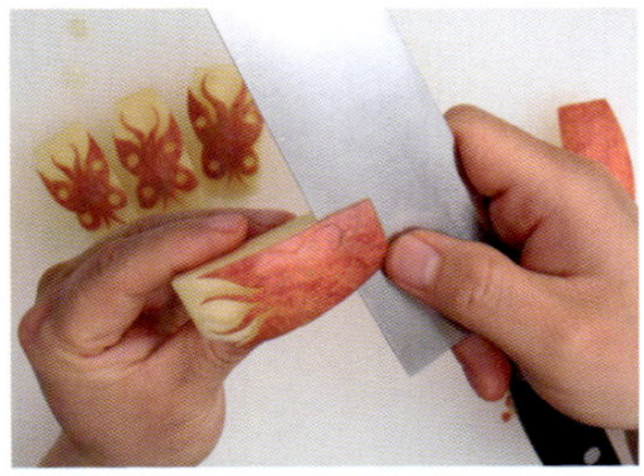

9. 아래부분의 껍질을 벗겨낸다.

10. 사진과 같다.

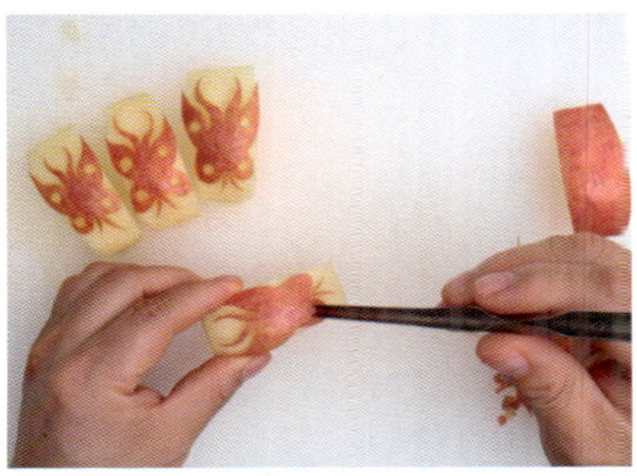

11. 원형조각도로 등근모양의 칼집을 넣어준다.

12. 샤토나이프로 제거해준다.

2급 예제-사과19

1. 사과를 준비한다.

2. 양쪽 끝부분을 자른다.

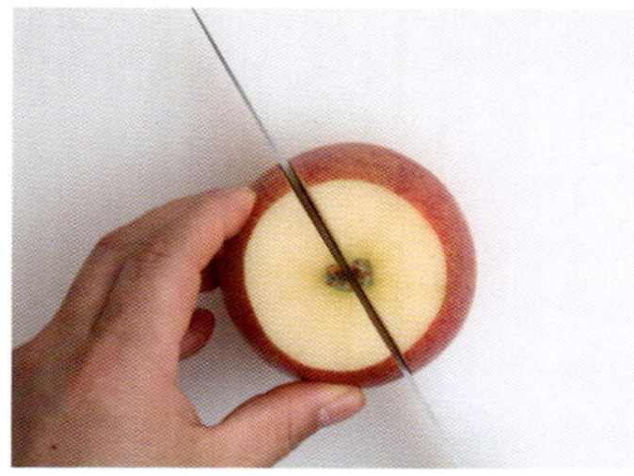
3. 절반을 자른다.

4. 8등분 해준다.

5. 심을 제거한다.

6. 샤토나이프로 사진과 같이 칼집을 넣어준다.

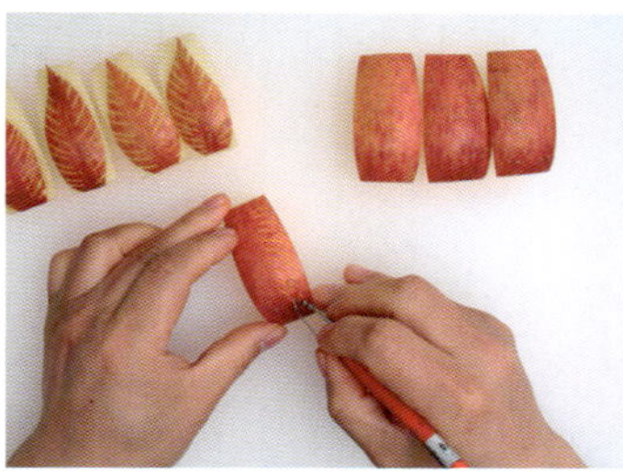
7. 풀카빙나이프로 칼집을 넣어준다.

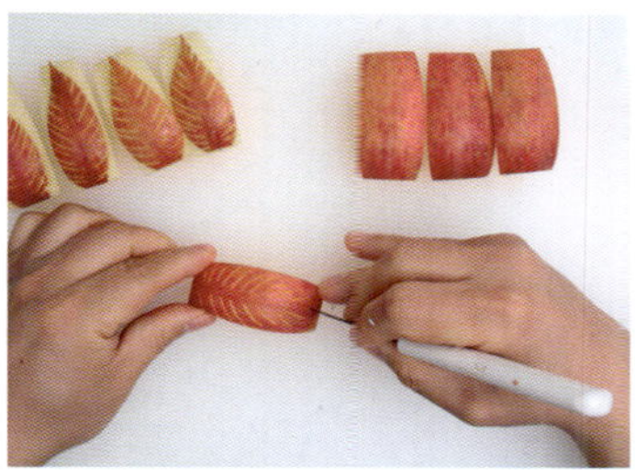
8. 샤토나이프로 칼집을 넣어준다.

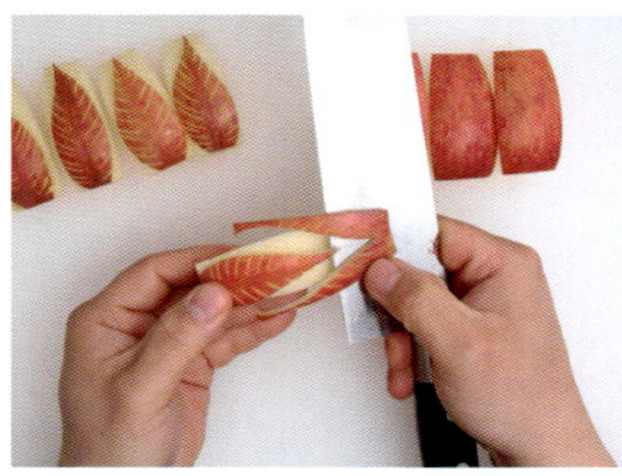
9. 칼로 윗부분을 벗겨낸다.

10. 완성한다.

2급 예제-사과20

1. 재료와 도구를 준비한다.

2. 사과 윗부분을 일자로 잘라낸다.

3. 사과의 아랫부분도 일자로 잘라낸다.

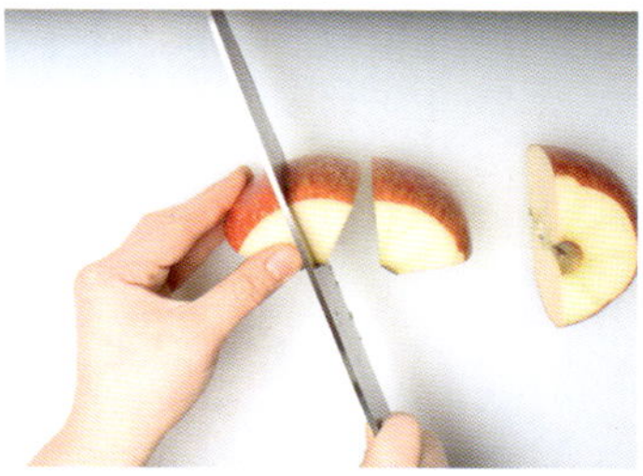

4. 사과를 일정한 크기로 8등분한다.

5. 사과 씨가 있는 부분을 일자로 제거해준다.

6. 사진과 같은 무늬를 넣는다.

7. 칼을 눕혀 껍질을 제거해준다.

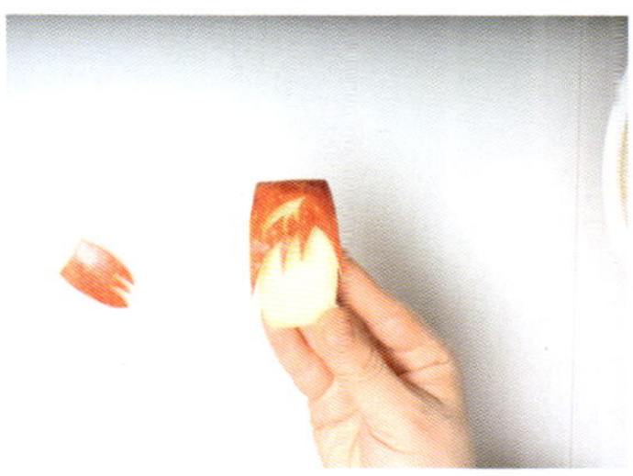

8. 사진과 같다.

9. 완성한다.

2급 예제-사과21

1. 사과 양끝부분을 잘라낸다.

2. 일정한 크기로 8등분한다.

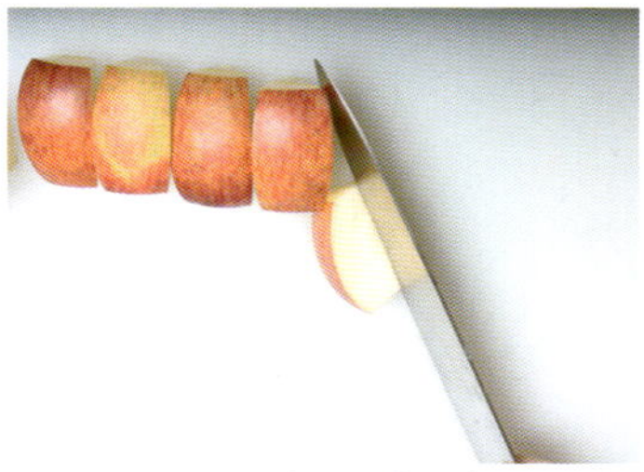

3. 씨가 있는 앞부분을 일자로 잘라낸다.

4. 사진과 같이 사과 한 조각에 라인을 넣어준다.

5. 칼을 눕혀 떨어지는 조각을 제거한다.

6. 사진과 같다.

7. 완성한다.

2급 예제-사과22

1. 사과를 준비한다.

2. 절반으로 자른다.

3. 8분의1등분으로 자른다.

4. V자로 일정한 두께로 잘라준다.

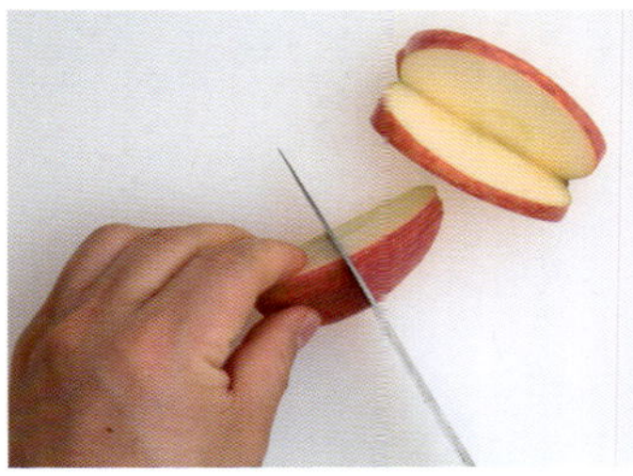

5. 반으로 잘라준다.

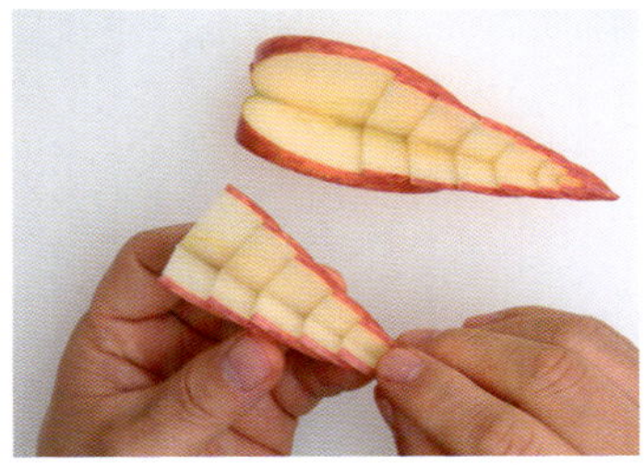

6. 자른 부분을 일정한 간격으로 펼쳐준다.

7. 사진과 같다.

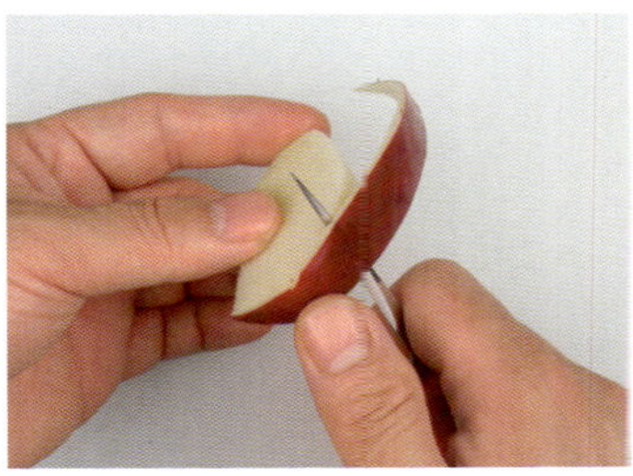

8. 잘라낸 8분의 1등분을 샤토나이프로 껍질을 잘라낸다.

9. 사진과 같다.

10. 이쑤시개를 끼워준다.

11. 고정시킨다.

12. 완성한다.

2급 예제-사과23

1. 재료와 도구를 준비한다.

2. 사과의 윗부분을 잘라낸다.

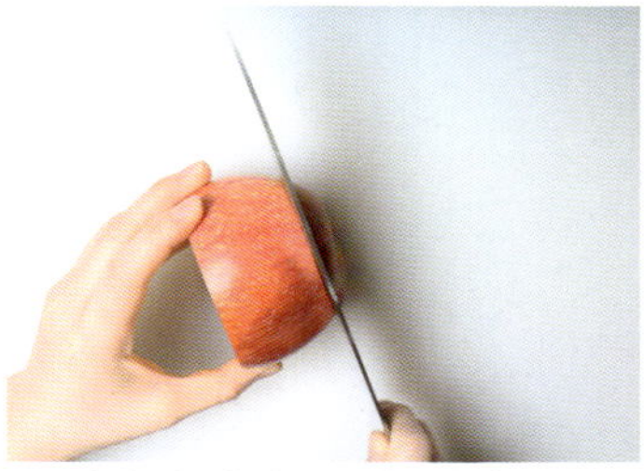

3. 사과의 아래부분을 살짝 잘라 낸다.

4. 스쿱으로 과육을 예쁘게 파내 준다.

5. 사진과 같다.

6. 과육을 제거한 사과 볼 안쪽을 샤토나이프로 정리한다.

7. 제거했던 사과 위쪽을 꽃잎라인으로 잘라준다.

8. 꽃잎 안쪽으로 작은 V자 라인을 넣어준다.

9. 사진과 같이 칼을 눕혀서 파내 준다.

10. 사과 볼 안쪽으로 스쿱으로 파냈던 사과를 다시 넣어준다.

11. 딸기 등의 과일은 스쿱으로 동그랗게 파내어 넣어준다.

12. 사진과 같다.

13. 이쑤시개를 꽂아 사과볼에 꽂아준다.

14. 빈 부분은 파슬리로 데코해준다.

15. 완성한다.

2급 예제-배1

1. 배를 준비한다.

2. 양쪽 끝부분을 자른다.

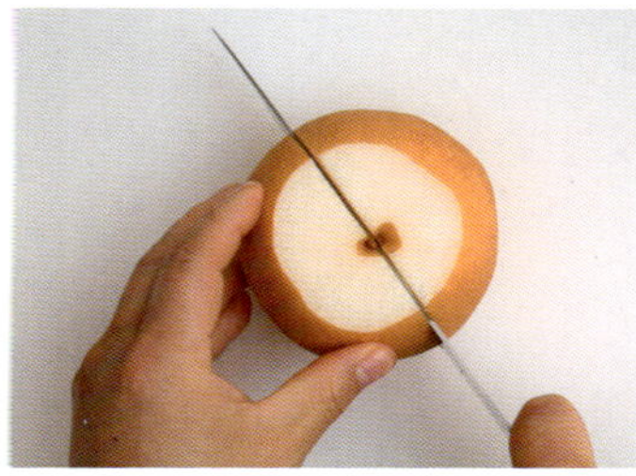
3. 절반을 자른다.

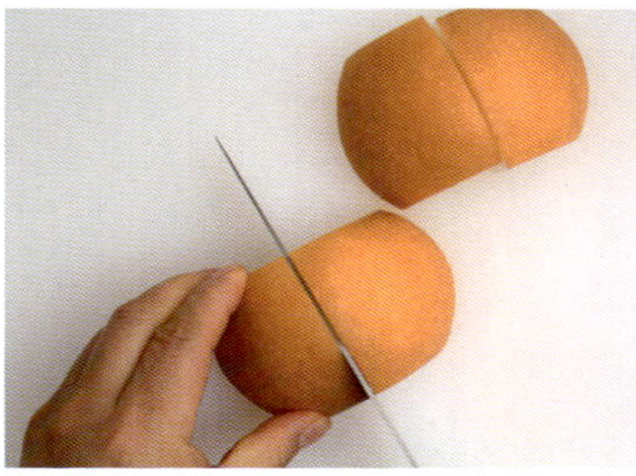
4. 4등분 해준다.

5. 8등분 해준다.

6. 심을 제거한다

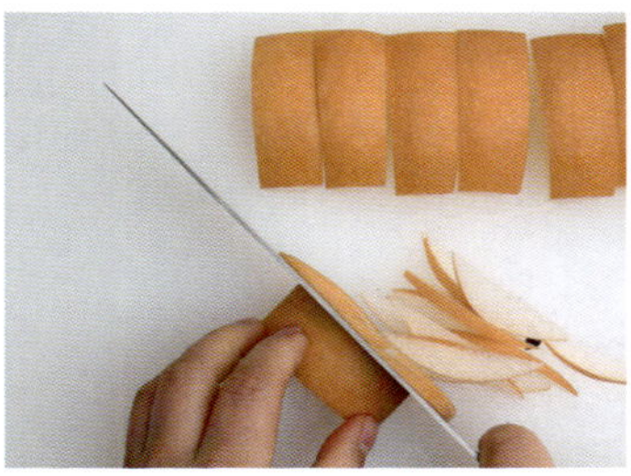
7. 둥근부분을 잘라낸다.

8. 사진과 같이 칼집을 넣어준다.

9. 껍질을 벗겨낸다.

10. 사진과 같다.

11. 완성한다.

2급 예제-배2

1. 배를 준비한다.

2. 양쪽 끝부분을 자른다.

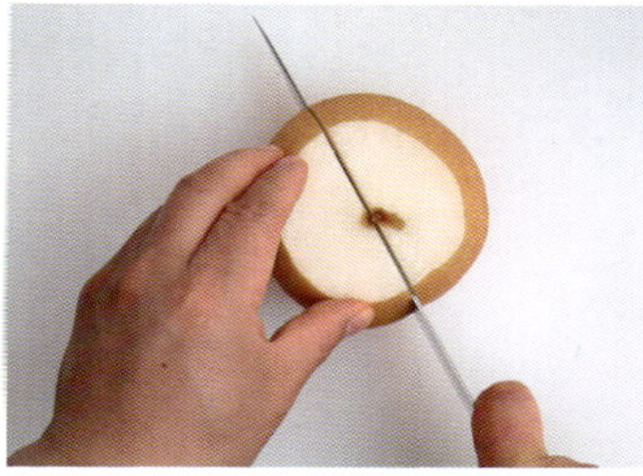

3. 절반을 자른다.

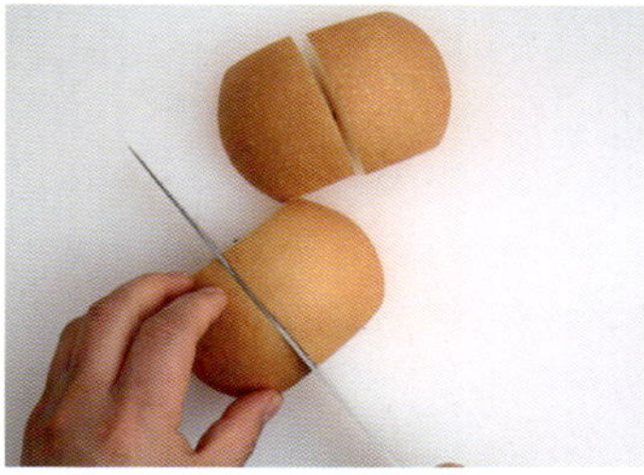

4. 4등분 해준다.

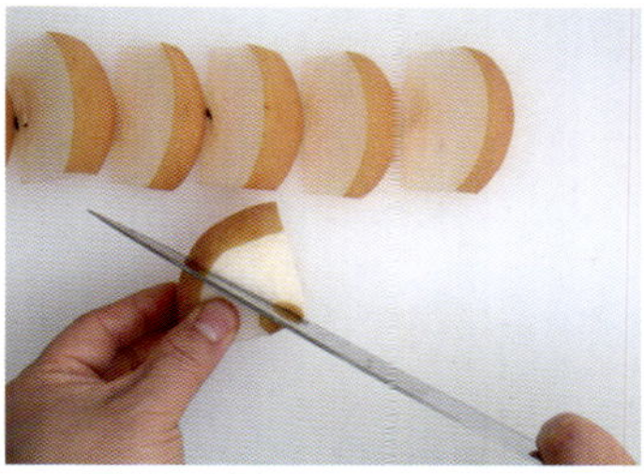

5. 8등분 해준다.

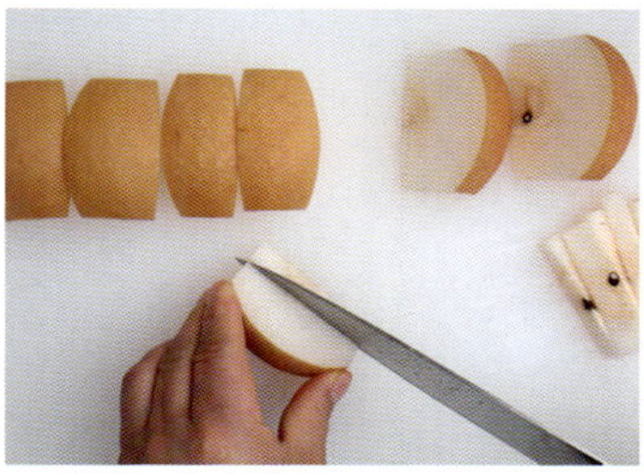

6. 심을 제거한다

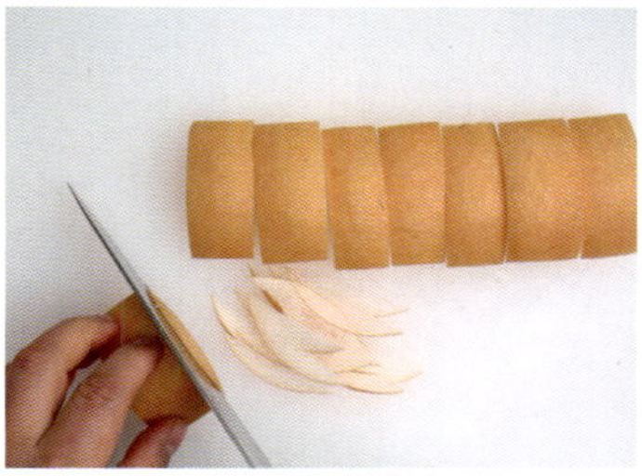

7. 둥근부분을 잘라낸다.

8. 사진과 같이 칼집을 넣어준다.

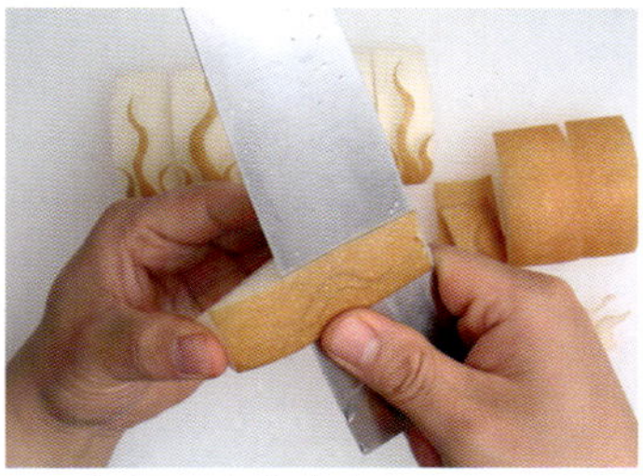

9. 껍질을 벗겨낸다.

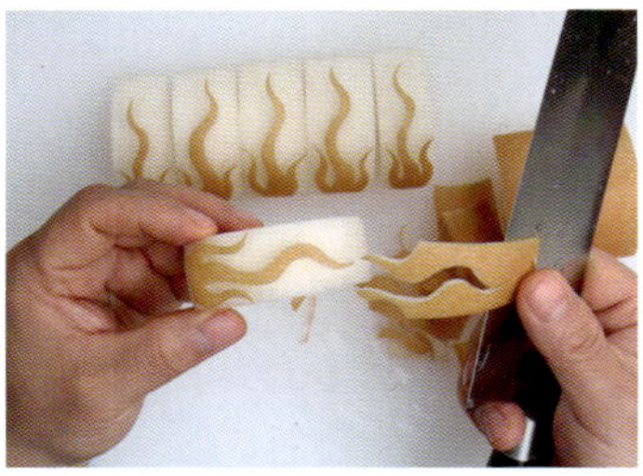

10. 사진과 같다.

11. 완성한다.

2급 예제-배3

1. 배를 준비한다.

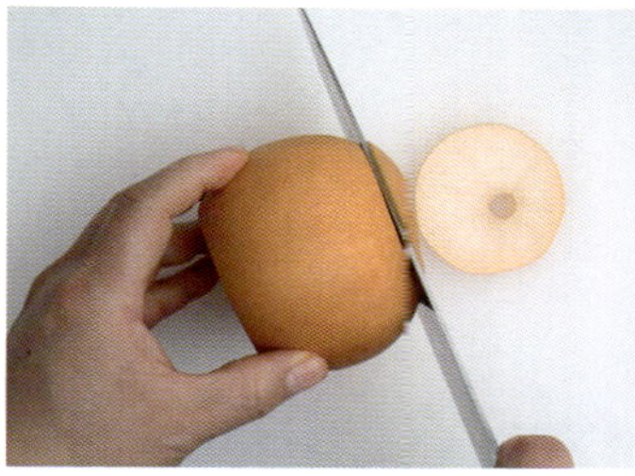

2. 양쪽 끝부분을 자른다.

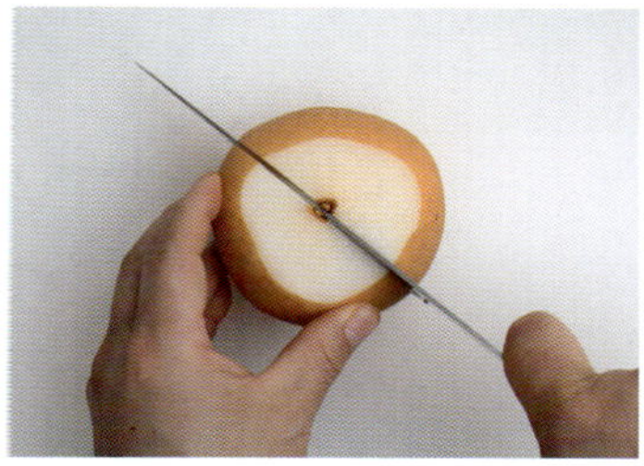

3. 절반을 자른다.

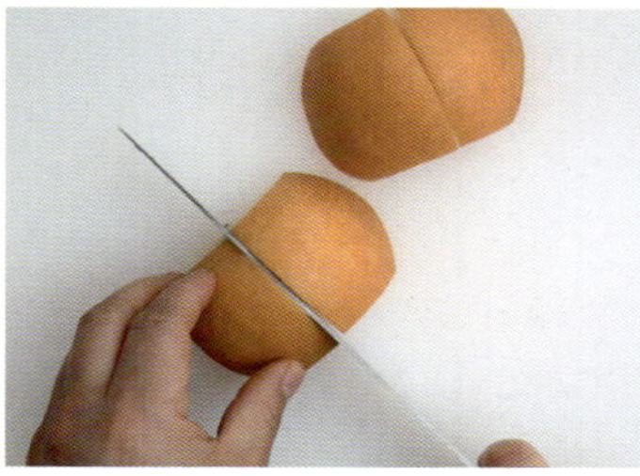

4. 4등분 해준다.

5. 8등분 해준다.

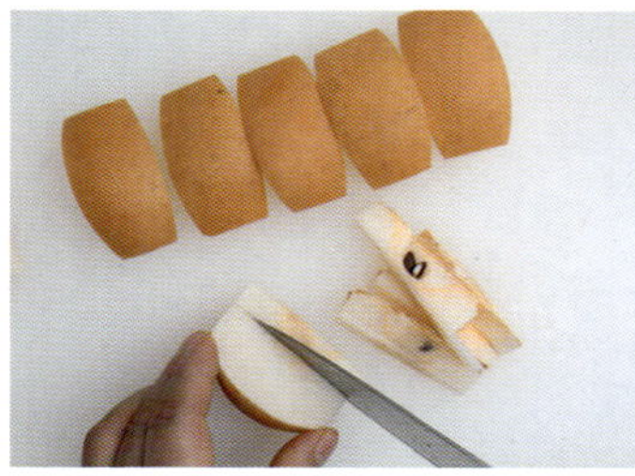

6. 심을 제거한다.

7. 둥근부분을 잘라낸다.

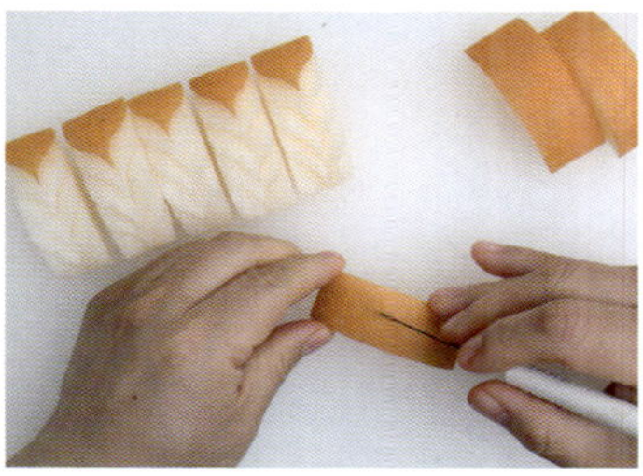

8. 사진과 같이 곡선으로 칼집을 넣어준다.

9. 껍질을 벗겨낸다.

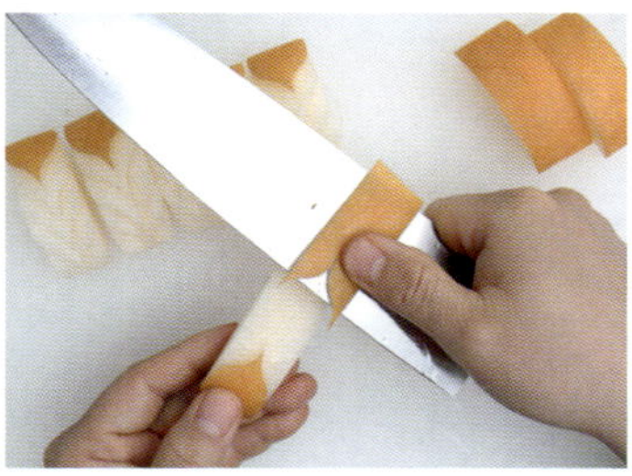

10. 사진과 같다.

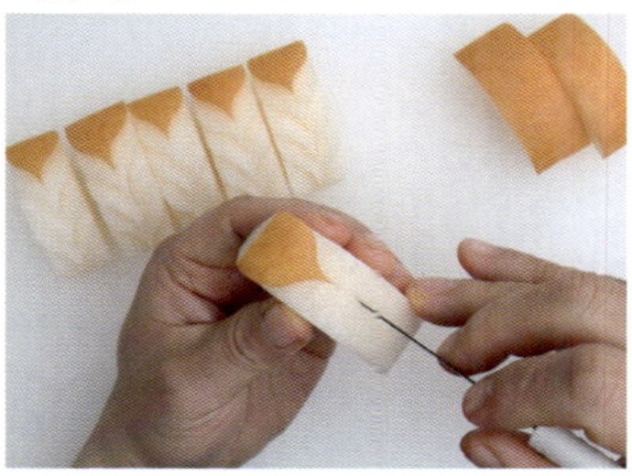

11. 샤토나이프를 세워 곡선으로 칼집을 내준다.

12. 샤토나이프를 눕혀 라인이 드러나도록 아래쪽을 제거한다.

13. 사진과 같다.

14. 완성한다.

2급 예제-배4

1. 배를 준비한다.

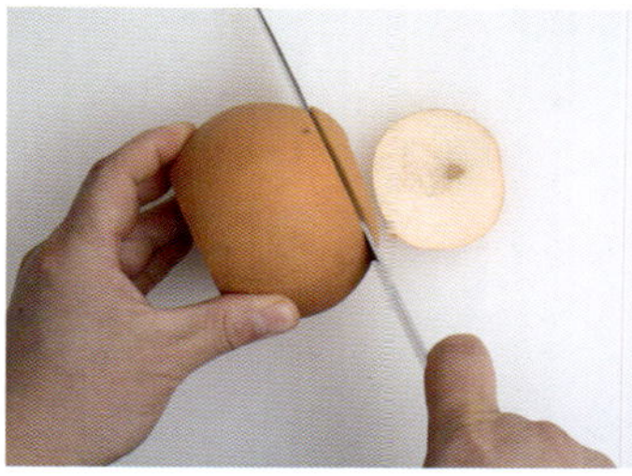

2. 양쪽 끝부분을 자른다.

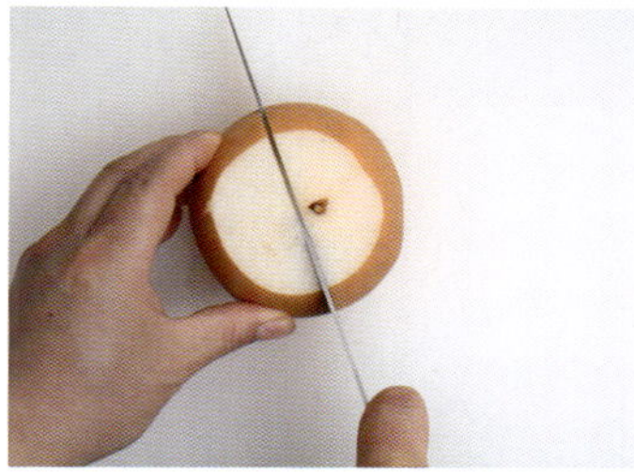

3. 절반을 자른다.

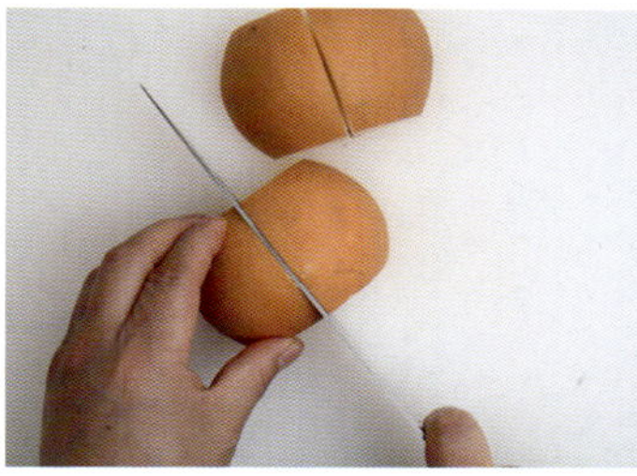

4. 4등분 해준다.

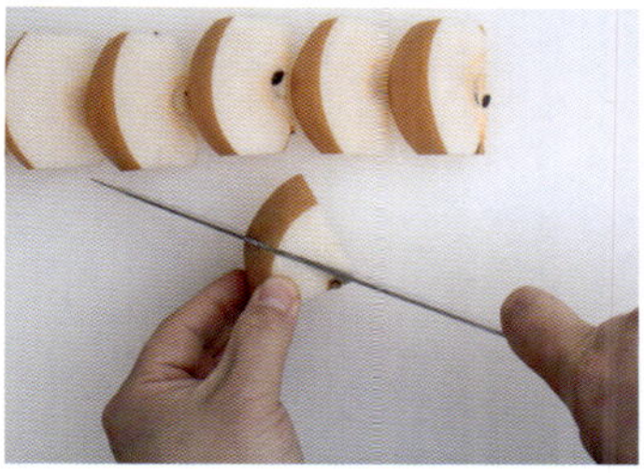

5. 8등분 해준다.

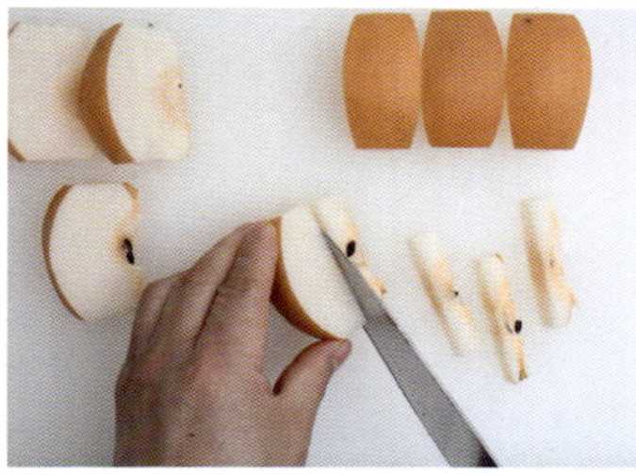

6. 심을 제거한다

7. 둥근부분을 잘라낸다.

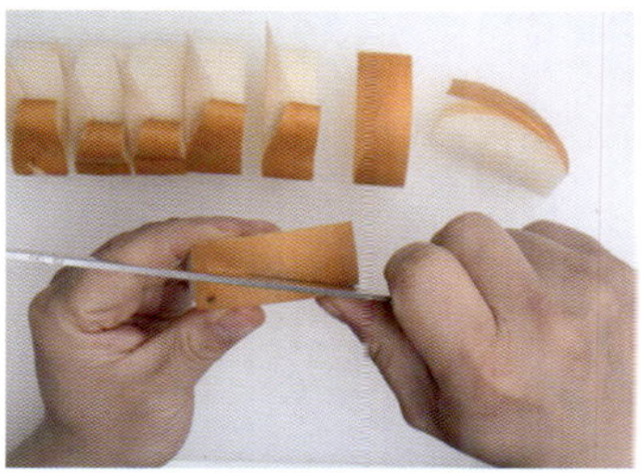

8. 사진과 같이 칼집을 넣어준다.

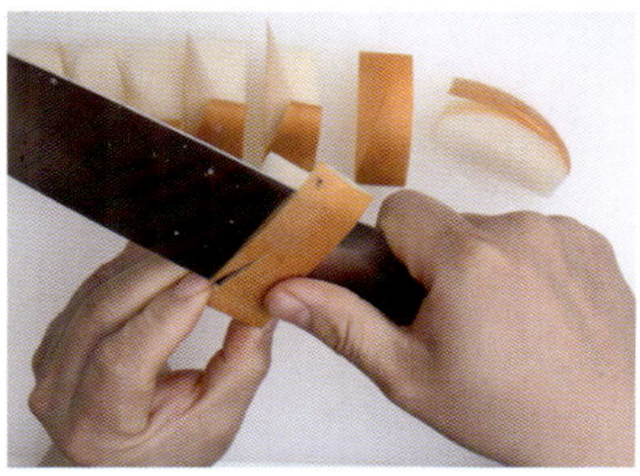

9. 껍질 부분에 사진과 같이 끝부분 1cm가량 남겨두고 칼을 넣어 준다.

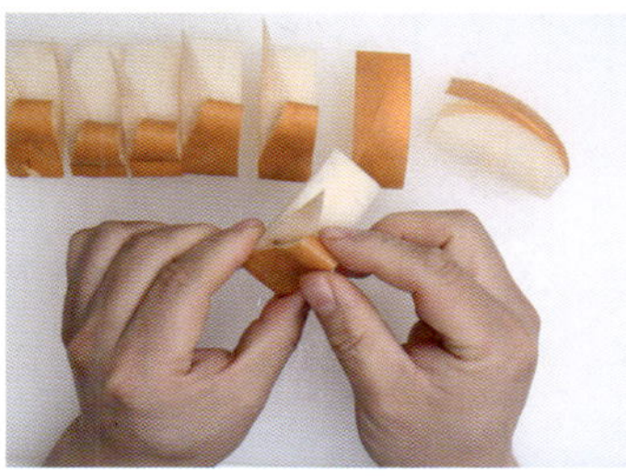

10. 사진처럼 껍질을 안쪽으로 말아준다.

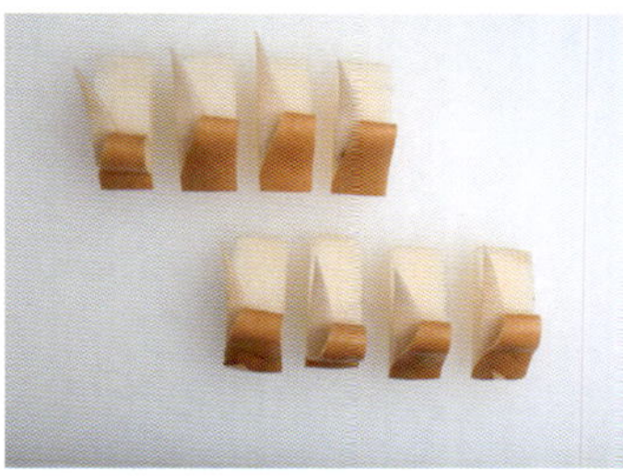

11. 사진과 같다.

12. 완성한다.

2급 예제-배5

1. 재료와 도구를 준비한다.

2. 배의 양쪽 끝부분을 제거한다.

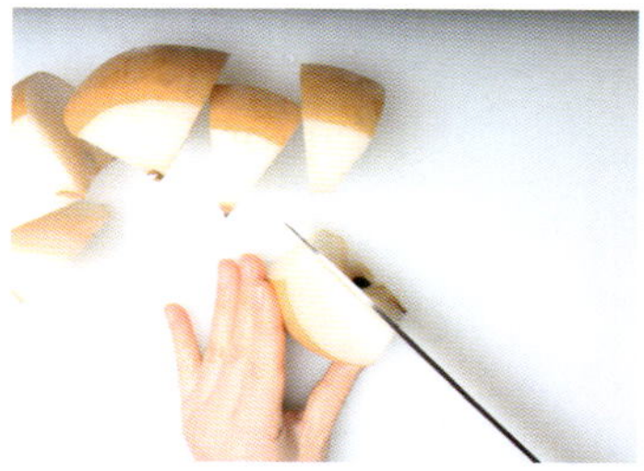

3. 일정한 크기로 8등분 한다.

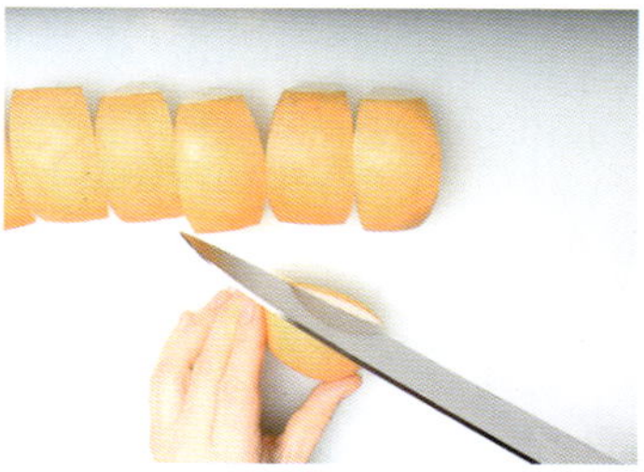

4. 배 조각 양끝 둥근부분을 일자로 제거한다.

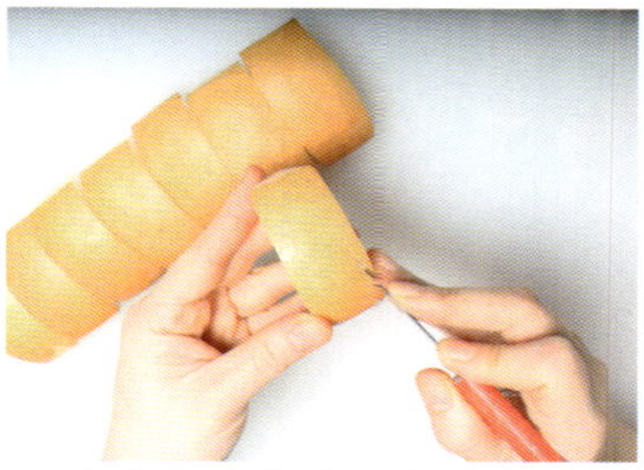

5. 사진과 같이 양쪽에 라인을 넣는다.

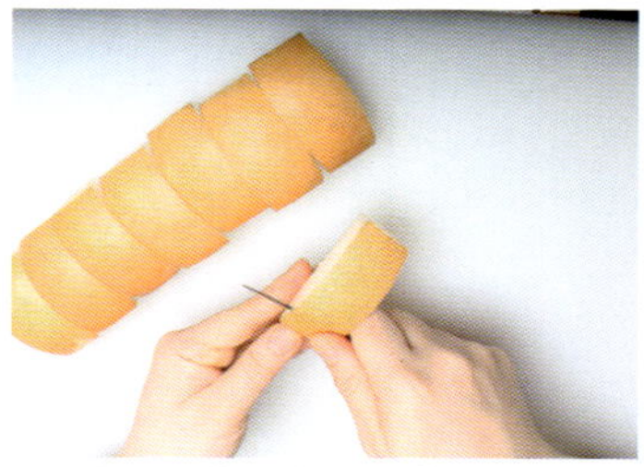

6. 위쪽에서부터 껍질을 제거한다.

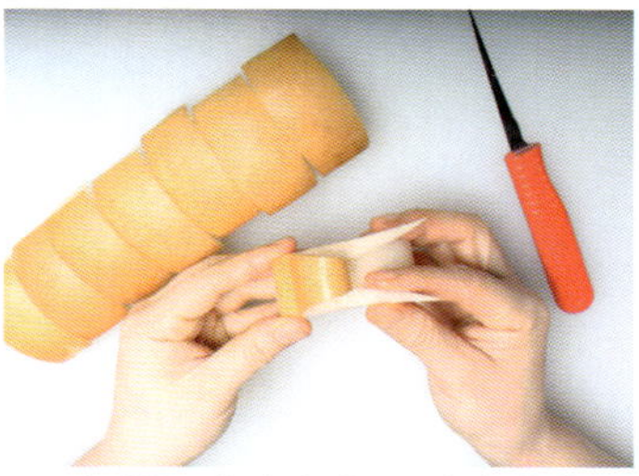

7. 껍질을 말아넣어 고정시킨다.

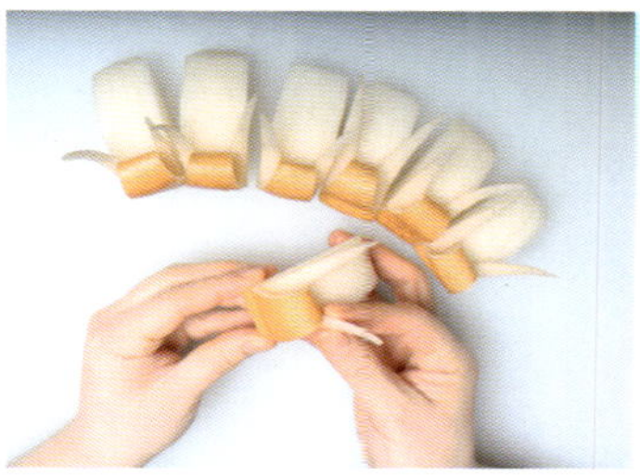

8. 8조각 모두 동일하게 작업해준다.

9. 완성한다.

2급 예제-배6

1. 배를 준비한다.

2. 양쪽 끝부분을 자른다.

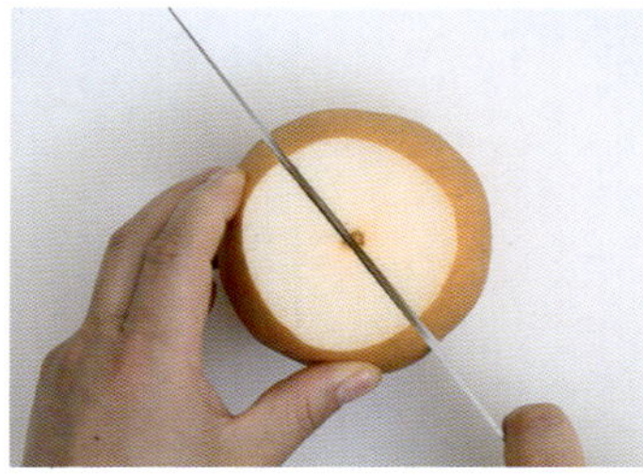

3. 절반을 자른다.

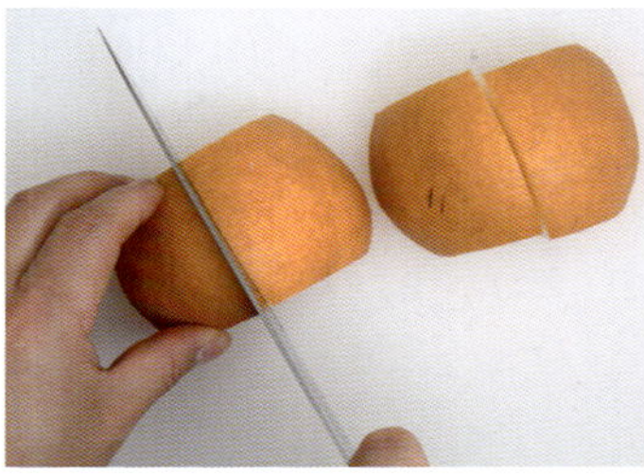

4. 4등분 해준다.

5. 8등분 해준다.

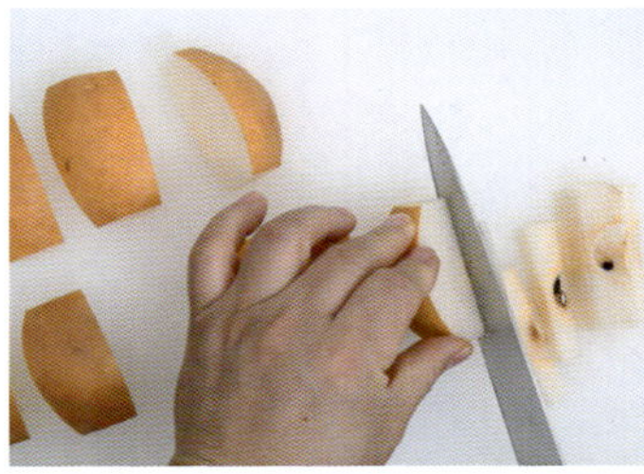

6. 심을 제거한다.

7. 둥근부분을 잘라낸다.

8. 사진과 같이 칼집을 넣어준다.

9. 사진과 같이 끝부분을 남겨두고 칼을 넣어 준다.

10. 껍질을 세워 고정한다.

11. 완성한다.

2급 예제-오렌지1

1. 오렌지를 준비한다.

2. 양쪽 끝부분을 자른다.

3. 절반을 자른다.

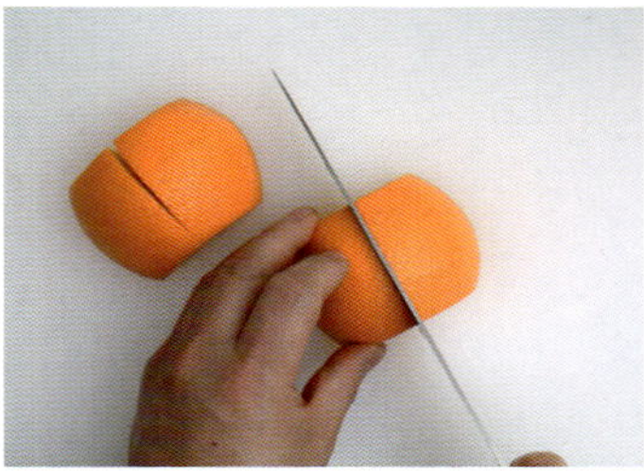

4. 4등분 해준다.

5. 8등분 해준다.

6. 심을 제거한다.

7. 사진과 같다.

8. 완성한다.

2급 예제-오렌지2

1. 오렌지를 준비한다.

2. 양쪽 끝부분을 자른다.

3. 절반을 자른다.

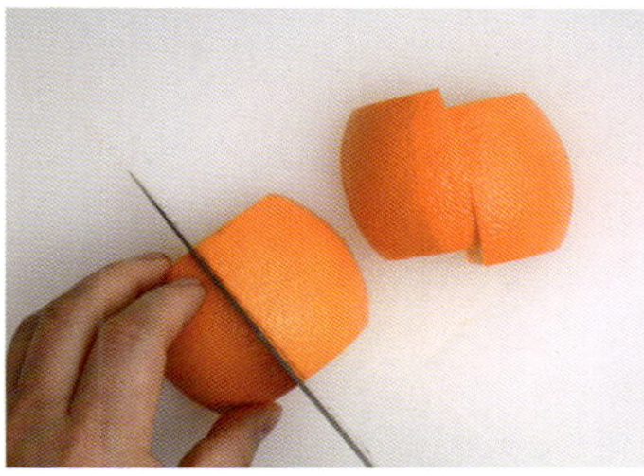

4. 4등분 해준다.

5. 8등분 해준다.

6. 심을 제거한다.

7. 껍질에 지그재그로 칼집을 넣어 준다.

8. 칼집을 넣어준 껍질을 제거한다.

9. 완성한다.

2급 예제-오렌지3

1. 오렌지를 준비한다.

2. 양쪽 끝부분을 자른다.

3. 과육을 도려낸다.

4. 사진과 같다.

5. 끝부분 자른 것으로 막아준다.

6. 과육을 잘라 넣어준다.

7. 샤토나이프로 껍질에 꽃모양 칼집을 그려준다.

8. 꽃잎 안쪽에 칼집을 넣어준다.

9. 샤토나이프로 꽃잎을 정리한다.

10. 꽃잎에 이쑤시개를 꽂아준다.

11. 고정한다.

12. 사진과 같다.

13. 완성한다.

2급 예제-오렌지4

1. 오렌지의 윗면과 아랫면을 잘라 낸다.

2. 사진과 같다.

3. 과육과 껍질 사이에 샤토나이프를 일자로 넣는다.

4. 과육과 껍질이 분리되도록 도려낸다.

5. 사진과 같다.

6. 잘라냈던 껍질 중 큰 부분을 넣어 바닥을 만든다.

7. 과육을 먹기 좋은 크기로 자른다.

8. 과육을 오렌지 볼 안으로 절반 정도 넣어준다.

9. 오렌지 껍질을 곰돌이 팔 모양으로 잘라준다.

10. 반대쪽에도 동일한 팔 모양으로 잘라준다.

11. 팔 아래쪽을 잘라낸다.

12. 떨어지는 껍질을 빼낸 모습이다.

13. 전면에서 보이지 않는 부분의 껍질을 살짝 잘라낸다.

14. 같은 모양으로 두번 잘라낸다.

15. 곰돌이 귀 모양으로 예쁘게 다듬어준다.

16. 곰돌이 귀를 끼울 수 있도록 남은 껍질에 홈을 파준다.

17. 사진처럼 귀를 끼워준다.

18. 남은 껍질을 끼워줄 부분에 칼을 넣어준다.

19. 포도, 블루베리, 체리 등 과일을 채워넣어준다.

20. 모형눈알을 붙여준다.

21. 사진과 같이 끼워넣어준다.

2급 예제-감1

1. 감을 준비한다.

2. 감의 윗 부분을 잘라준다.

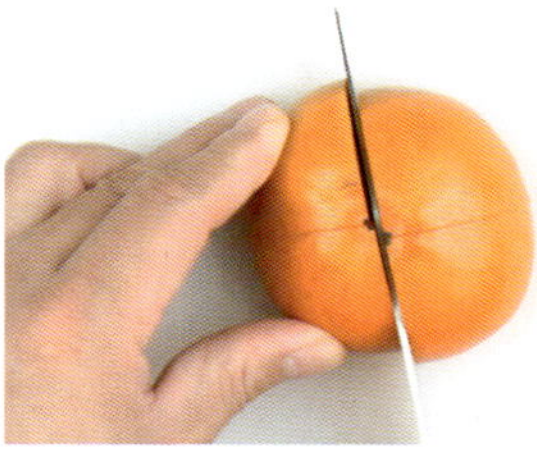

3. 반을 잘라준다.

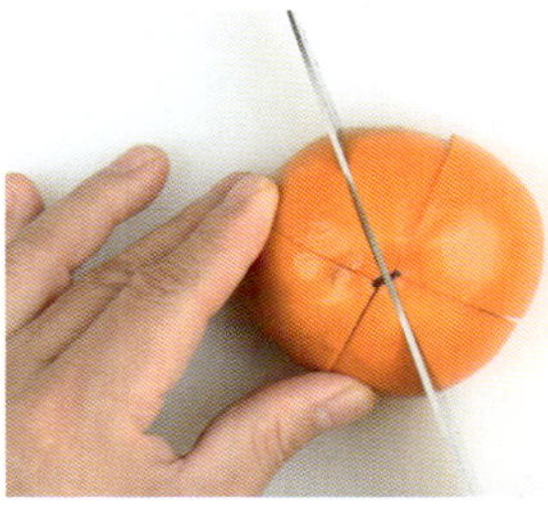

4. 사진과 같이 4등분 사이를 다시 잘라준다.

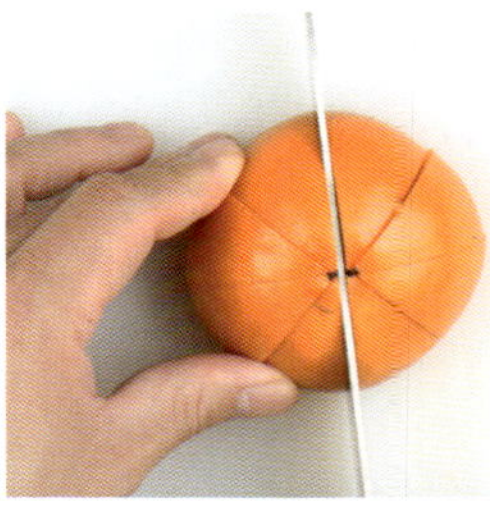

5. 사진과 같이 8등분을 한다.

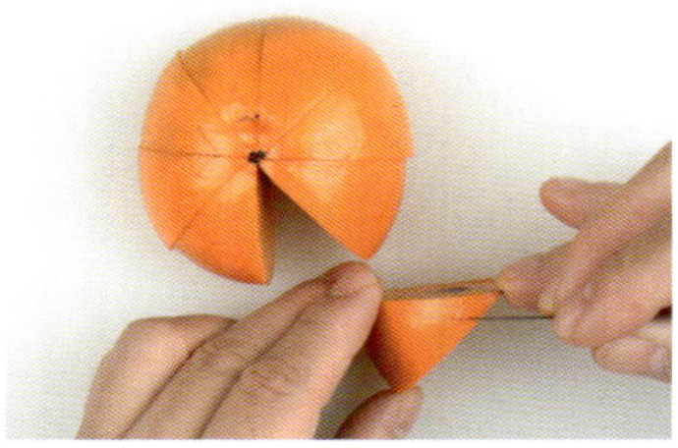

6. 끝 부분의 V자로 칼집을 넣어준다.

7. 사진과 같다.

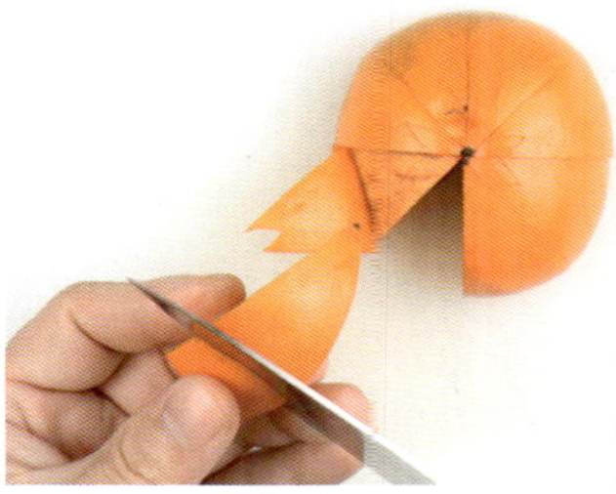

8. 사진과 같이 비스듬하게 칼집을 넣어준다.

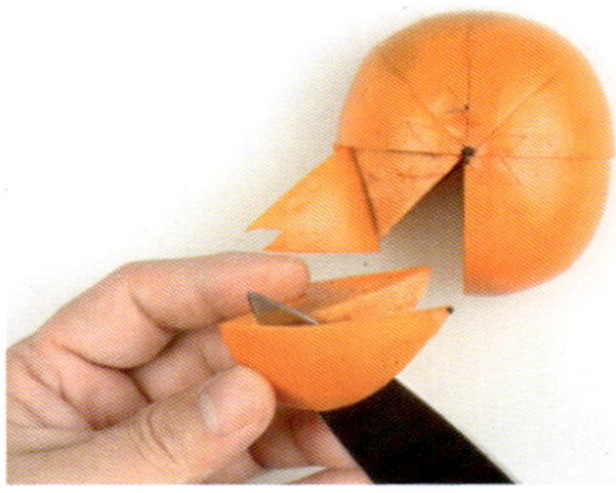

9. 둥글게 자른 윗면을 잘라준다.

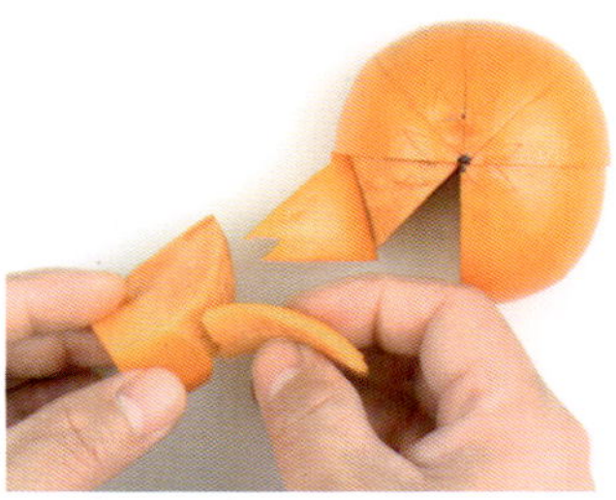

10. 윗부분을 돌려 아래 부분에 꽂아준다.

2급 예제-감2

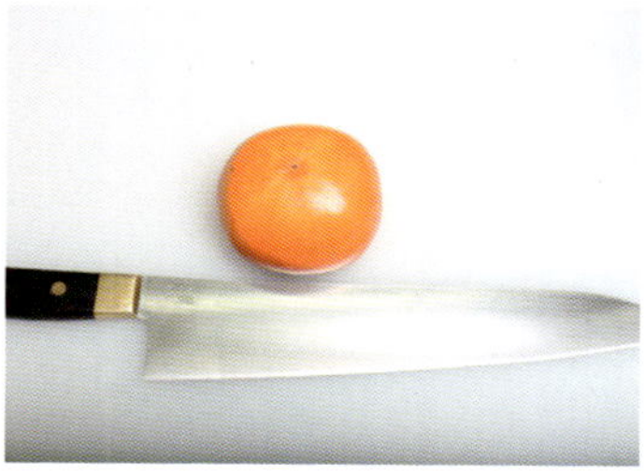

1. 재료와 도구를 준비한다.

2. 끝부분을 잘라낸다.

3. 같은 크기로 4등분한다.

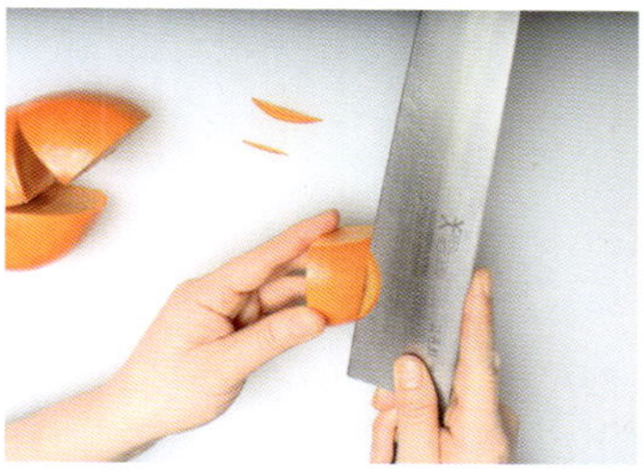

4. 칼을 양쪽에서 사선으로 눕혀 점점 커지는 조각들을 떼어낸다.

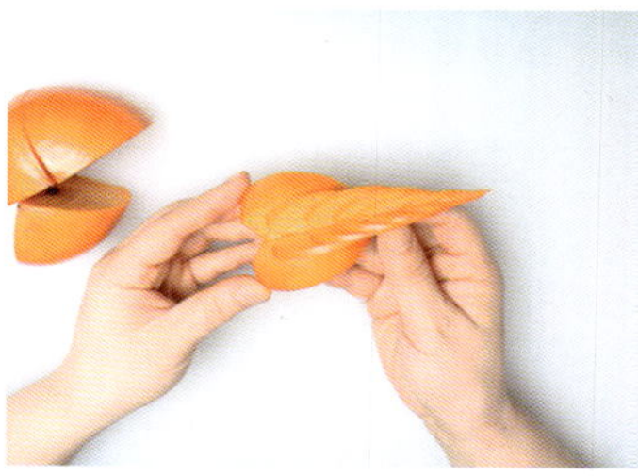

5. 사진과 같이 떨어진 조각들을 펼쳐서 겹쳐준다.

6. 세워준다.

7. 네개의 조각 모두 동일하게 작업한다.

8. 완성한다.

2급 예제-참외1

1. 참외를 준비한다.

2. 샤토나이프로 사진과 같이 칼집을 넣어준다.

3. 사진과 같다.

4. 스쿱으로 속을 제거한다.

5. 사진과 같다.

6. 과육의 윗부분을 사진과 같이 정리한다.

7. 샤토나이프로 껍질에 1cm가량 더 들어가도록 칼집을 넣어준다.

8. 사진과 같다.

9. 과일을 담아준다.

10. 완성한다.

2급 예제-키위1

1. 키위를 준비한다.

2. 양쪽 끝부분을 자른다.

3. 껍질을 제거한다.

4. 톱니바퀴 모양으로 돌아가며 칼집을 넣어준다.

5. 사진과 같이 분리한다.

6. 완성한다.

2급 예제-키위2

1. 키위를 준비한다.

2. 아래 부분과 윗부분을 잘라준다.

3. 껍질을 제거한다.

4. 반으로 자른다.

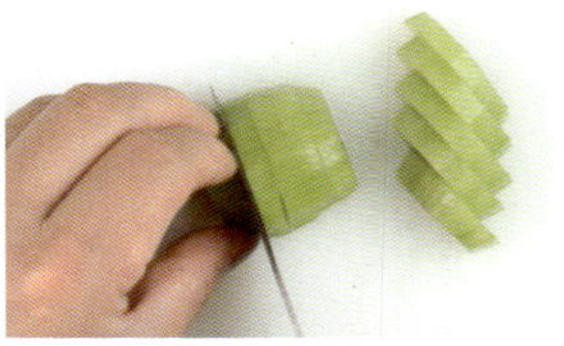

5. 일정한 간격으르 슬라이스한다.

2급 예제-키위3

1. 키위를 준비한다.

2. 아래 부분과 윗부분을 잘라준다.

3. 껍질을 벗기지 않은 채 슬라이스한다.

4. 껍질의 끝을 1cm정도 남겨두고 잘라준다.

5. 껍질을 리본처럼 겹쳐 주름을 잡아준다.

6. 이쑤시개 또는 꼬지를 꽂는다.

7. 완성한다.

2급 예제-키위4

1. 키위를 준비한다.

2. 아래 부분과 윗부분을 잘라준다.

3. 5등분으로 잘라준다.

4. 껍질의 끝을 1cm정도 남겨두고 잘라준다.

5. 사진처럼 껍질끝을 안쪽으로 넣는다.

6. 완성한다.

2급 예제-바나나1

1. 바나나를 준비한다.

2. 사진과 같이 껍질의 3분의 1부분에 칼집을 넣어준다.

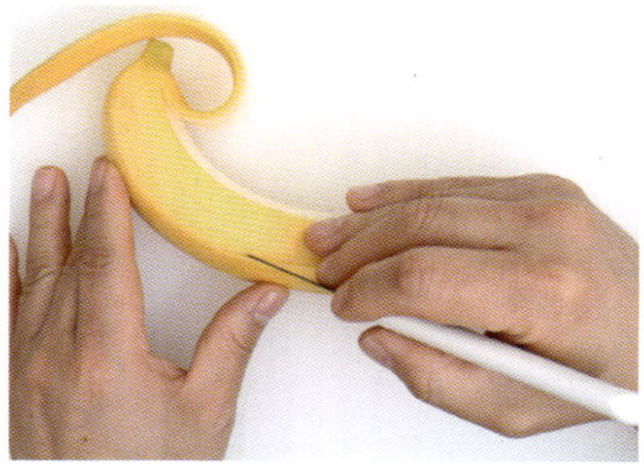

3. 사진과 같이 칼집을 넣어준다.

4. 둥글게 말아 고정한다.

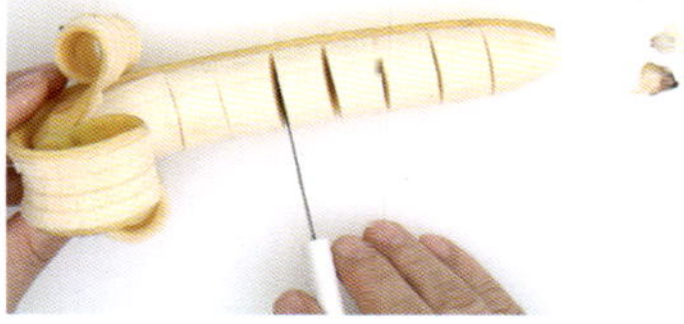

5. 속살을 잘라준다.

6. 완성한다.

2급 예제-바나나2

1. 바나나를 준비한다.

2. 바나나 중심부분에 칼을 넣어 칼집을 낸다.

3. 사선으로 칼집을 넣어준다.

4. 사진과 같다.

5. 동일한 방법으로 칼집을 낸다.

6. 사진과 같다.

7. 완성한다.

2급 예제-바나나3

1. 재료와 도구를 준비한다.

2. 바나나를 반으로 자른다.

3. 바나나 꼭지 끝을 제거한다.

4. 바나나 꼭지부터 사진에 보이는 부분까지 칼을 넣는다.

5. 아랫부분 꼭지를 사선으로 잘라낸다.

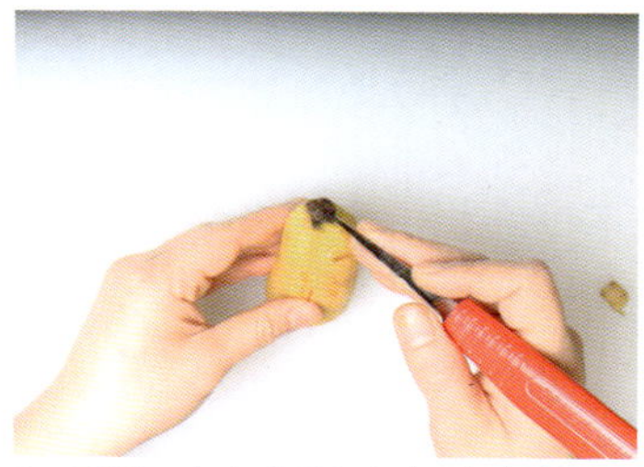

6. 뒤쪽 바나나 꼭지의 까만부분을 일정량 떼어낸다.

7. 떼어낸 것을 눈이 들어갈 위치에 붙여준다.

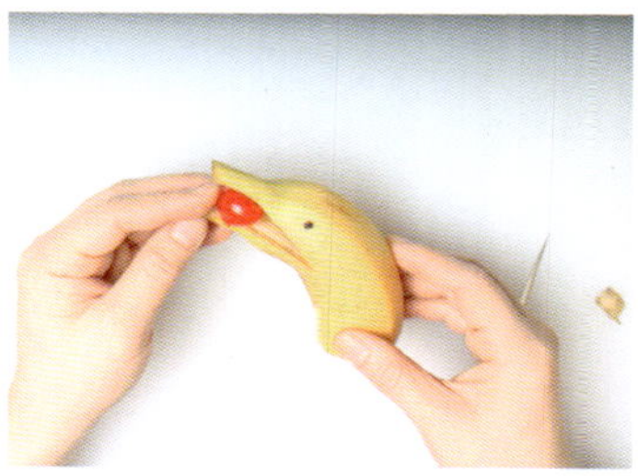

8. 칼집을 넣은 곳을 벌려 체리를 끼워준다.

9. 완성한다.

2급 예제-메론1

1. 메론의 절반을 잘라 준비한다.

2. 4등분 해준다.

3. 8등분 해준다.

4. 16등분 해준다.

5. 사진과 같이 칼집을 넣어준다.

6. 껍질을 벗겨낸다.

7. 사진과 같이 고정시켜준다.

8. 사진과 같다.

9. 완성한다.

2급 예제-메론2

1. 메론의 절반을 잘라 준비한다.

2. 4등분 해준다.

3. 8등분 해준다.

4. 16등분 해준다.

5. 사진과 같이 칼집을 넣어준다.

6. 껍질을 벗겨낸다.

7. 사진과 같이 모양을 잡아준다.

8. 완성한다.

2급 예제-메론3

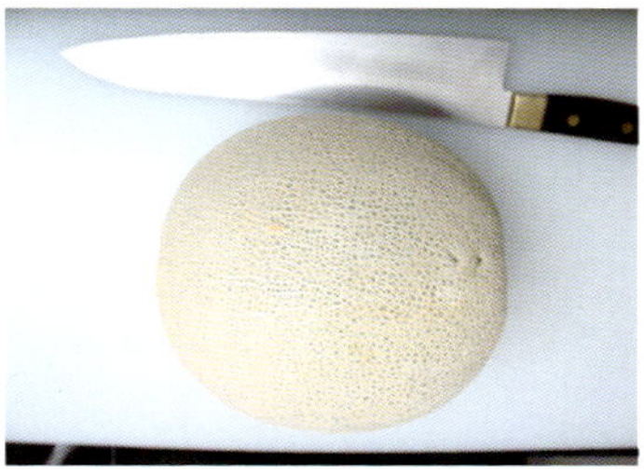

1. 재료와 도구를 준비한다.

2. 가로로 절반 자르고, 세로로 절반 자른다.

3. 일정한 크기로 8등분 해준다.

4. 칼을 눕혀 씨 부분을 매끄럽게 제거한다.

5. 바르게 세워지도록 아랫부분을 사선으로 잘라낸다.

6. 껍질부분에 사진과 같은 라인을 넣는다.

7. 위쪽에서부터 껍질을 제거한다.

8. 사진과 같이 양쪽 껍질을 안쪽으로 말아 넣어준다.

9. 8개 메론조각 모두 동일하게 만들어준다.

10. 접시에 원형으로 플레이팅 한다.

11. 완성한다.

2급 예제-메론4

1. 메론을 준비한다.

2. 절반을 자른다.

3. 씨를 제거한다.

4. 사진과 같다.

5. 2등분 해준다.

6. 샤토나이프로 사진과 같이 도려낸다.

7. 메론 모양대로 껍질 바로 위쪽으로 칼을 넣어 준다.

8. 위쪽에서 칼집을 넣어준다.

9. 지그재그로 만들어준다.

10. 완성한다.

2급 예제-메론5

1. 메론을 준비한다.

2. 절반을 자른다.

3. 씨를 제거한다.

4. 사진과 같다.

5. 2등분 해준다.

6. 메론 모양대로 껍질 바로 위쪽으로 칼을 넣어 준다.

7. 사선으로 잘라준다.

8. 사진과 같다.

9. 완성한다.

2급 예제-딸기1

1. 딸기 6개를 준비한다.

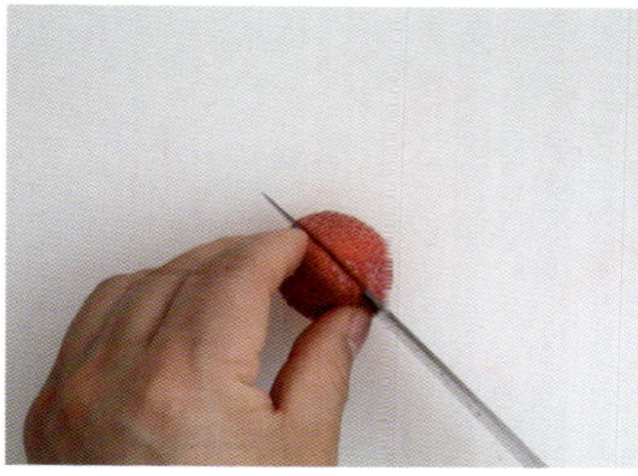
2. 절반으로 자른다.

3. 접시에 담는다.

4. 완성한다.

2급 예제-수박1

1. 수박을 절반으로 자른다.

2. 2등분 해준다.

3. 양쪽 끝부분을 자른다.

4. 껍질의 시작점을 따라 칼집을 내준다.

5. 사진처럼 흰살과 껍질의 1cm 정도 칼집을 살짝 넣어준다.

6. 떨어지는 껍질을 떼어낸다.

7. 일정한 두께로 잘라준다.

8. 접시에 비스듬히 담는다.

9. 완성한다.

2급 예제-수박2

1. 수박을 절반으로 자른다.

2. 2등분 해준다.

3. 양쪽 끝부분을 자른다.

4. 껍질의 시작점을 따라 칼집을 내준다.

5. 사진처럼 흰살과 껍질의 1cm 정도 칼집을 살짝 넣어준다.

6. 떨어지는 껍질을 제거한다.

7. 껍질부분의 중앙에 약간 칼집을 내준다.

8. 껍질을 도려낸다.

9. 반대편도 흰살과 껍질의 1cm 정도 칼집을 살짝 넣어준다.

10. 사진과 같다.

11. 껍질을 도려낸다.

12. 사진과 같다.

13. 앞부분을 잘라준다.

14. 일정한 두께로 자른다.

15. 사선으로 배치한다.

16. 접시에 놓는다.

17. 완성한다.

2급 예제-수박3

1. 수박을 절반으로 자른다.

2. 2등분 해준다.

3. 양쪽 끝부분을 자른다.

4. 앞부분을 1cm 정도 자른다.

5. 중간부분에 칼을 살짝 넣어준다.

6. 위에서 칼로 도려낸다.

7. 안쪽 부분에 칼을 살짝 넣어준다.

8. 위에서 칼로 도려낸다.

9. 동일한 방법으로 진행한다.

10. 사진과 같다.

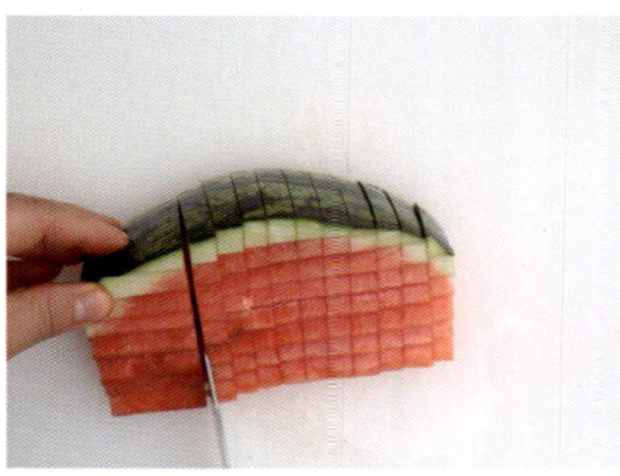

11. 일정한 두께로 잘라준다.

12. 완성한다.

2급 예제-수박4

1. 수박을 절반으로 자른다.

2. 2등분 해준다.

3. 사진과 같다.

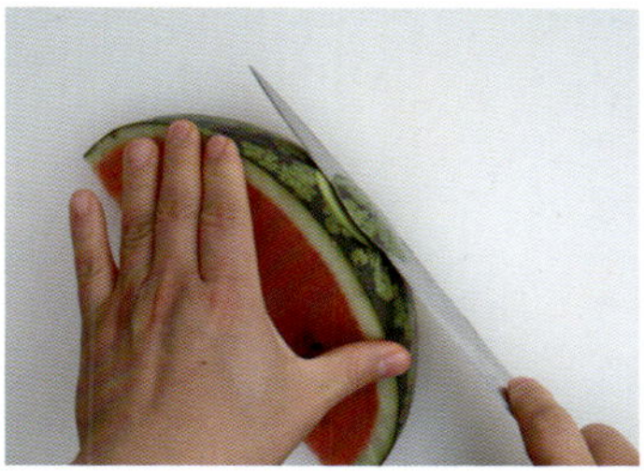

4. 중간부분의 껍질을 살짝 잘라 낸다.

5. V자로 칼집을 넣어준다.

6. 사진과 같다.

7. 양 옆을 잘라준다.

8. 사진과 같다.

9. 껍질과 과육을 분리한다.

10. 일정한 두께로 잘라준다.

11. 지그재그로 단들어준다.

12. 완성한다.

2급 예제-수박5

1. 수박의 4분의 1등분을 준비한다.

2. 2등분 해준다.

3. 양쪽 끝부분을 잘라준다.

4. 껍질의 시작점을 따라 칼집을 내준다.

5. 껍질의 1cm 정도 칼집을 내준다.

6. 사진과 같다.

7. 두번째 껍질의 0.5cm 정도 칼집을 내준다.

8. 껍질을 벗겨낸다.

9. 사진과 같이 잘라준다.

10. 일정한 두께로 잘라준다.

11. 완성한다.

2급 예제-파인애플1

1. 파인애플을 준비한다.

2. 윗부분을 잘라준다.

3. 반대편도 잘라준다.

4. 사진과 같다.

5. 돌려가며 껍질을 벗겨낸다.

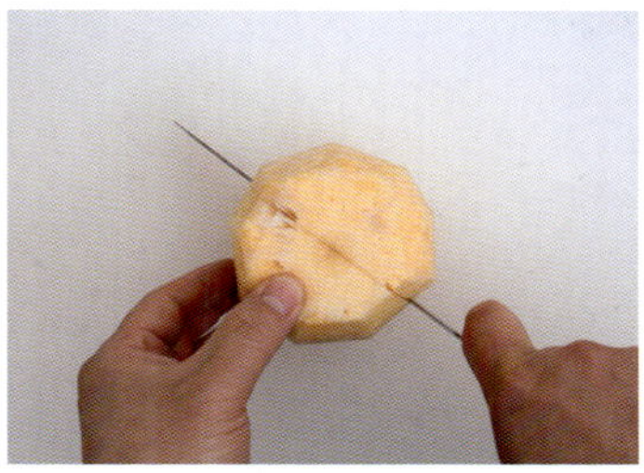

6. 절반으로 잘라준다.

7. 4등분 해준다.

8. 8등분 해준다.

9. 일정한 두께로 잘라준다.

2급 예제-파인애플2

1. 파인애플을 준비한다.

2. 줄기부분을 다듬는다.

3. 사진과 같다.

4. 절반으로 자른다.

5. 2등분 해준다.

6. 다시 2등분 해준다.

7. 사진과 같이 칼집을 넣어준다.

8. 중앙부분을 잘라낸다.

9. 일정한 두께로 잘라준다.

10. 지그재그로 만들어준다.

11. 완성한다.

제 11장
과일플레이팅 1급 예제

1급 예제-작품1

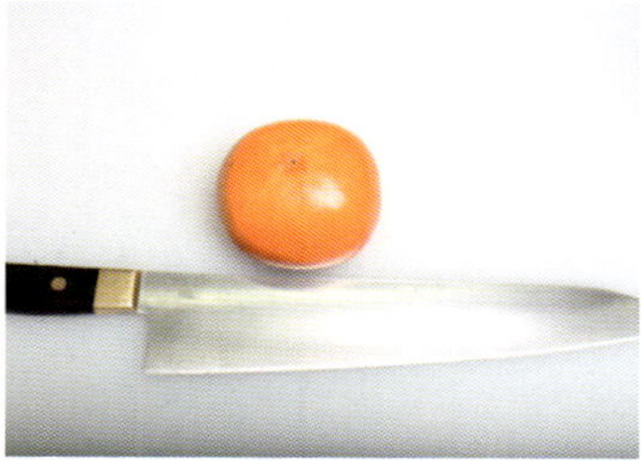

1. 감과 도구를 준비한다.

2. 끝부분을 잘라낸다.

3. 같은 크기로 4등분한다.

4. 칼을 양쪽에서 사선으로 눕혀 점점 커지는 조각들을 떼어낸다.

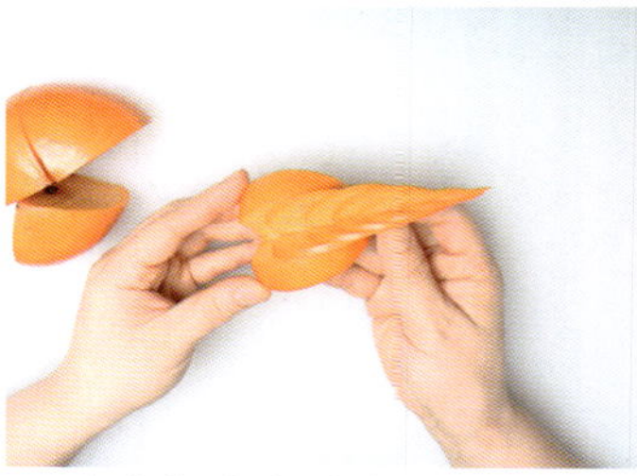

5. 사진과 같이 떨어진 조각들을 펼쳐서 겹쳐준다.

6. 세워준다.

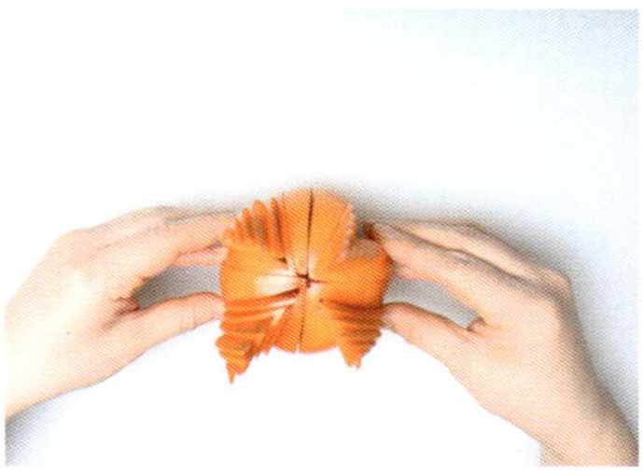

7. 네개의 조각 모두 동일하게 작업한다.

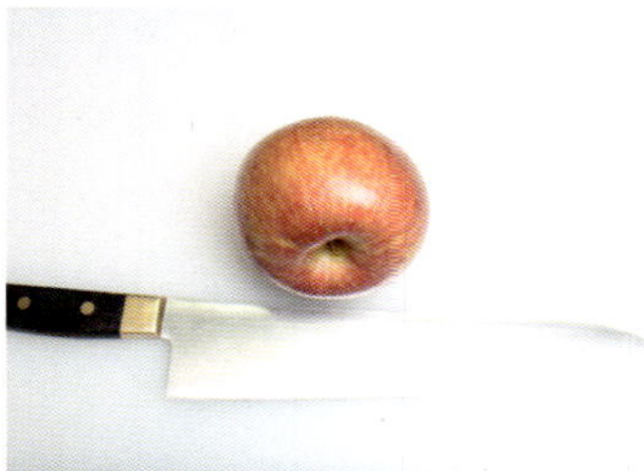

8. 사과와 도구를 준비한다.

9. 사과의 양쪽 끝부분을 제거한다.

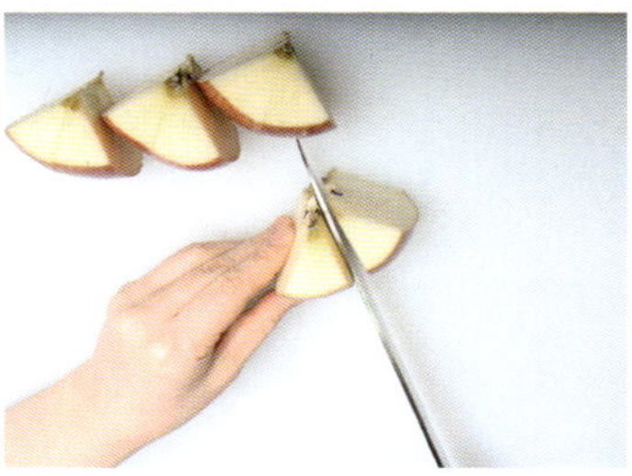

10. 같은 크기로 8등분 한다.

11. 씨가 있는 부분을 일자로 제거한다.

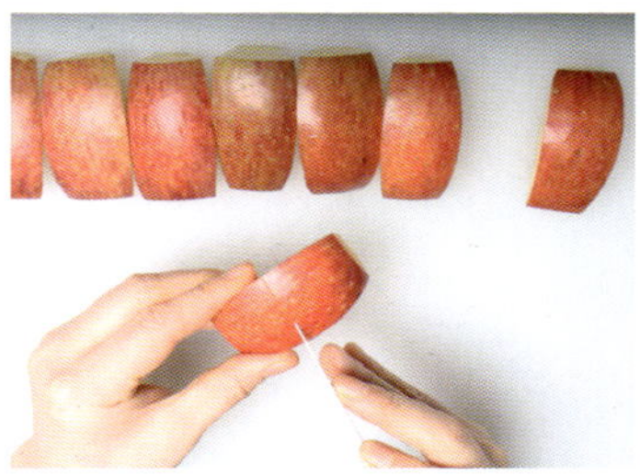

12. 사과 한 조각의 가로로 선을 긋는다.

13. 사과 한 조각의 세로로도 선을 긋는다.

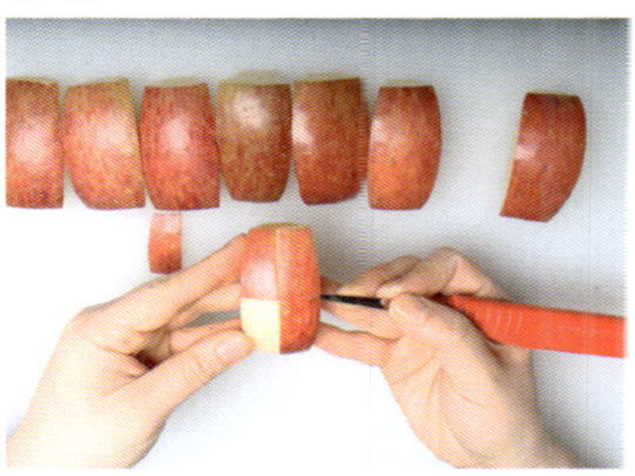

14. 사진과 같이 대각선 방향으로 껍질을 제거한다.

15. 제거한 사과조각들은 오렌지 주스에 코팅한다.

16. 배와 도구를 준비한다.

17. 배의 양쪽 끝부분을 제거한다.

18. 일정한 크기로 8등분 한다.

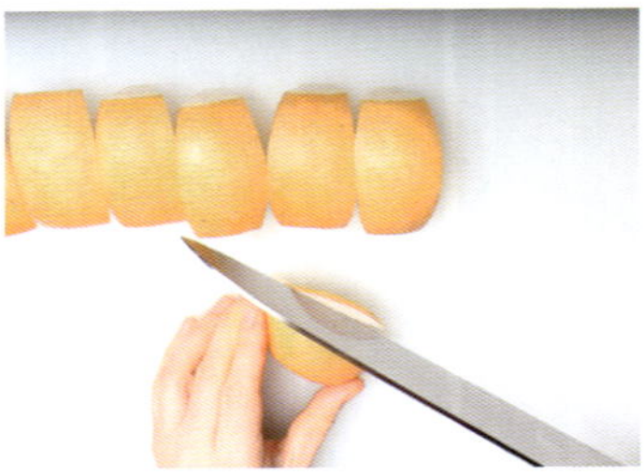
19. 배 조각 양끝 둥근부분을 일자로 제거한다.

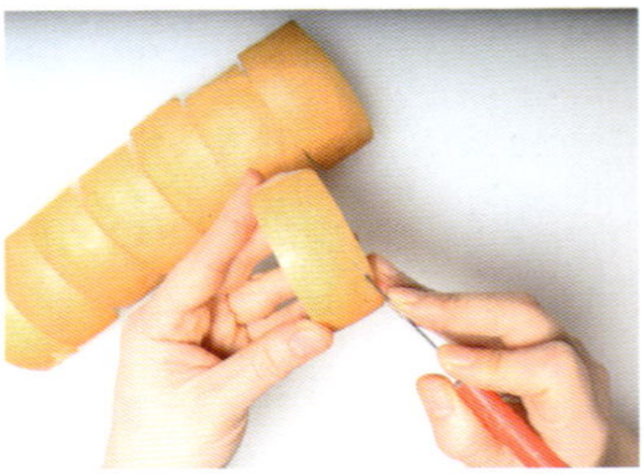
20. 사진과 같이 양쪽에 라인을 넣는다.

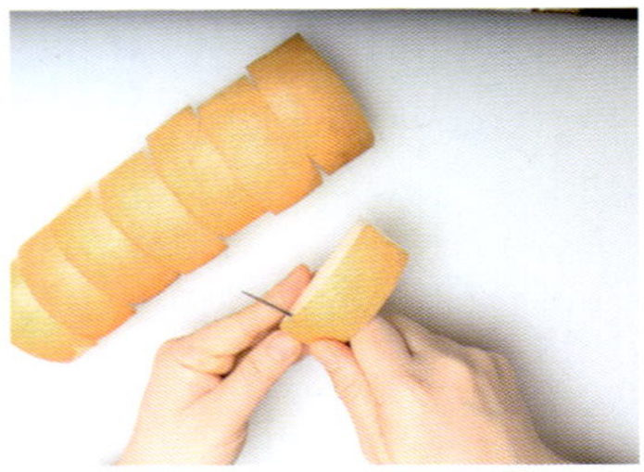
21. 위쪽에서부터 껍질을 제거한다.

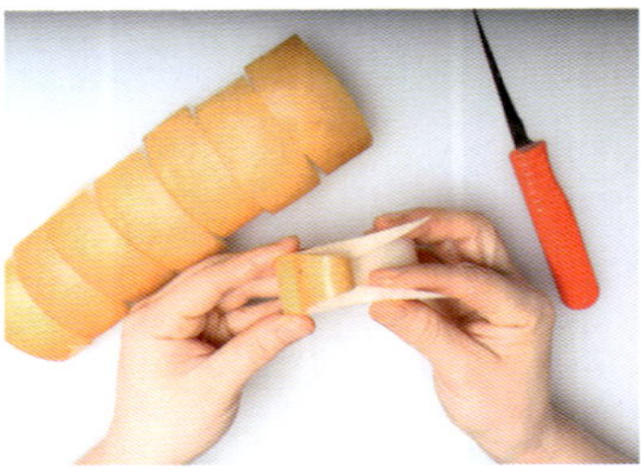
22. 껍질을 말아넣어 고정시킨다.

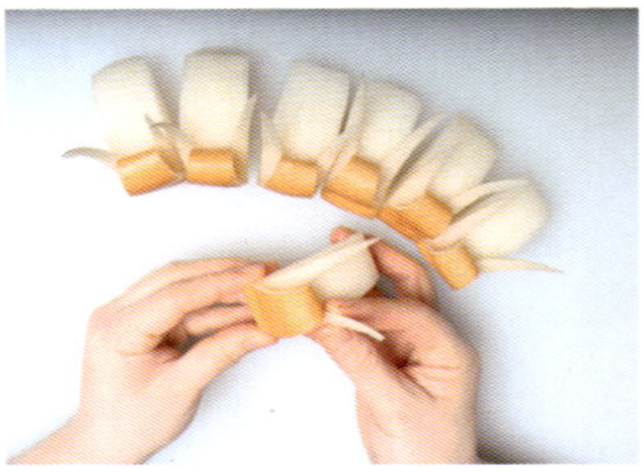
23. 8조각 모두 동일하게 작업해준다.

24. 오렌지를 준비한다.

25. 양쪽 끝부분을 자른다.

26. 절반을 자른다.

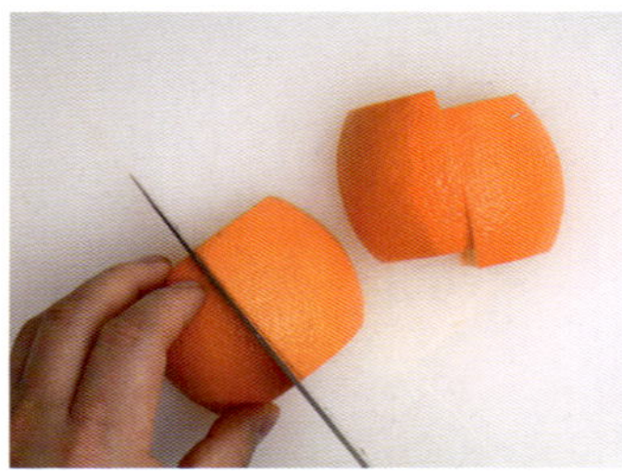
27. 4등분 해준다.

28. 8등분 해준다.

29. 심을 제거한다.

30. 껍질에 지그재그로 칼집을 넣어준다.

31. 칼집을 넣어준 껍질을 제거한다.

32. 딸기는 꼭지를 잘라내고 세로로 절반 잘라준다.

33. 세로 절반으로 잘라준다.

1급 예제-작품2

1. 사과와 도구를 준비한다.

2. 사과를 반으로 자른다.

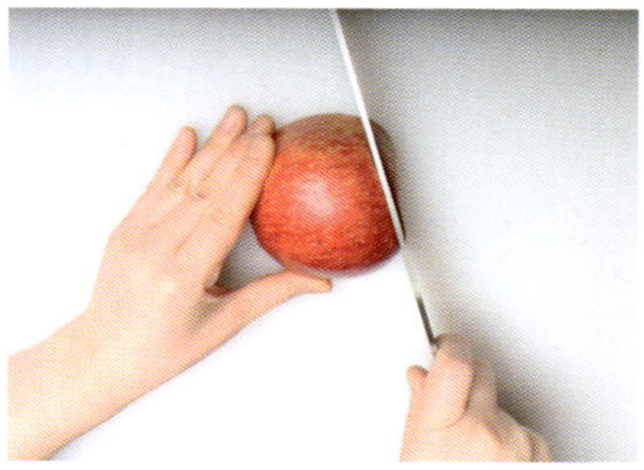

3. 사과의 윗부분을 일자로 잘라 낸다.

4. 사과의 아랫부분도 마찬가지로 일자로 잘라낸다.

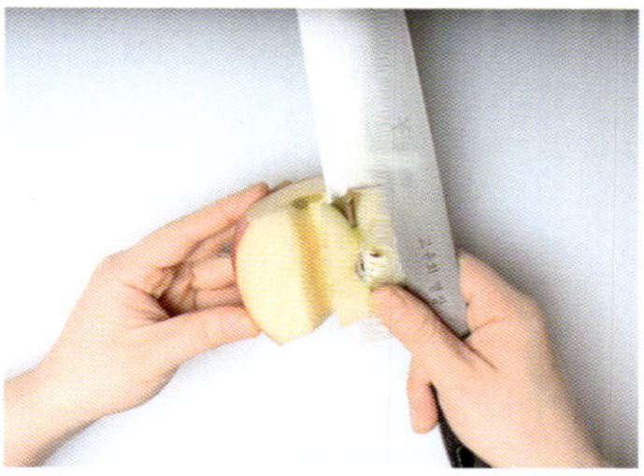

5. 씨를 제거한다.

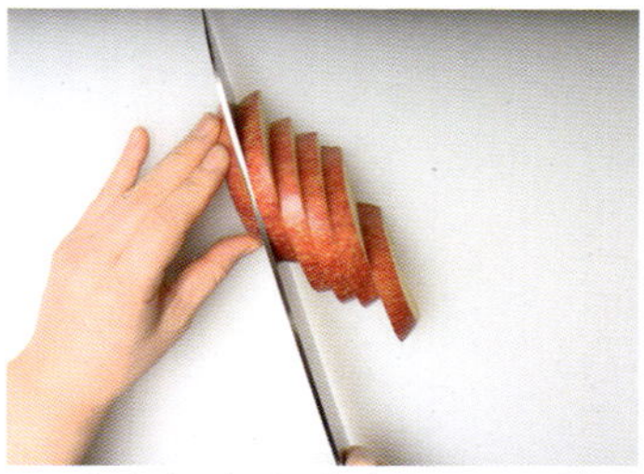

6. 사진과 같이 사과를 6등분 한다.

7. 등분한 사과를 모아잡고, 일정한 간격의 세로 선을 살짝 긋는다.

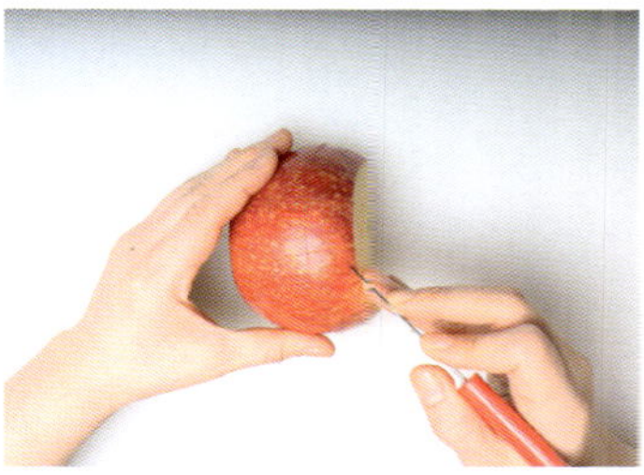

8. 만들어진 사각형에 대각선으로 라인을 넣어준다.

9. 칼을 눕혀 일정하게 껍질을 떼어내고, 오렌지주스에 코팅시킨다.

10. 다시 원래의 모양으로 사과를 모은다.

11. 메론과 도구를 준비한다.

12. 가로로 절반 자르고, 세로로 절반 자른다.

13. 일정한 크기로 8등분 해준다.

14. 칼을 눕혀 씨 부분을 매끄럽게 제거한다.

15. 바르게 세워지도록 아랫부분을 사선으로 잘라낸다.

16. 껍질부분에 사진과 같은 라인을 넣는다.

17. 위쪽에서부터 껍질을 제거한다.

18. 사진과 같이 양쪽 껍질을 안쪽으로 말아 넣어준다.

19. 8개 메론조각 모두 동일하게 만들어준다.

20. 재료와 도구를 준비한다.

21. 사과 윗부분을 일자로 잘라낸다.

22. 사과의 아랫부분도 일자로 잘라낸다.

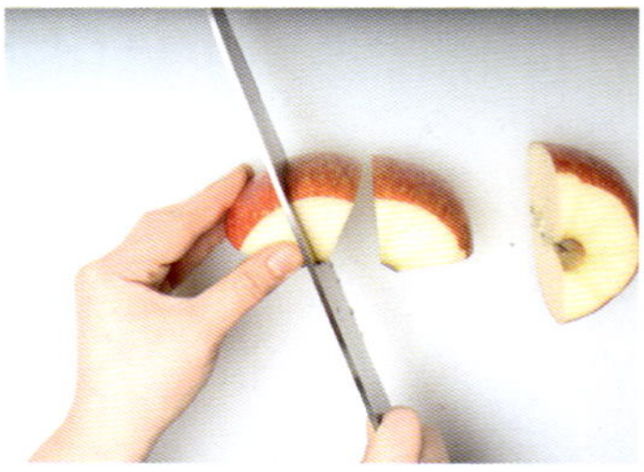

23. 사과를 일정한 크기로 8등분한다.

24. 사과 씨가 있는 부분을 일자로 제거해준다.

25. 사진과 같은 무늬를 넣는다.

26. 칼을 눕혀 껍질을 제거해준다.

27. 사진과 같다.

28. 딸기는 꼭지를 잘라내고 세로로 절반 잘라준다.

29. 세로 절반으로 잘라준다.

30. 재료와 도구를 준비한다.

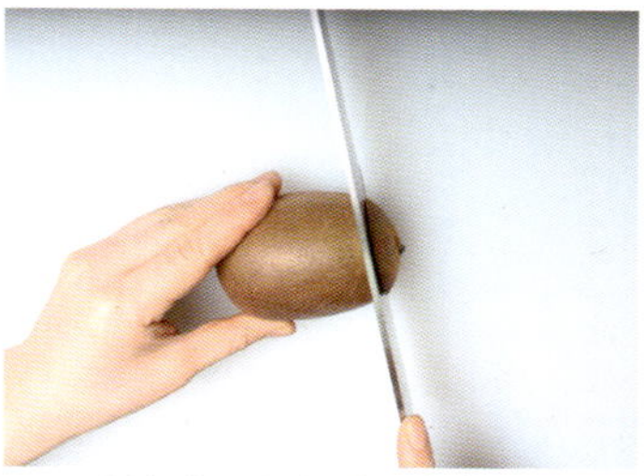

31. 키위의 끝부분을 잘라낸다.

32. 사진과 같다.

33. 키위 껍질을 깎아낸다.

34. 과육을 세로로 절반 잘라준다.

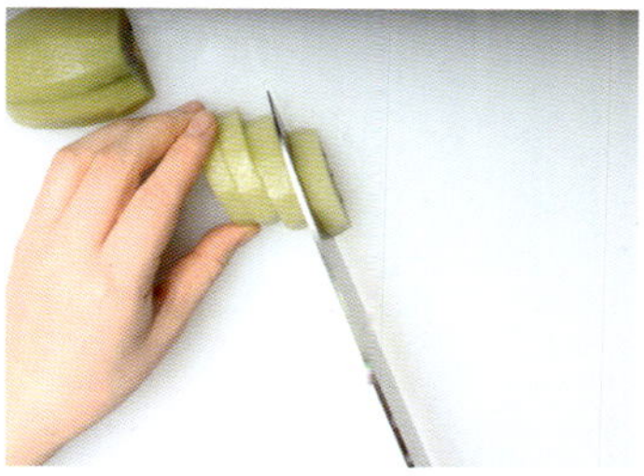

35. 사진과 같이 일정한 간격으로 4등분한다.

1급 예제-작품3

1. 사과를 준비한다.

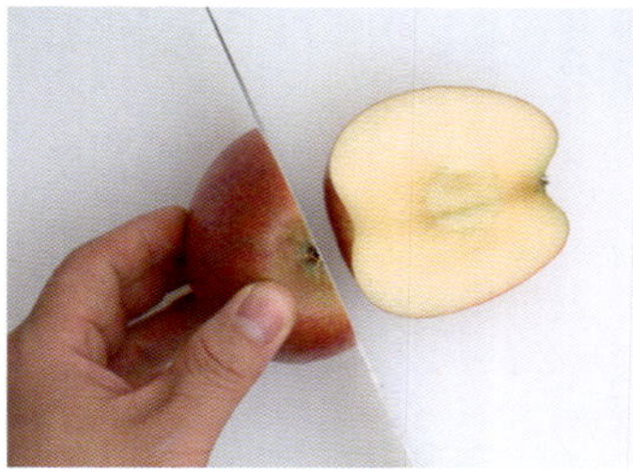
2. 절반을 자른다.

3. 심을 제거한다.

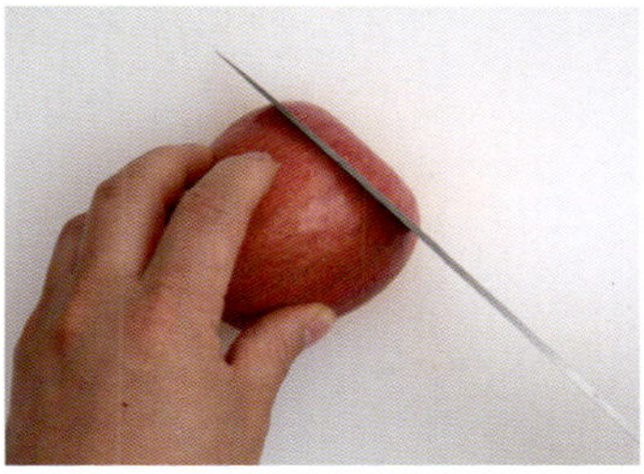
4. 양쪽 끝부분을 자른다

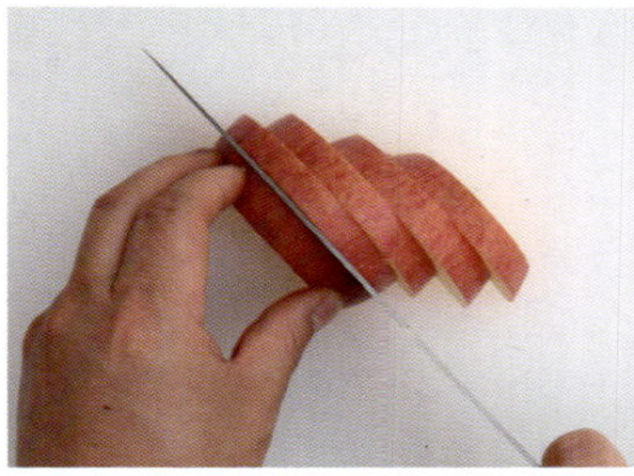
5. 일정한 간격으로 등분한다.

6. 사진과 같다.

7. 슬라이스 된 부분에 칼집을 내준다.

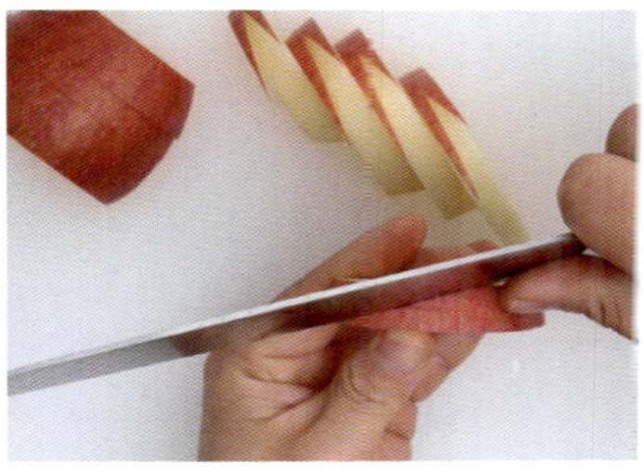
8. 반대편도 길이를 다르게 칼집을 내준다.

9. 아래부분 1cm정도 남겨두고 껍질을 벗겨낸다.

10. 사진과 같다.

11. 오렌지를 준비한다.

12. 끝부분을 잘라낸다.

13. 절반으로 자른다.

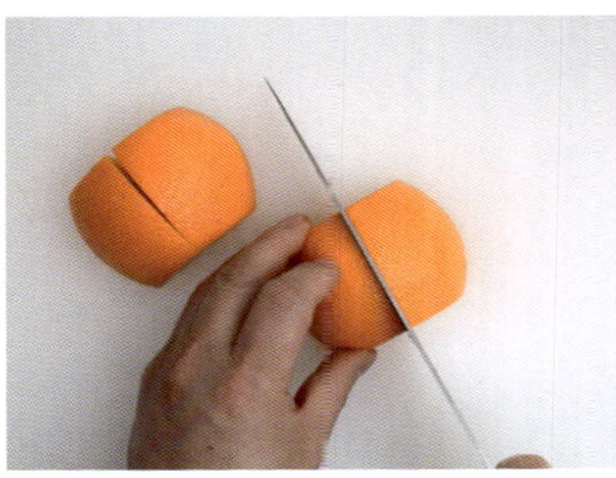
14. 절반으로 자른다.

15. 다시 절반으로 자른다.

16. 심을 제거한다.

17. 사진과 같다.

18. 배를 준비한다.

19. 양쪽 끝부분을 잘라준다.

20. 절반으로 자른다.

21. 8등분 해준다.

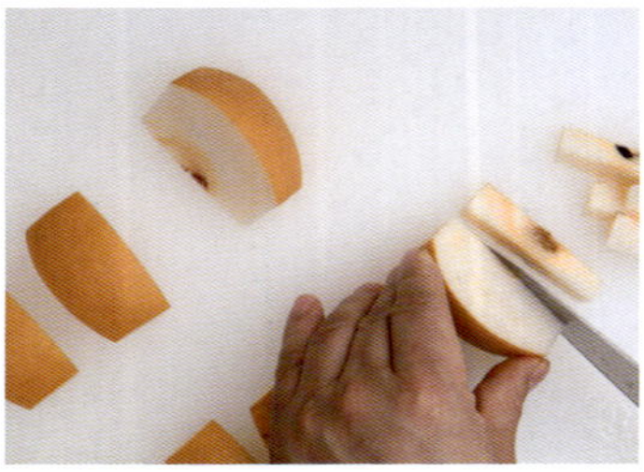
22. 씨를 제거해준다.

23. 사진과 같이 둥근부분을 잘라 정리한다.

24. 양 쪽 길이를 다르게 하여 V자 칼집을 넣어준다.

25. V자 윗부분 껍질을 제거한다.

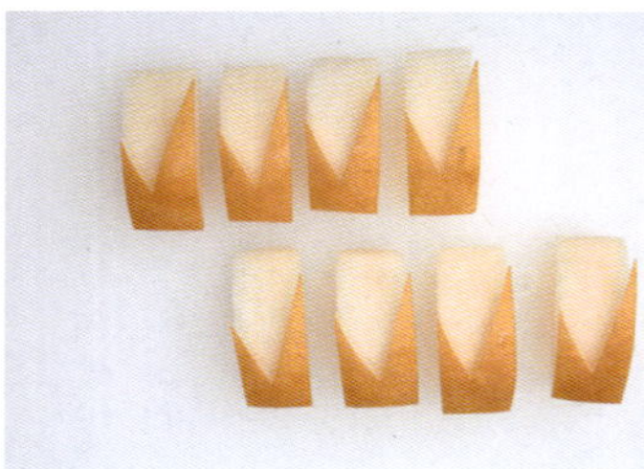
26. 사진과 같다.

27. 키위를 준비한다.

28. 끝부분을 자른다.

29. 껍질을 벗긴다.

30. 톱니바퀴 모양으로 돌아가며 칼집을 내준다.

31. 사진과 같다.

32. 사과를 준비한다.

33. 절반을 자른다.

34. 8분의 1등분 크기로 양옆을 잘라낸다.

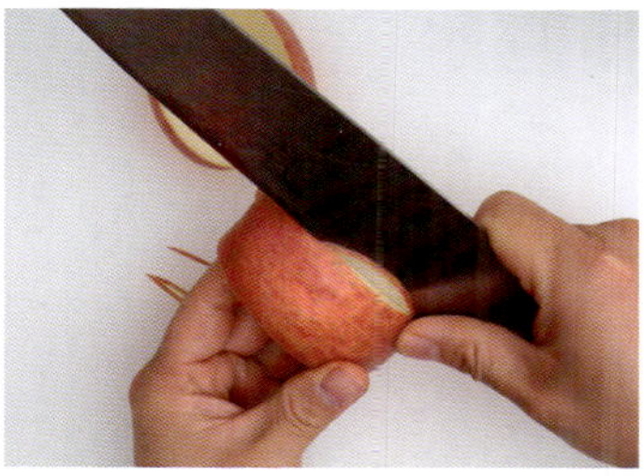

35. 남은 부분은 양쪽에서 사선으로 잘라준다.

36. 사진과 같다.

37. 일정한 간격으로 잘라준 것을 펼쳐준다.

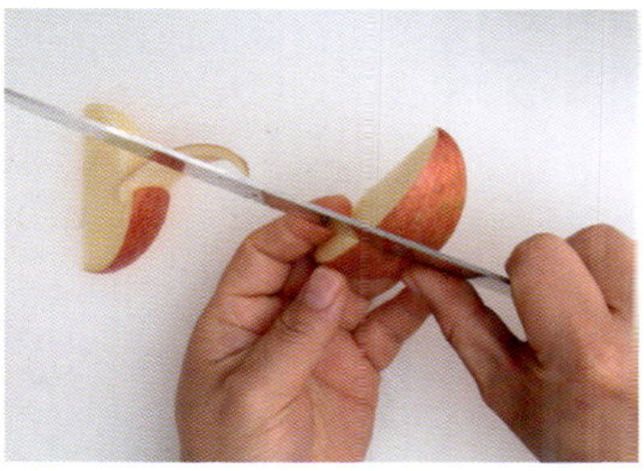

38. 사이드의 8분의 1조각의 껍질 중앙부분에 비스듬하게 칼집을 넣어준다.

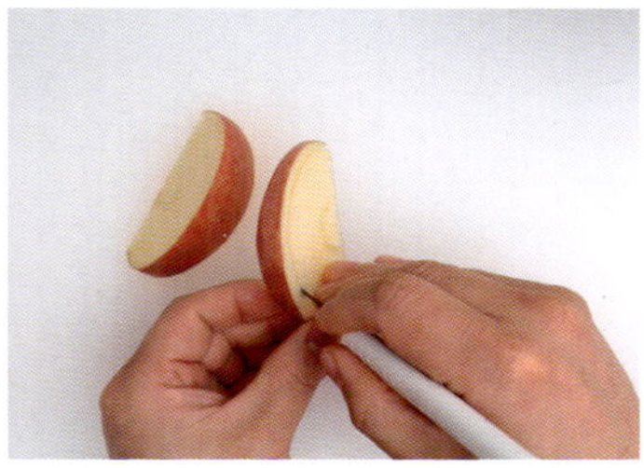

39. 위쪽에서부터 칼집넣은 곳 까지의 껍질을 제거한다.

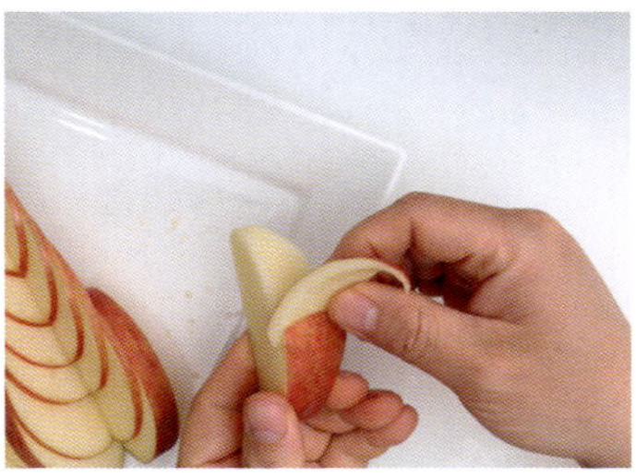

40. 떨어진 껍질을 반대로 끼워넣어준다.

41. 완성한다.

1급 예제-작품4

1. 오렌지와 도구를 준비한다.

2. 오렌지 양쪽 끝부분을 잘라낸다.

3. 칼을 눕혀 과육과 껍질이 만나는 부분에 일자로 칼을 넣어 도려낸다.

4. 잘라낸 끝부분을 오렌지껍질에 넣어 바닥을 만든다.

5. 과육을 한입크기로 잘라 넣는다.

6. 다양한 과일들을 올려준다.

7. 사과 양끝부분을 잘라낸다.

8. 일정한 크기로 8등분한다.

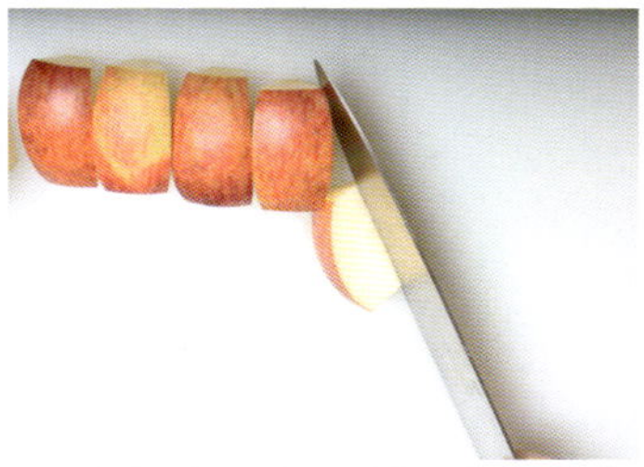
9. 씨가 있는 앞부분을 일자로 잘라낸다.

10. 사진과 같이 사과 한 조각에 라인을 넣어준다.

11. 칼을 눕혀 떨어지는 조각을 제거한다.

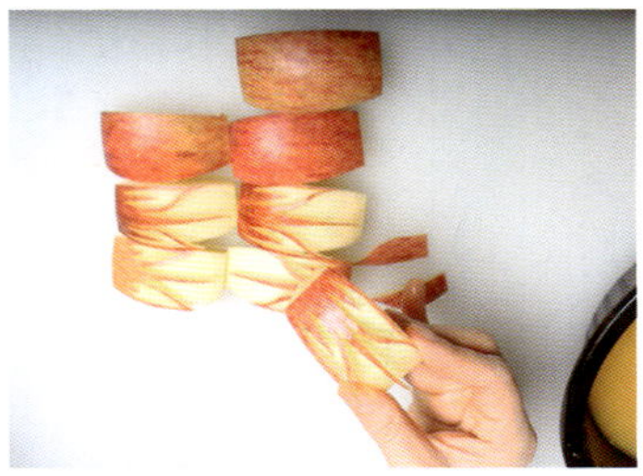
12. 사진과 같다.

13. 배와 도구를 준비한다.

14. 배의 양쪽 끝부분을 제거한다.

15. 일정한 크기로 8등분 한다.

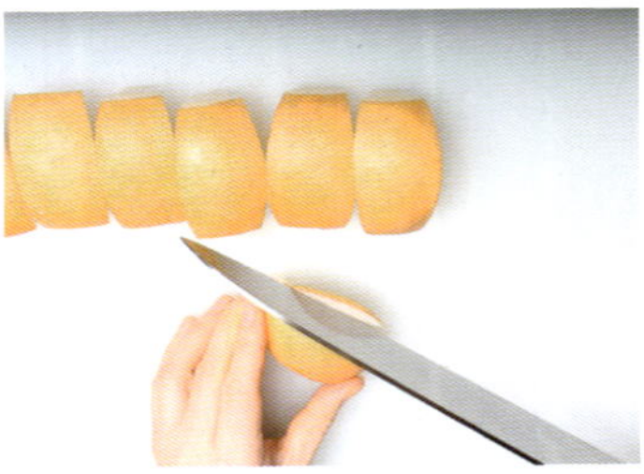

16. 배 조각 양끝 둥근부분을 일자로 제거한다.

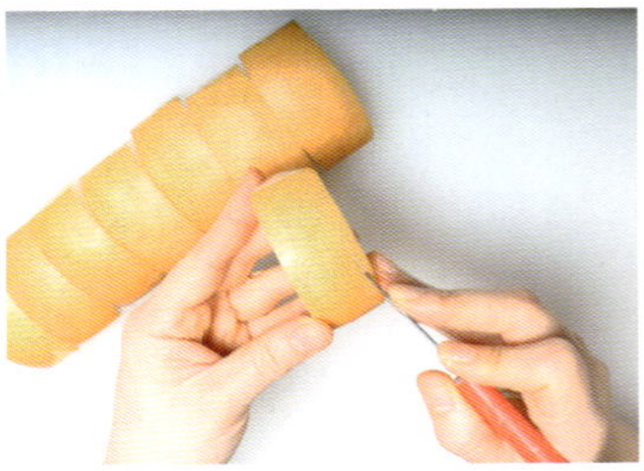

17. 사진과 같이 양쪽에 라인을 넣는다.

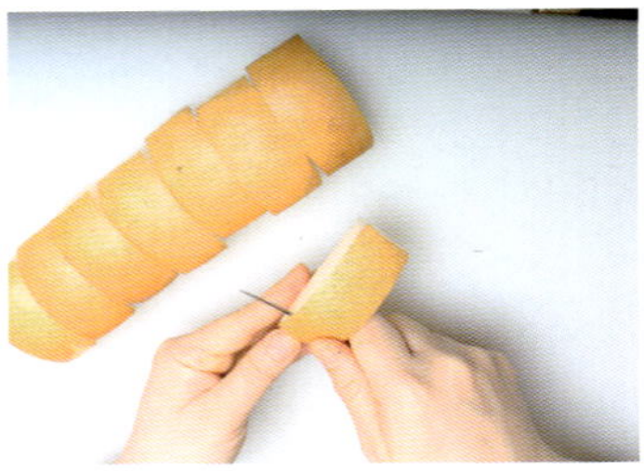

18. 위쪽에서부터 껍질을 제거한다.

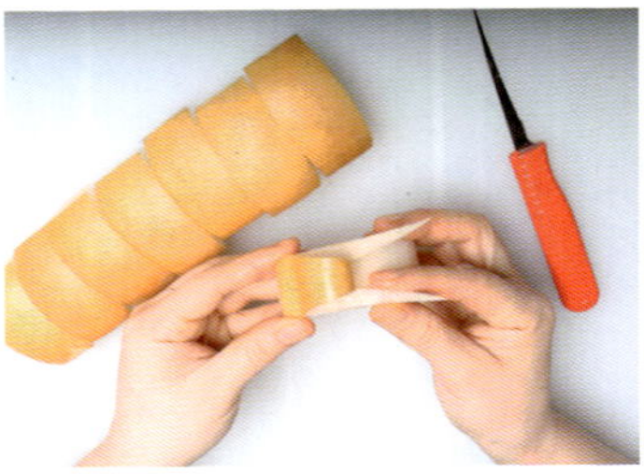

19. 껍질을 말아넣어 고정시킨다.

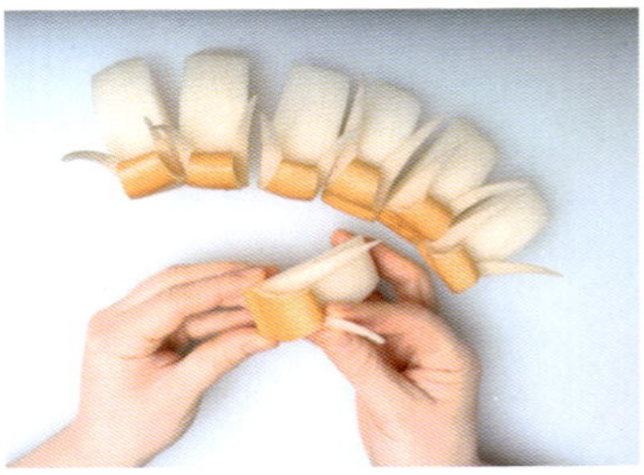

20. 8조각 모두 동일하게 작업해준다.

21. 사과와 도구를 준비한다.

22. 사과를 반으로 잘라준다.

23. 반으로 자른 사과를 또다시 2등분한다.

24. 앞쪽에 씨가 있는 부분을 일자로 잘라낸다.

25. 사과 양 끝의 둥근부분을 일자로 제거한다.

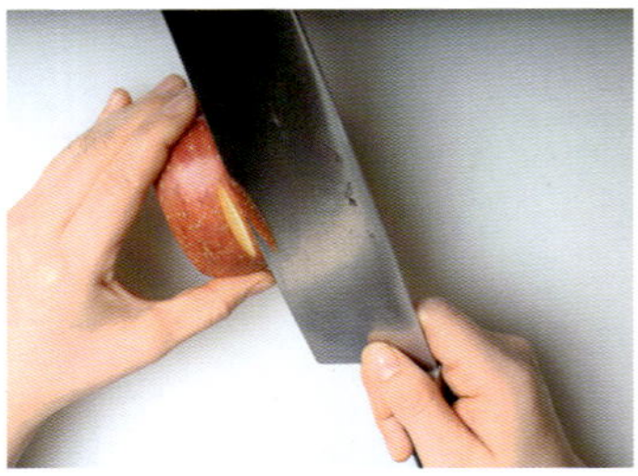

26. 칼을 양쪽에서 사선으로 눕혀 넣어 떨어지는 조각을 제거한다.

27. 동일하게 반복작업하여 점점 커지는 사과조각들을 떼어낸다.

28. 더이상 반복할 수 없을 정도로 작업 후, 남은 사과를 정리해준다.

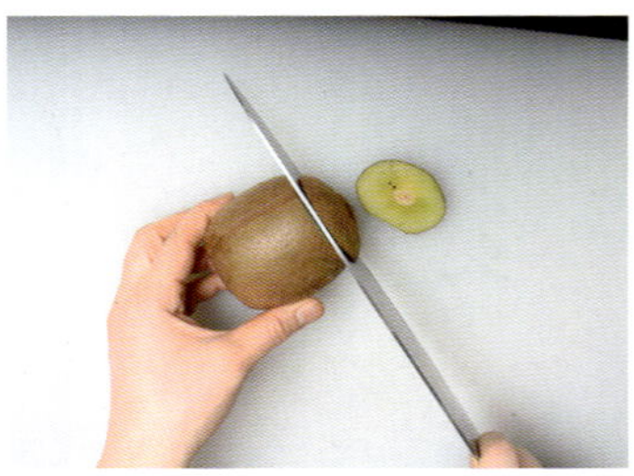

29. 키위의 양 끝쪽을 잘라낸다.

30. 키위 껍질을 모두 벗겨낸다.

31. 스텐조각도 – 삼각도를 사용하여 세로로 홈을 파낸다.

32. 세로로 2등분 한다.

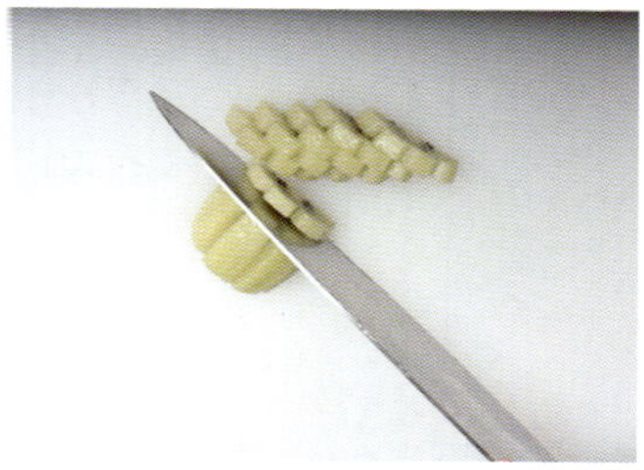

33. 일정한 간격으로 등분한다.

34. 오렌지의 양끝부분을 잘라낸다.

35. 일정한 크기로 8등분한다.

36. 오렌지과육 앞부분을 일자로 잘라낸다.

37. 꼭지를 잘라내고 세로로 절반 잘라준다.

38. 세로 절반으로 잘라준다.

1급 예제-작품5

1. 오렌지를 준비한다.

2. 양쪽 끝부분을 자른다.

3. 절반을 자른다.

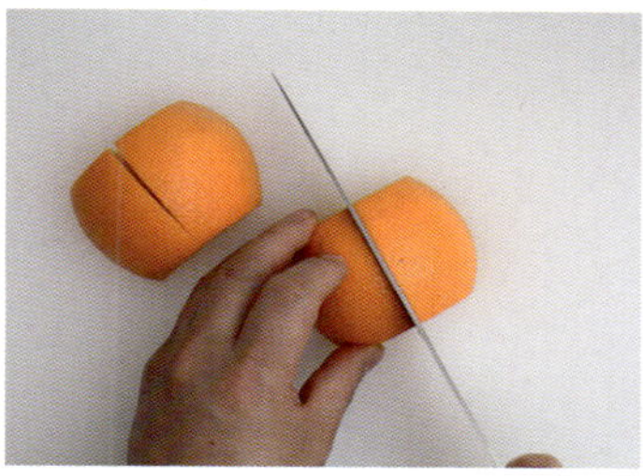

4. 4등분 해준다.

5. 8등분 해준다.

6. 심을 제거한다.

7. 사진과 같다.

8. 사과를 준비한다.

9. 양쪽 끝부분을 자른다.

10. 8등분 해준다.

11. 심을 제거한다.

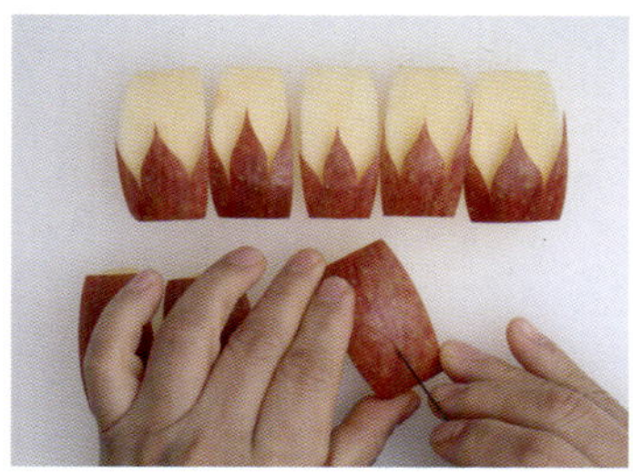

12. 샤토나이프로 사진과 같이 칼집을 넣어준다.

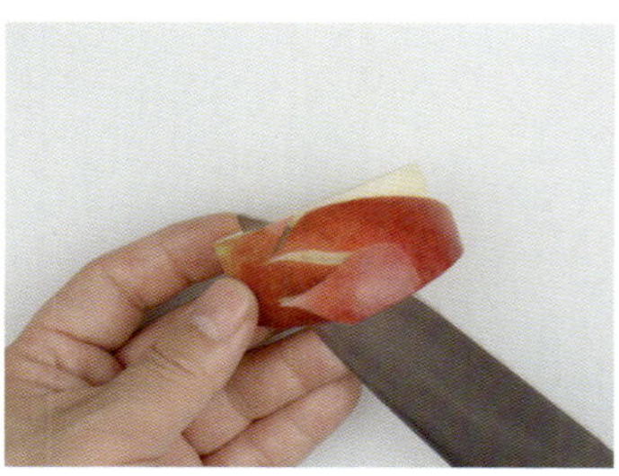

13. 아래부분을 남겨두고 껍질을 제거해준다.

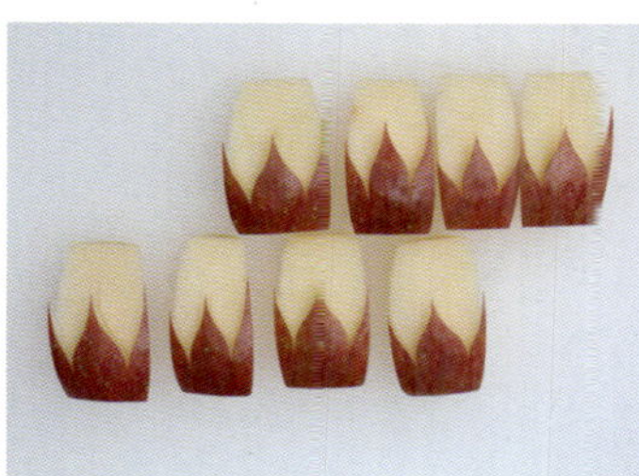

14. 사진과 같다.

15. 참외를 준비한다.

16. 샤토나이프로 사진과 같이 칼집을 넣어준다.

17. 사진과 같다.

18. 스쿱으로 속을 제거한다.

19. 사진과 같다.

20. 과육의 윗부분을 사진과 같이 정리한다.

21. 샤토나이프로 껍질에 1cm가량 더 들어가도록 칼집을 넣어준다.

22. 사진과 같다.

23. 과일을 담아준다.

24. 배를 준비한다.

25. 양쪽 끝부분을 자른다.

26. 8등분 해준다.

27. 심을 제거한다

28. 둥근부분을 잘라낸다.

29. 사진과 같이 칼집을 넣어준다.

30. 껍질을 벗겨낸다.

31. 사진과 같다.

32. 딸기는 꼭지를 잘라내고 세로로 절반 잘라준다.

33. 세로 절반으로 잘라준다.

1급 예제-작품6

1. 사과를 준비한다.

2. 양쪽 끝부분을 자른다.

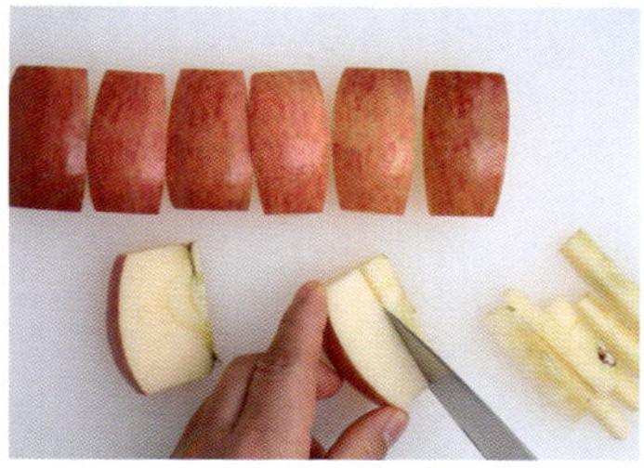

3. 심을 제거한다.

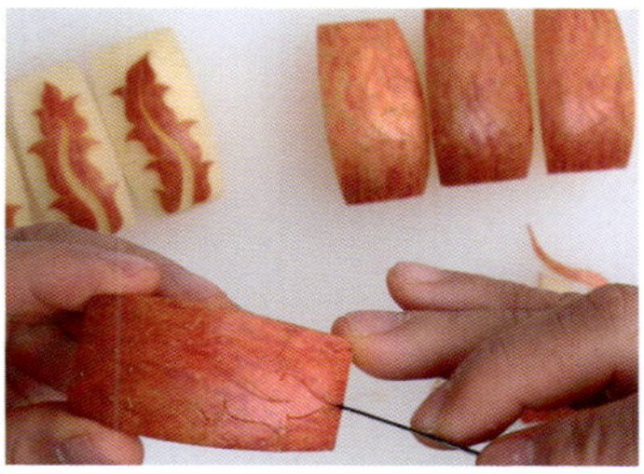

4. 샤토나이프로 사진과 같이 칼집을 넣어준다.

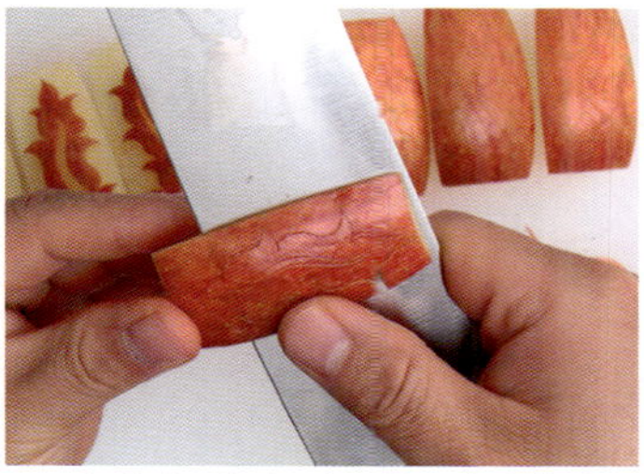

5. 사진과 같이 껍질을 제거한다.

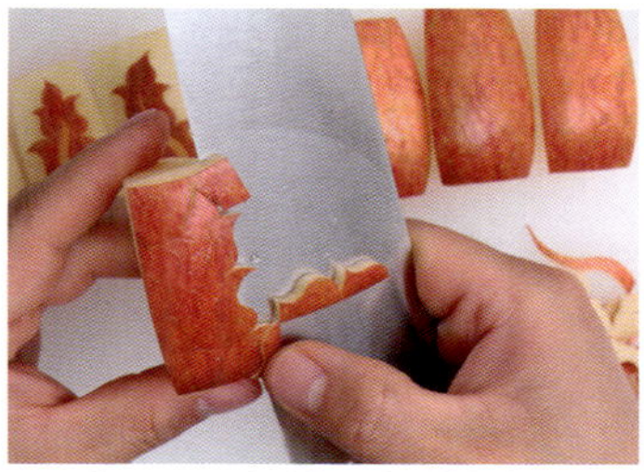

6. 옆 쪽도 껍질을 제거한다.

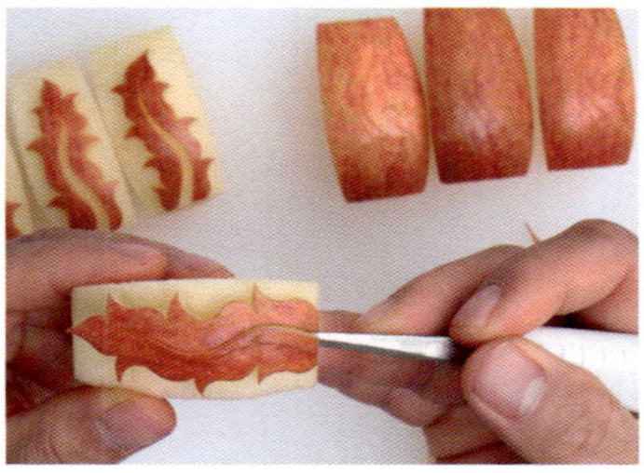

7. 샤토나이프를 눕혀 안쪽 껍질을 제거한다.

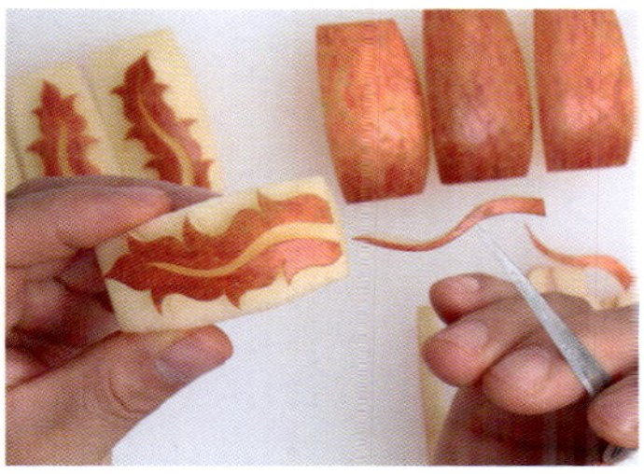

8. 사진과 같다.

9. 배를 준비한다.

10. 양쪽 끝부분을 자른다.

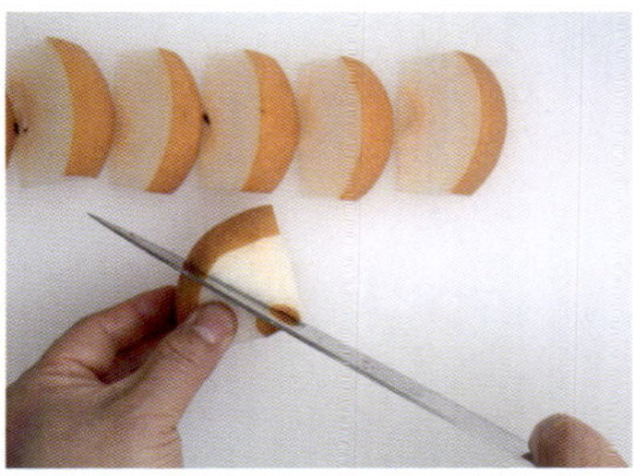

11. 8등분 해준다.

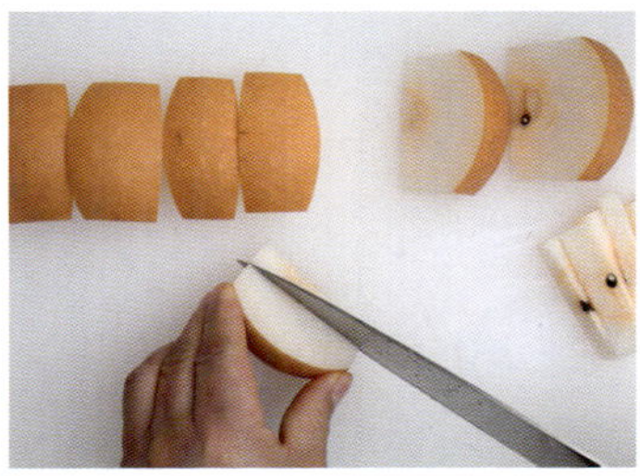

12. 심을 제거한다.

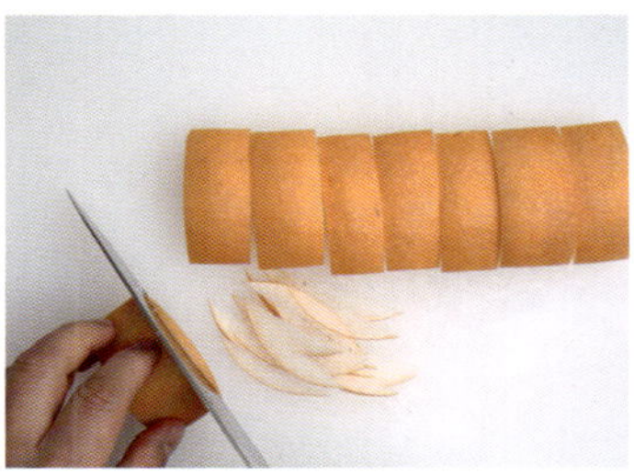

13. 둥근부분을 잘라낸다.

14. 사진과 같이 칼집을 넣어준다.

15. 껍질을 벗겨낸다.

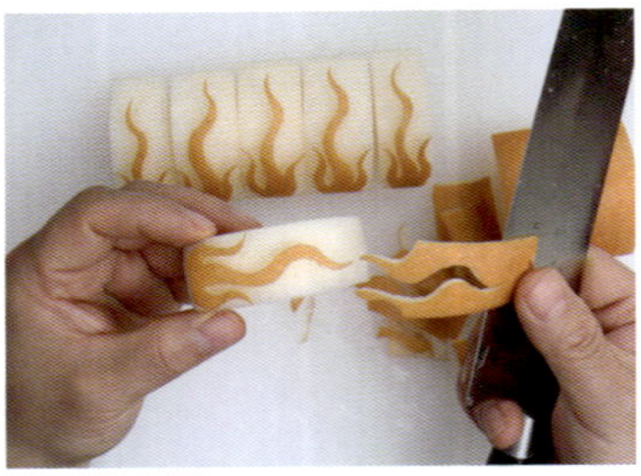
16. 사진과 같다.

17. 오렌지를 준비한다.

18. 양쪽 끝부분을 자른다.

19. 8등분 해준다.

20. 심을 제거한다.

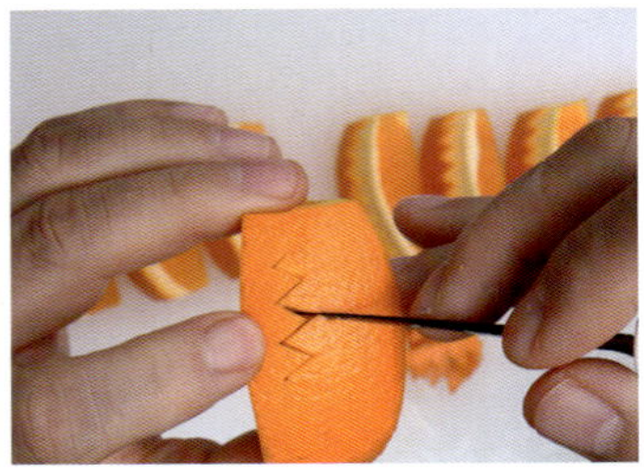
21. 껍질에 지그재그로 칼집을 넣어준다.

22. 칼집을 넣어준 껍질을 제거한다.

23. 오렌지를 준비한다.

24. 양쪽 끝부분을 자른다.

25. 과육을 도려낸다.

26. 사진과 같다.

27. 끝부분 자른 것으로 막아준다.

28. 과육을 잘라 넣어준다.

29. 샤토나이프로 껍질에 꽃모양 칼집을 그려준다.

30. 꽃잎 안쪽에 칼집을 넣어준다.

31. 샤토나이프로 꽃잎을 정리한다.

32. 꽃잎에 이쑤시개를 꽂아준다.

33. 고정한다.

34. 사진과 같다.

35. 딸기는 꼭지를 잘라내고 세로로 절반 잘라준다.

36. 세로 절반으로 잘라준다.

37. 완성한다.

1급 예제-작품7

1. 사과를 준비한다.

2. 양쪽 끝부분을 자른다.

3. 8등분 해준다.

4. 심을 제거한다.

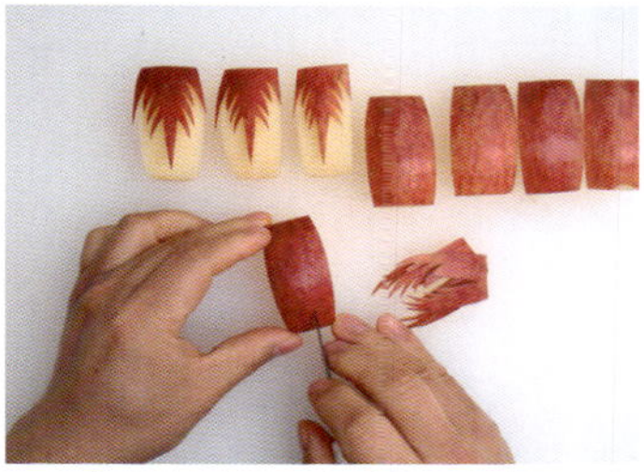
5. 사진과 같이 칼집을 내어 파내 준다.

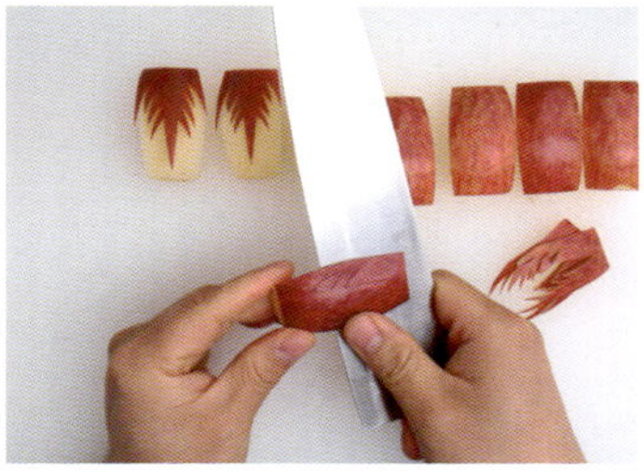
6. 사진과 같이 껍질을 벗겨낸다.

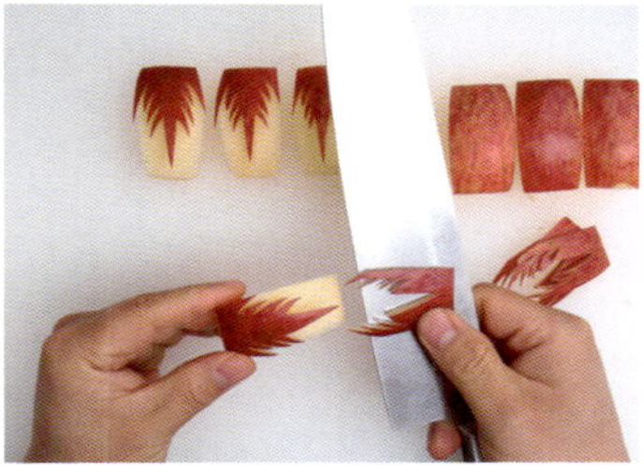
7. 사진과 같다.

8. 배를 준비한다.

9. 양쪽 끝부분을 자른다.

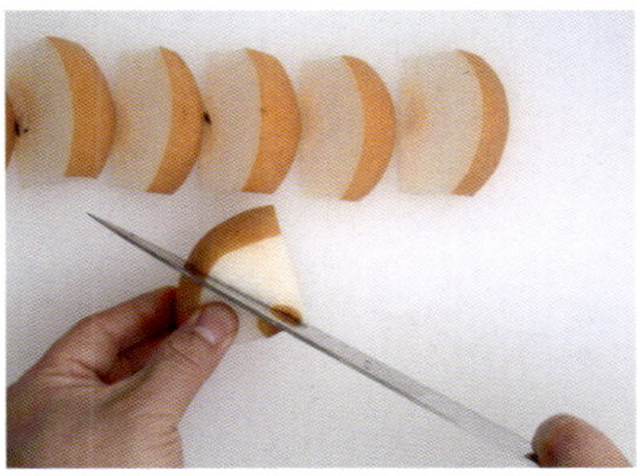
10. 8등분 해준다.

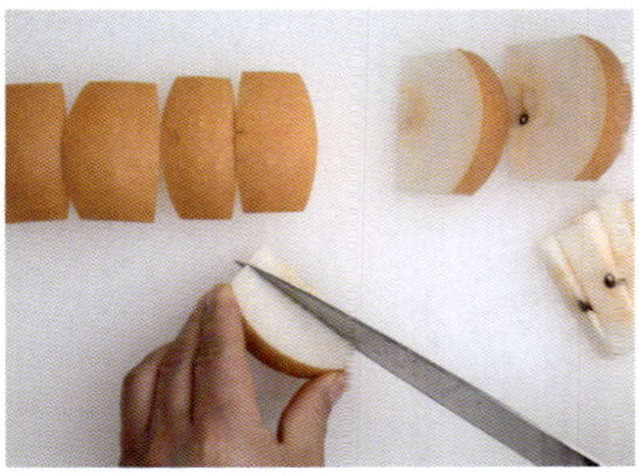
11. 심을 제거한다.

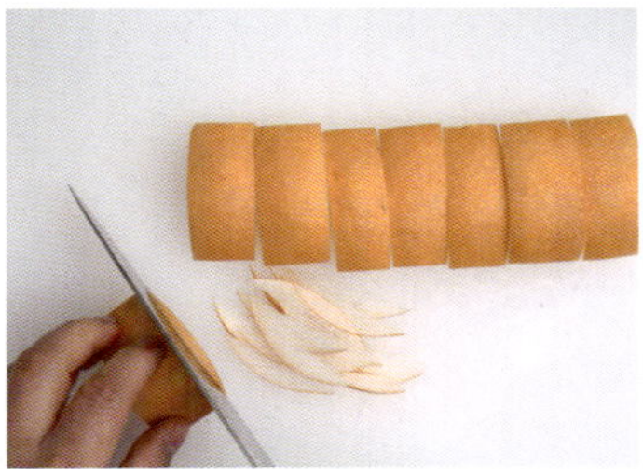
12. 둥근부분을 잘라낸다.

13. 사진과 같이 칼집을 넣어준다.

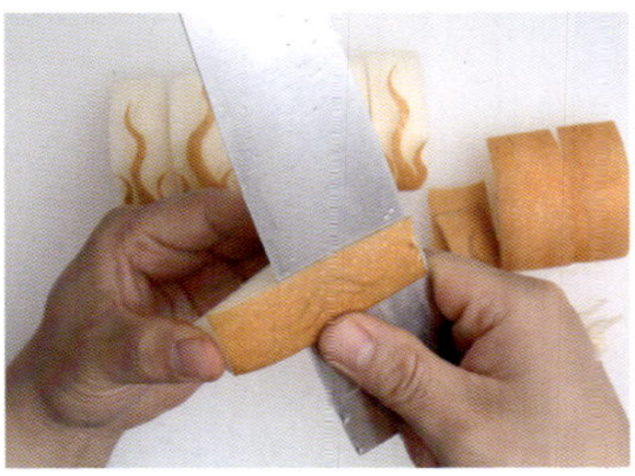
14. 껍질을 벗겨낸다.

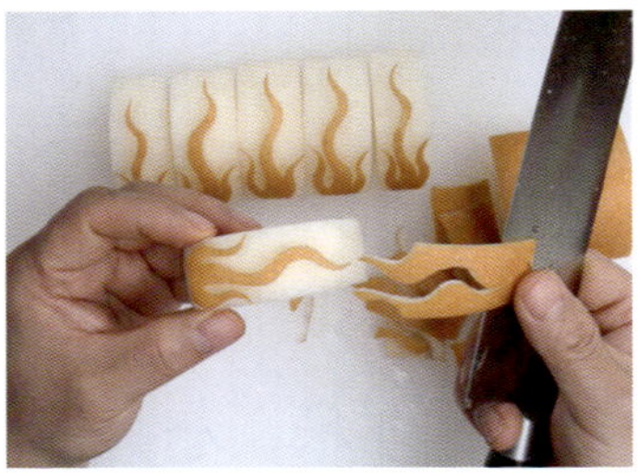
15. 사진과 같다.

16. 오렌지를 준비한다.

17. 양쪽 끝부분을 자른다.

18. 8등분 해준다.

19. 심을 제거한다.

20. 껍질에 지그재그로 칼집을 넣어준다.

21. 칼집을 넣어준 껍질을 제거한다.

22. 오렌지를 준비한다.

23. 양쪽 끝부분을 자른다.

24. 과육을 도려낸다.

25. 사진과 같다.

26. 끝부분 자른 것으로 막아준다.

27. 과육을 잘라 넣어준다.

28. 키위를 준비한다.

29. 양쪽 끝부분을 자른다.

30. 껍질을 제거한다.

31. 톱니바퀴 모양으로 돌아가며 칼집을 넣어준다.

32. 사진과 같다.

1급 예제-작품8

1. 사과를 준비한다.

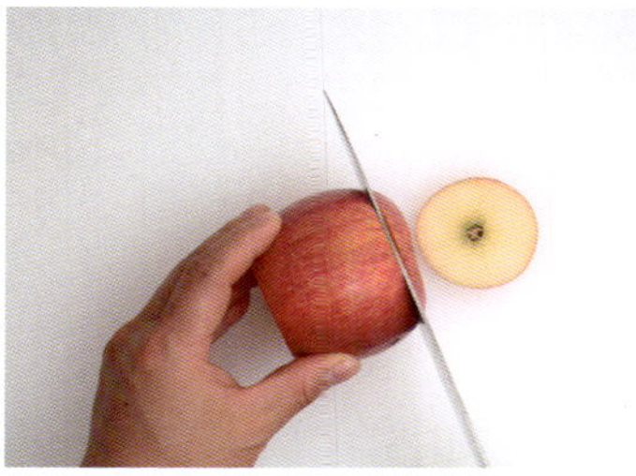

2. 양쪽 끝부분을 자른다.

3. 절반을 자른다.

4. 절반으로 잘라준다.

5. 4등분 해준다.

6. 심을 제거한다.

7. 둥근부분을 잘라낸다.

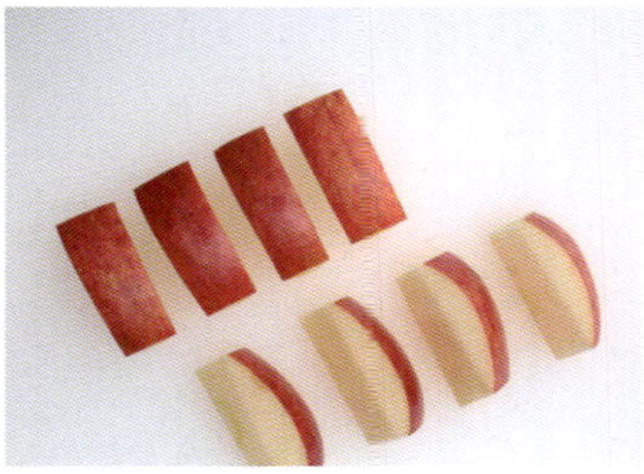

8. 사진과 같다.

9. 칼집을 넣어준다.

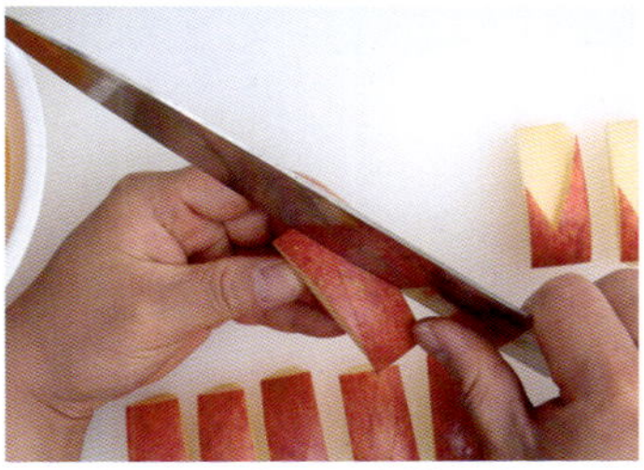

10. 한쪽라인은 길게 한쪽은 조금 짧게 칼집을 낸다.

11. V자 윗부분부터 껍질을 벗긴다.

12. 사진과 같이 해준다.

13. 사진과 같다.

14. 배를 준비한다.

15. 양쪽 끝부분을 자른다.

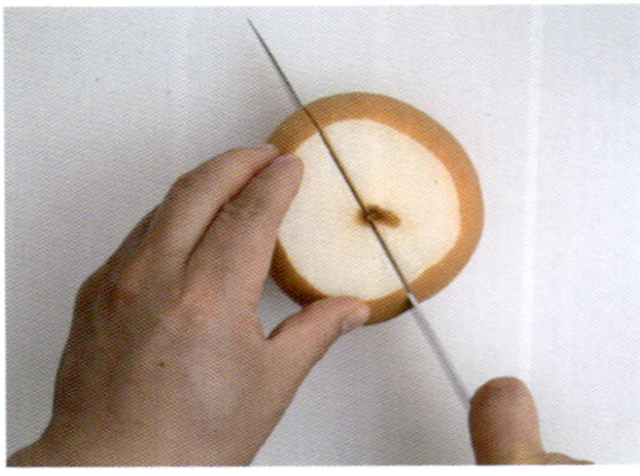

16. 절반을 자른다.

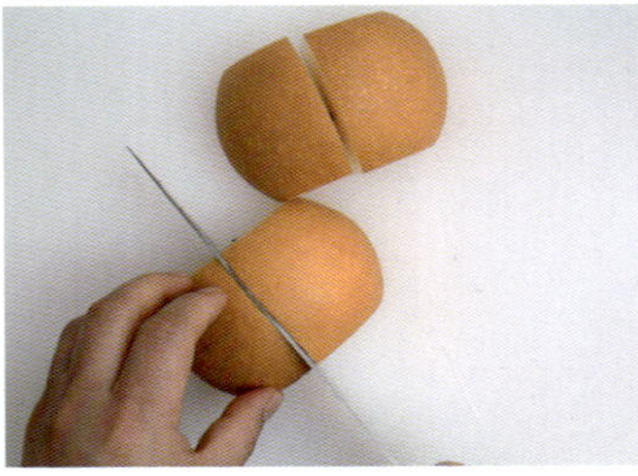

17. 4등분 해준다.

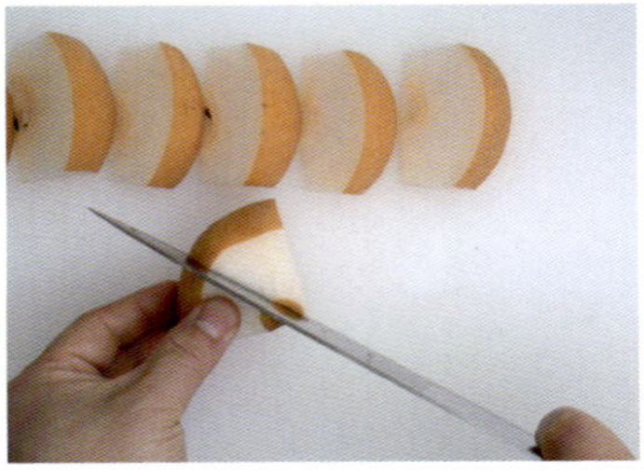

18. 8등분 해준다.

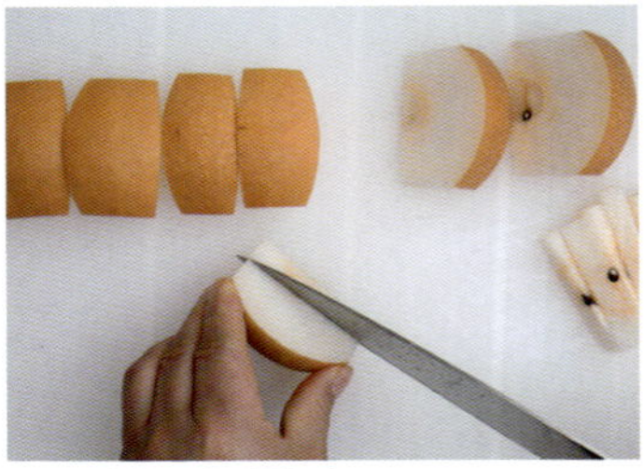

19. 심을 제거한다.

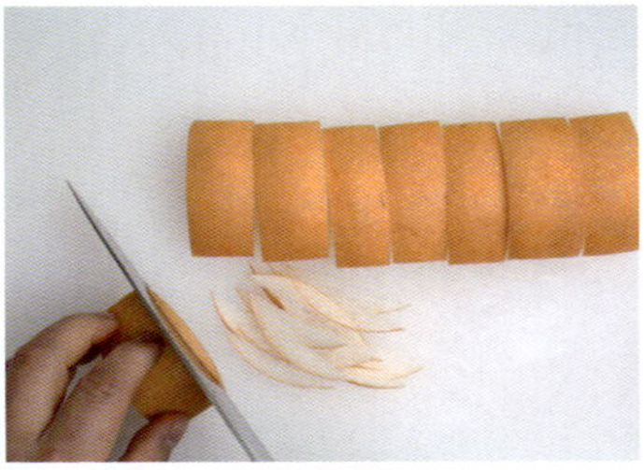

20. 둥근부분을 잘라낸다.

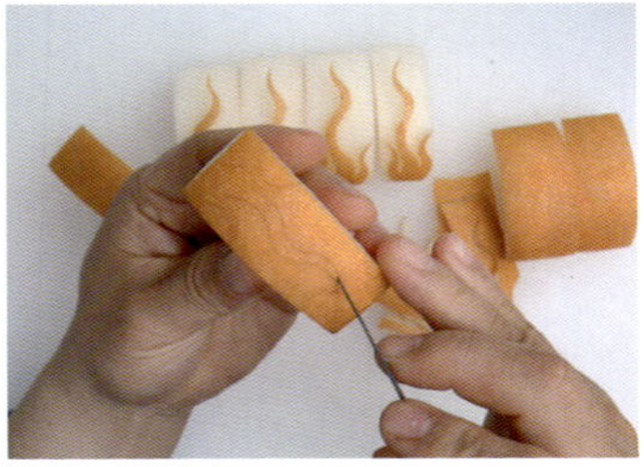

21. 사진과 같이 칼집을 넣어준다.

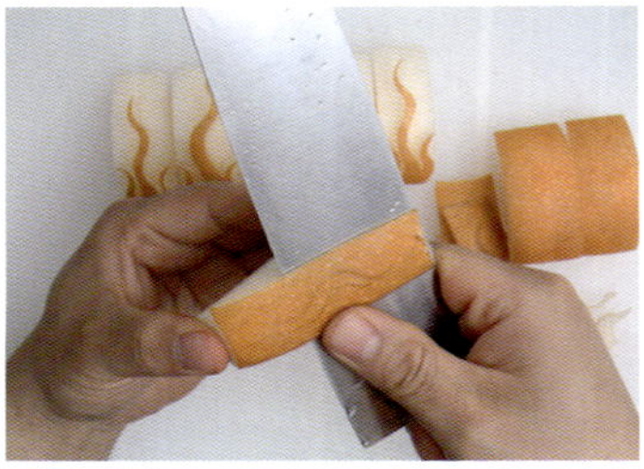

22. 껍질을 벗겨낸다.

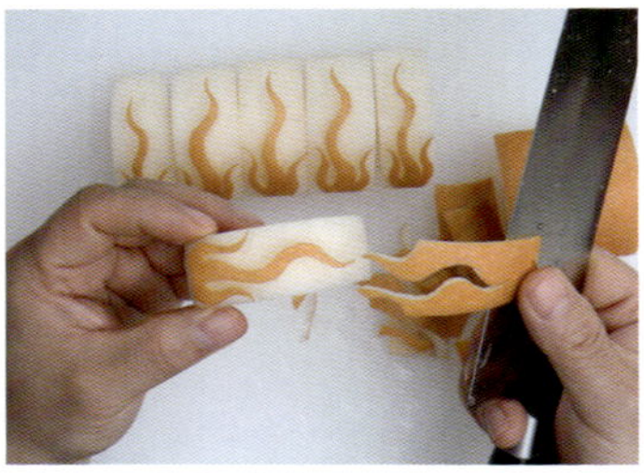

23. 사진과 같다.

24. 오렌지를 준비한다.

25. 양쪽 끝부분을 자른다.

26. 절반을 자른다.

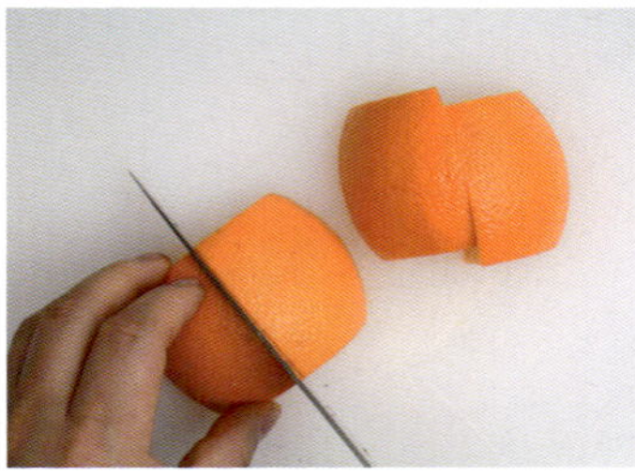

27. 4등분 해준다.

28. 8등분 해준다.

29. 심을 제거한다.

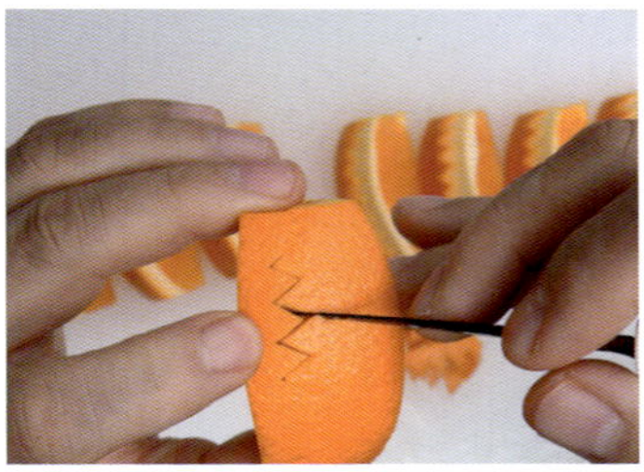

30. 껍질에 지그재그로 칼집을 넣어준다.

31. 칼집을 넣어준 껍질을 제거한다.

32. 사과를 준비한다.

33. V자로 일정한 두께로 잘라준다.

34. 사진과 같다.

35. 사진과 같이 일정한 두께로 잘라준다.

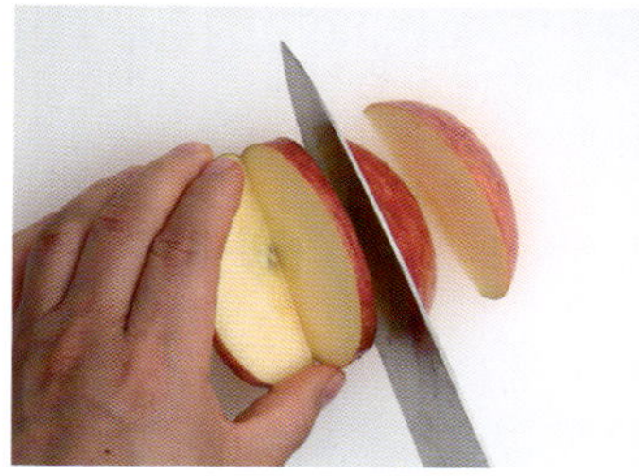

36. 8분의 1등분으로 잘라준다.

37. 얇게 슬라이스 해준다.

38. 오렌지 주스에 3초 정도 코팅 시킨다.

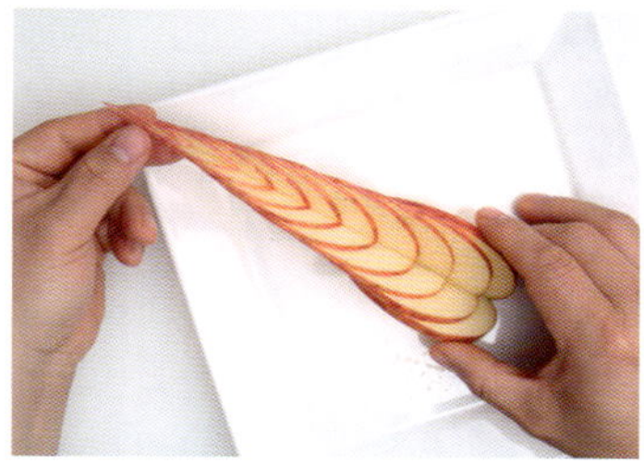

39. V자로 자른 사과를 일정하게 펼쳐준다.

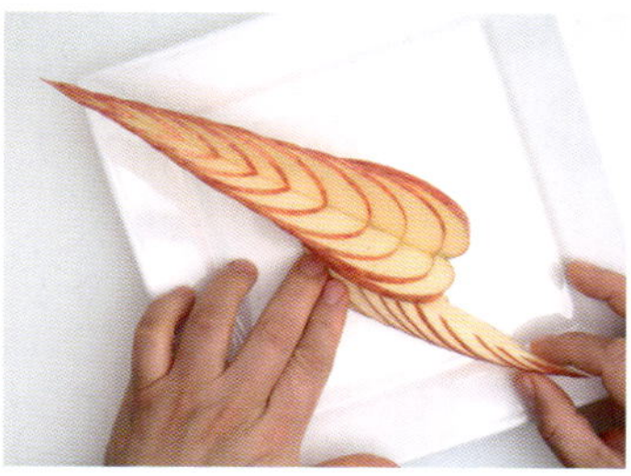

40. 슬라이스 한 사과를 일정하게 펼쳐 놓아준다.

41. 완성한다.

1급 예제-작품9

1. 오렌지를 준비한다.

2. 양쪽 끝부분을 자른다.

3. 8등분 해준다.

4. 심을 제거한다.

5. 사진과 같다.

6. 참외를 준비한다.

7. 샤토나이프로 사진과 같이 칼집을 넣어준다.

8. 사진과 같다.

9. 스쿱으로 속을 제거한다.

10. 사진과 같다.

11. 과육의 윗부분을 사진과 같이 정리한다.

12. 샤토나이프로 껍질에 1cm가량 더 들어가도록 칼집을 넣어준다.

13. 사진과 같다.

14. 과일을 담아준다.

15. 배를 준비한다.

16. 양쪽 끝부분을 자른다.

17. 8등분 해준다.

18. 심을 제거한다

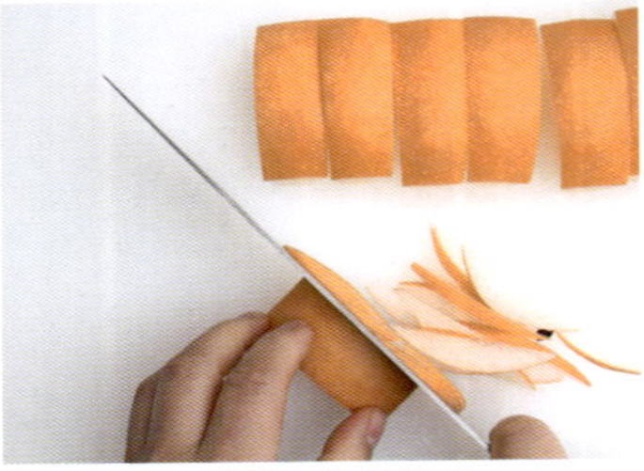

19. 둥근부분을 잘라낸다.

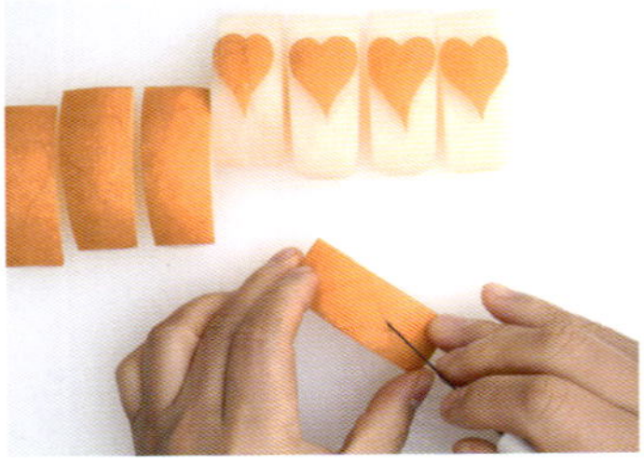

20. 사진과 같이 칼집을 넣어준다.

21. 껍질을 벗겨낸다.

22. 사진과 같다.

23. 사과를 준비한다.

24. 양쪽 끝부분을 자른다.

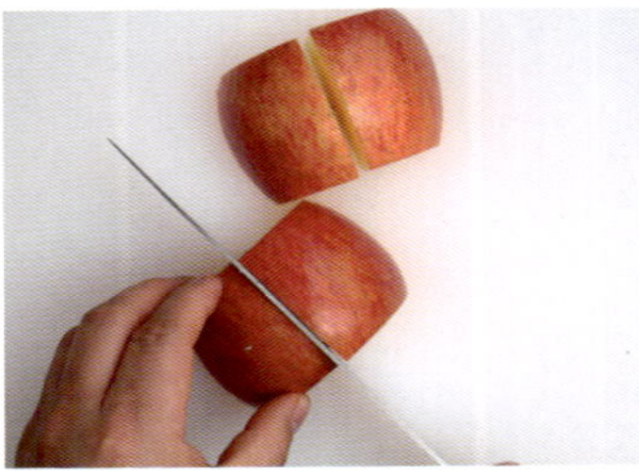

25. 절반으로 잘라준다.

26. 심을 제거한다.

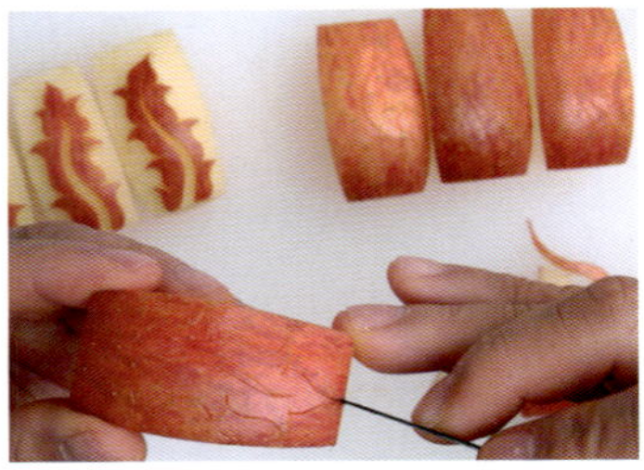

27. 샤토나이프로 사진과 같이 칼집을 넣어준다.

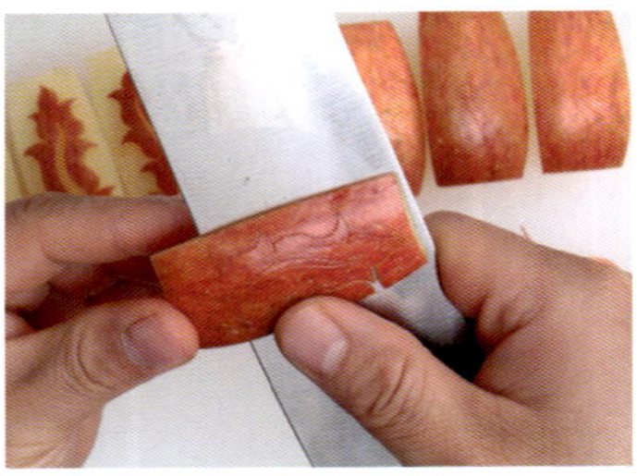

28. 사진과 같이 껍질을 제거한다.

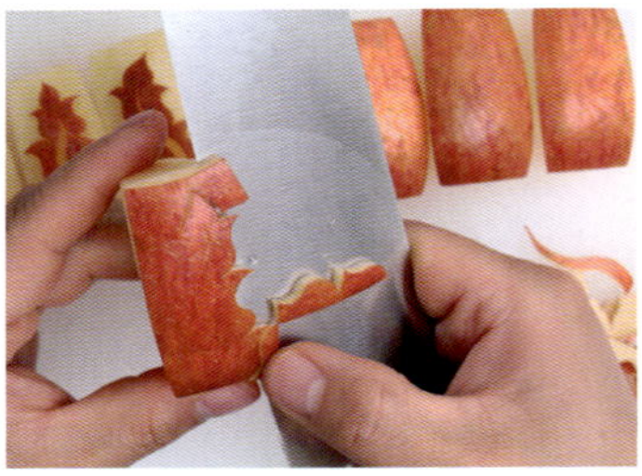

29. 옆 쪽도 껍질을 제거한다.

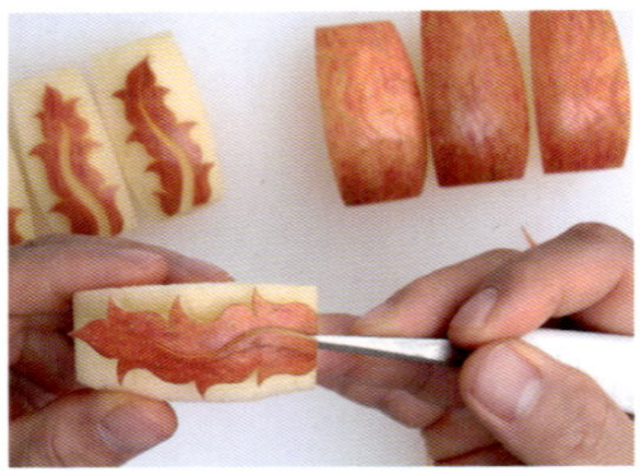

30. 샤토나이프를 눕혀 안쪽 껍질을 제거한다.

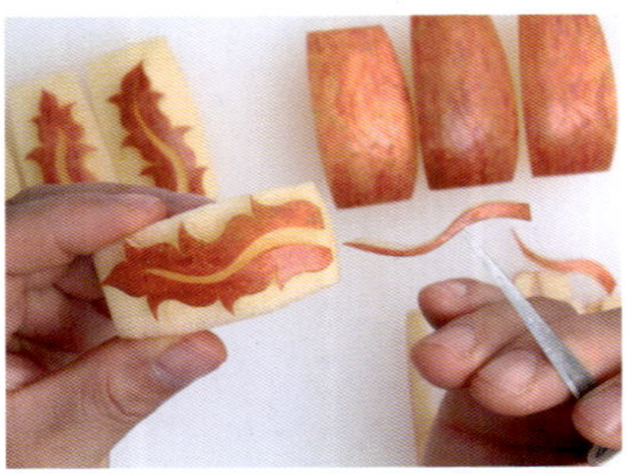

31. 사진과 같다.

32. 키위를 준비한다.

33. 양쪽 끝부분을 자른다.

34. 껍질을 제거한다.

35. 톱니바퀴 모양으로 돌아가며 칼집을 넣어준다.

36. 사진과 같다.

37. 사과를 준비한다.

38. 절반으로 자른다.

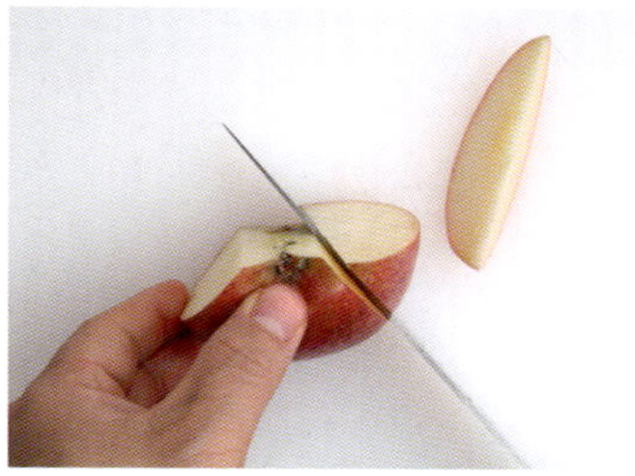

39. 8분의1등분으로 자른다.

40. V자로 일정한 두께로 잘라준다.

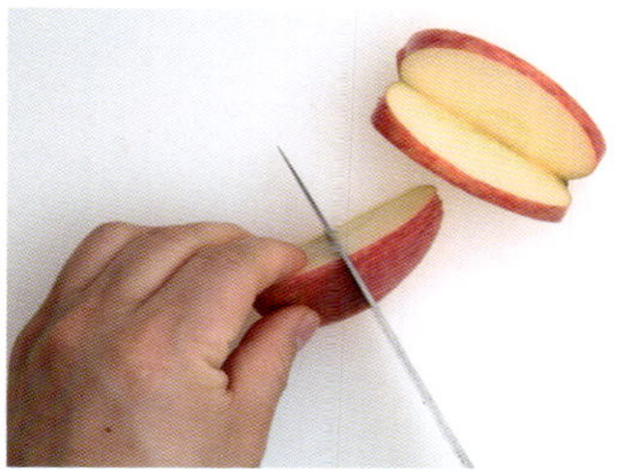

41. 반으로 잘라준다.

42. 자른 부분을 일정한 간격으로 펼쳐준다.

43. 사진과 같다.

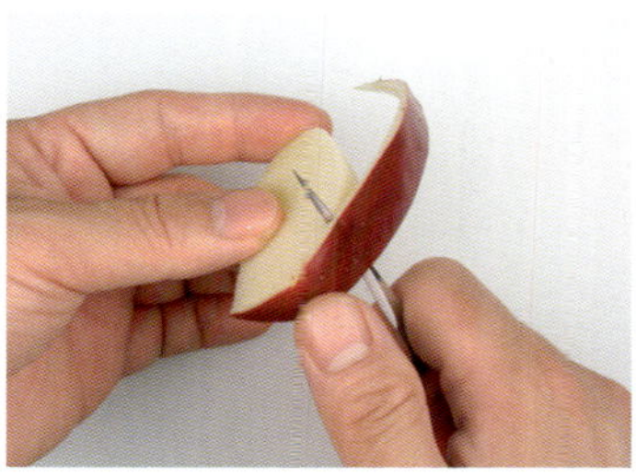

44. 샤토나이프로 껍질을 잘라낸다.

45. 사진과 같다.

46. 이쑤시개를 끼워준다.

47. 고정시킨다.

1급 예제-작품10

1. 사과를 준비한다.

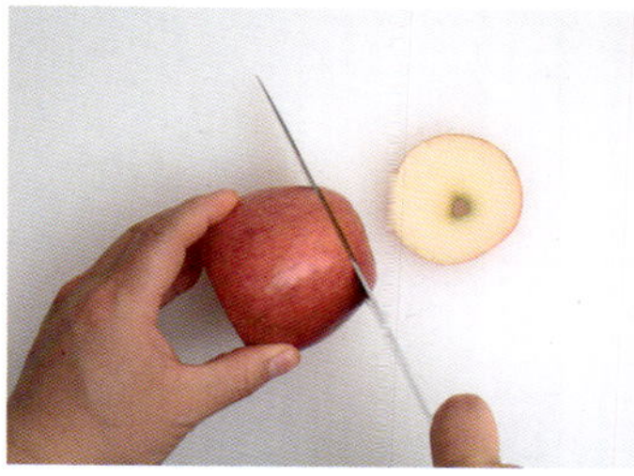

2. 양쪽 끝부분을 자른다.

3. 절반을 자른다.

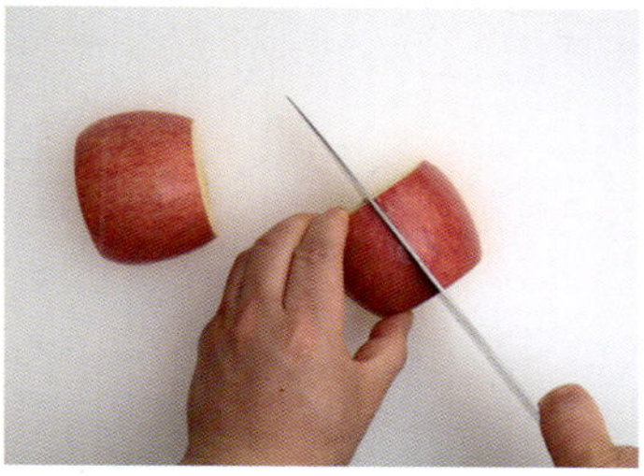

4. 절반으로 잘라준다.

5. 심을 제거한다.

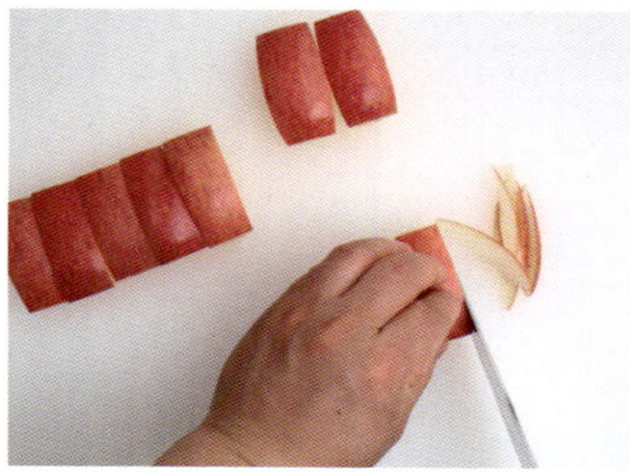

6. 둥근부분을 잘라낸다.

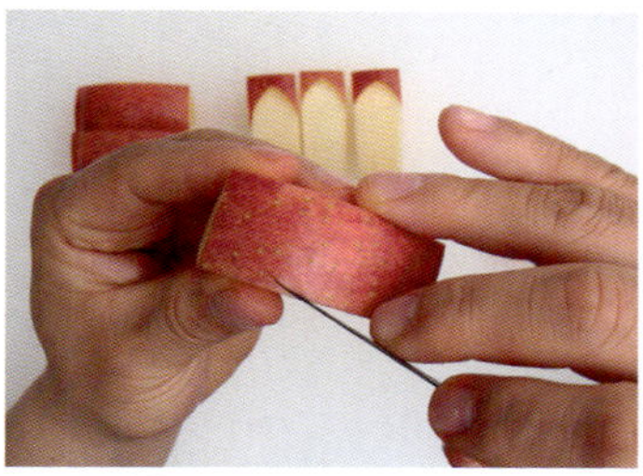

7. 칼집을 내준다.

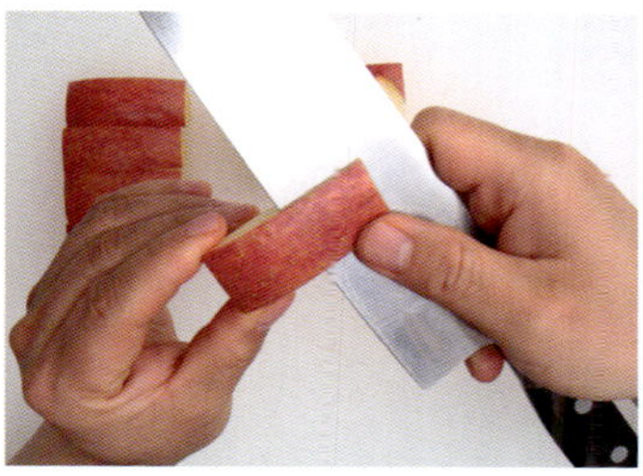

8. 사진과 같이 껍질을 제거한다.

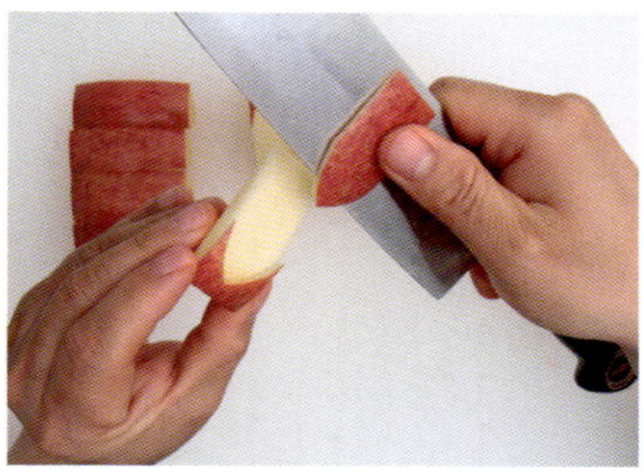

9. 사진과 같다.

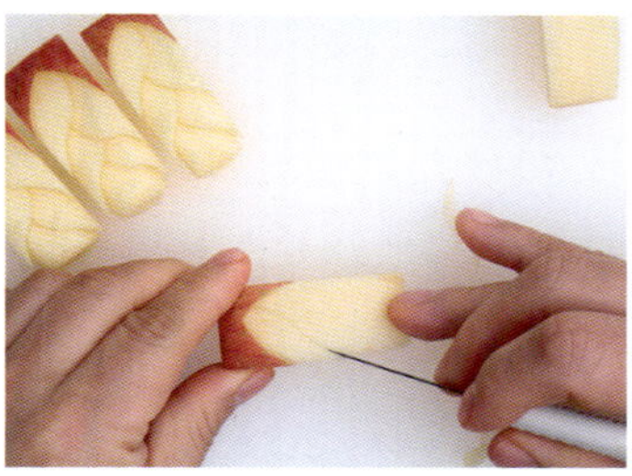

10. 칼을 세워서 곡선으로 칼집을 내준다.

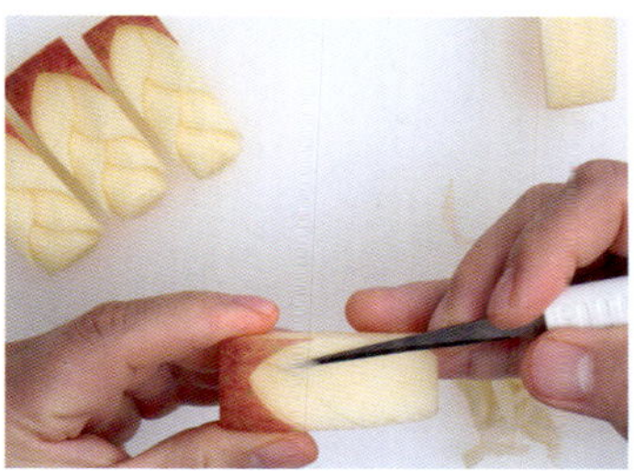

11. 사진과 같이 칼을 눕혀서 사과 속을 제거한다.

12. 사진과 같다.

13. 칼을 세워서 곡선으로 칼집을 내준다.

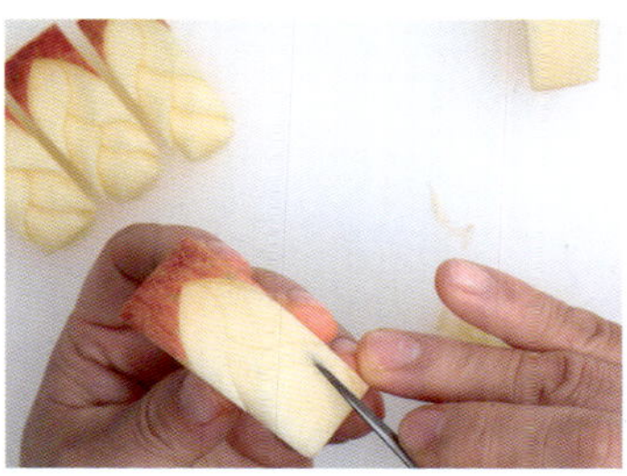

14. 칼을 눕혀서 사과 속을 제거한다.

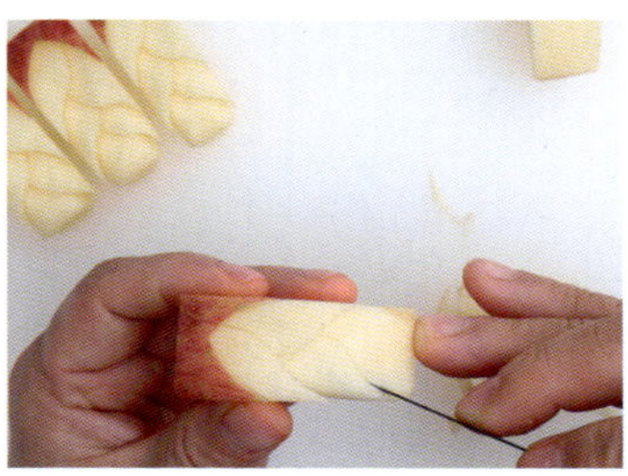

15. 칼을 세워서 곡선으로 칼집을 내준다.

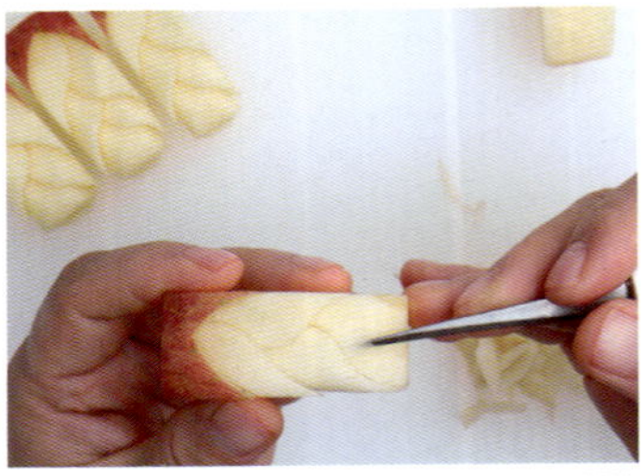

16. 칼을 눕혀서 사과 속을 제거한다.

17. 사진과 같다.

18. 배를 준비한다.

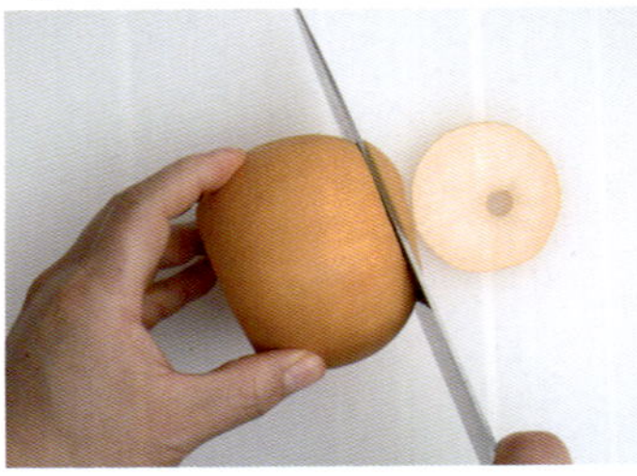

19. 양쪽 끝부분을 자른다.

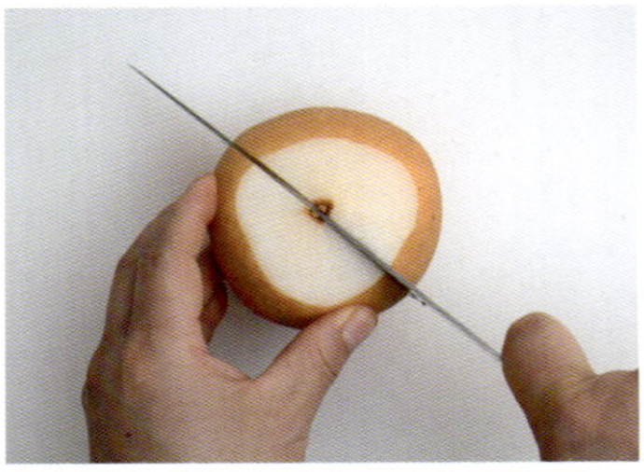

20. 절반을 자른다.

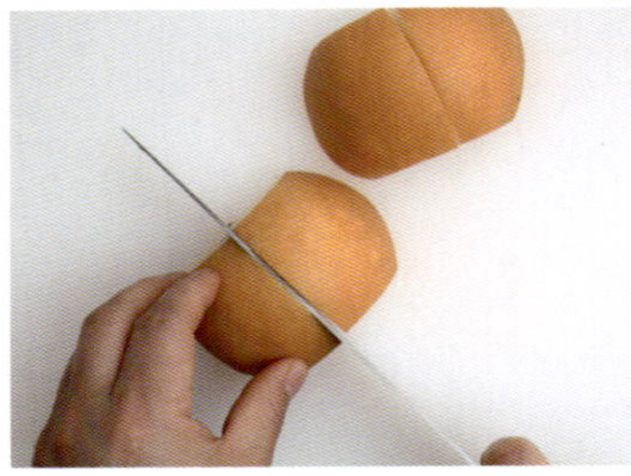

21. 4등분 해준다.

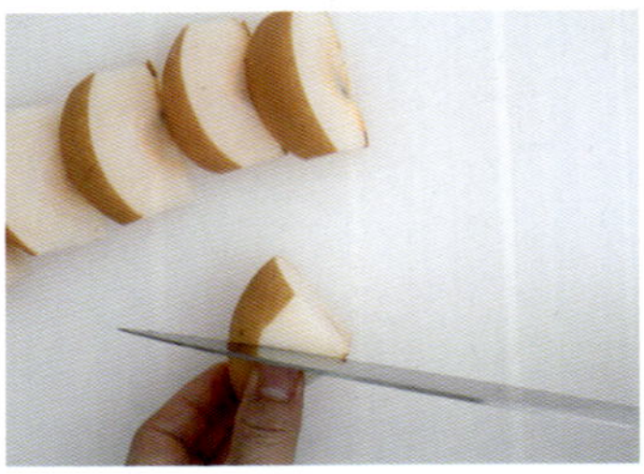

22. 8등분 해준다.

23. 심을 제거한다.

24. 둥근부분을 잘라낸다.

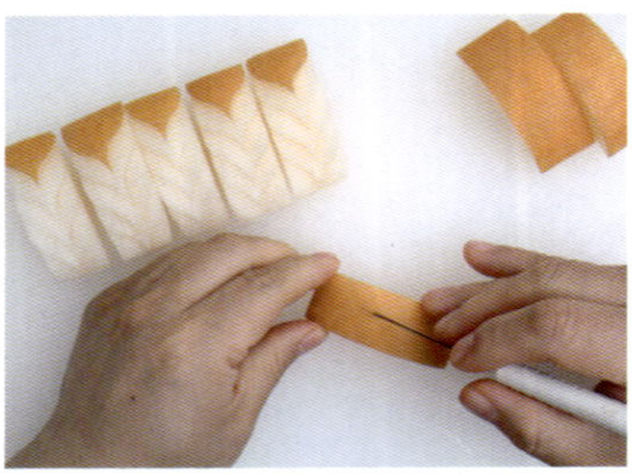

25. 사진과 같이 곡선으로 칼집을 넣어준다.

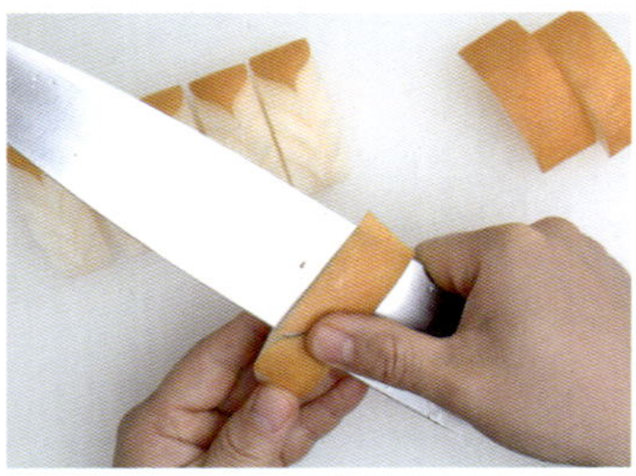

26. 껍질을 벗겨낸다.

27. 사진과 같다.

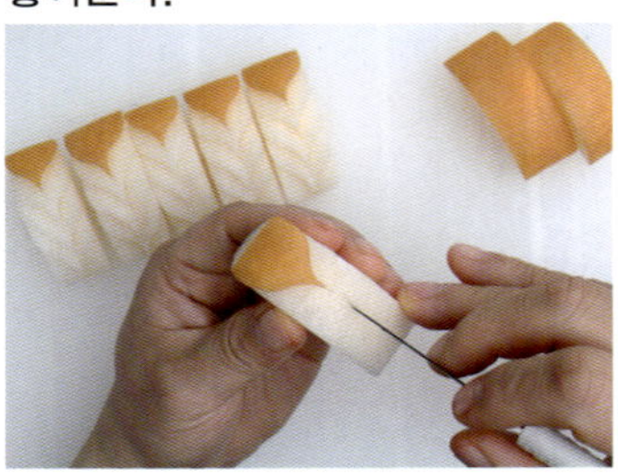

28. 샤토나이프를 세워 곡선으로 칼집을 내준다.

29. 샤토나이프를 눕혀 속을 제거한다.

30. 사진과 같다.

31. 수박을 절반으로 잘라준다.

32. 2등분 해준다.

33. 사진과 같다.

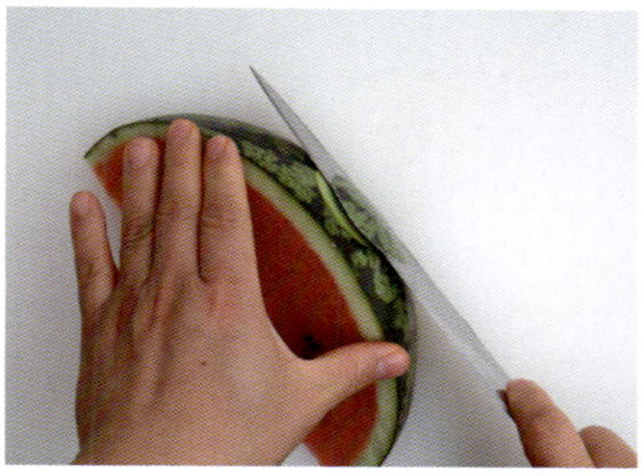

34. 중간부분의 껍질을 살짝 잘라 낸다.

35. V자로 칼집을 넣어준다.

36. 사진과 같다.

37. 양 옆을 잘라준다.

38. 사진과 같다.

39. 껍질을 도려낸다.

40. V자로 일정한 두께로 잘라준다.

41. 반으로 잘라준다.

1급 예제-작품11

1. 오렌지를 준비한다.

2. 양쪽 끝부분을 자른다.

3. 절반을 자른다.

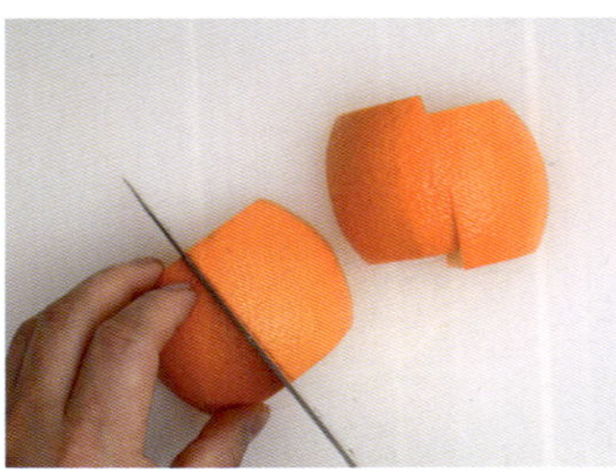

4. 4등분 해준다.

5. 8등분 해준다.

6. 심을 제거한다.

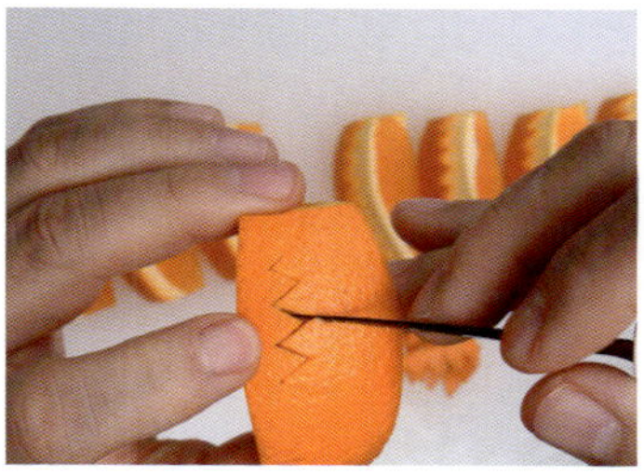

7. 껍질에 지그재그로 칼집을 넣어 준다.

8. 칼집을 넣어준 껍질을 제거한다.

9. 배를 준비한다.

10. 양쪽 끝부분을 자른다.

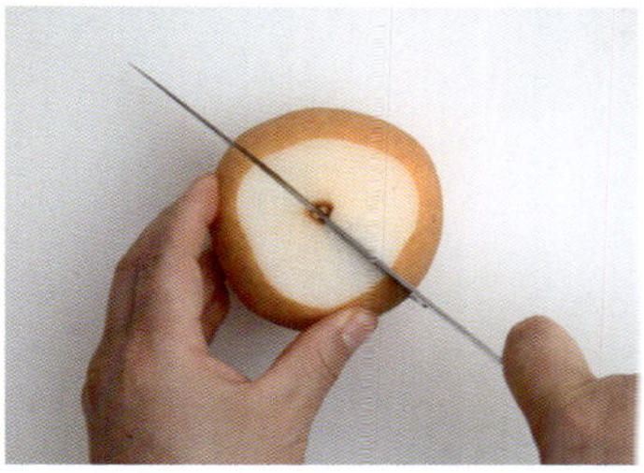

11. 절반을 자른다.

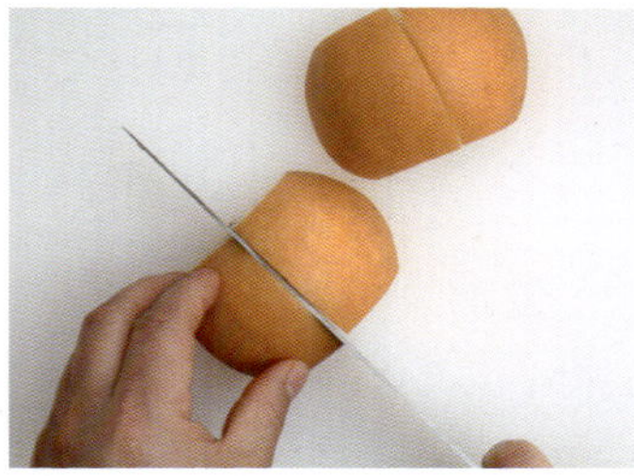

12. 4등분 해준다.

13. 8등분 해준다.

14. 사진과 같다.

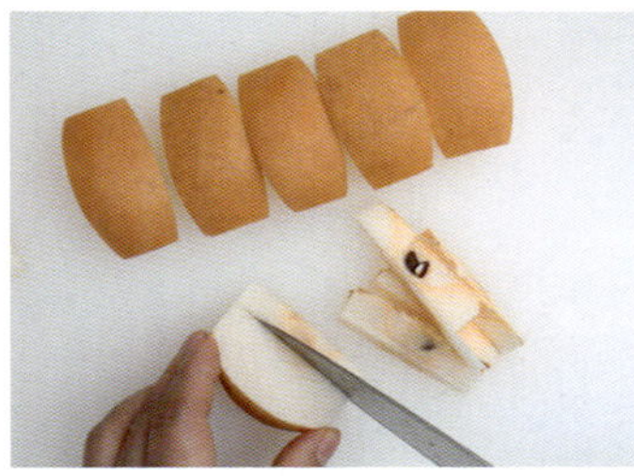

15. 심을 제거한다.

16. 둥근부분을 잘라낸다.

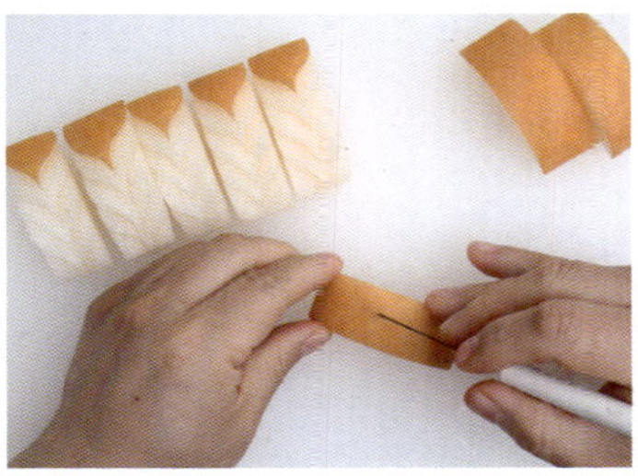

17. 사진과 같이 곡선으로 칼집을 넣어준다.

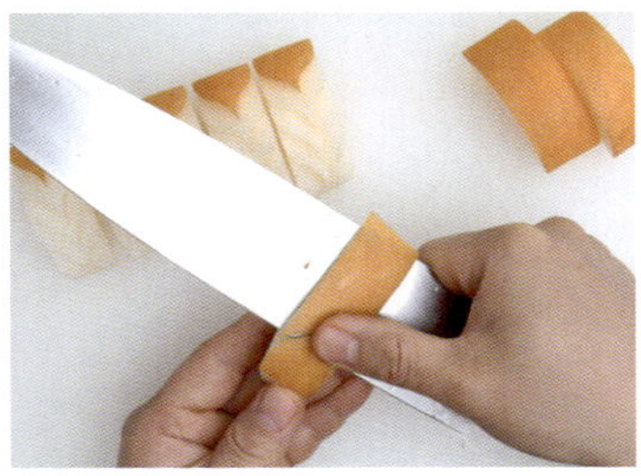

18. 껍질을 벗겨낸다.

19. 사진과 같다.

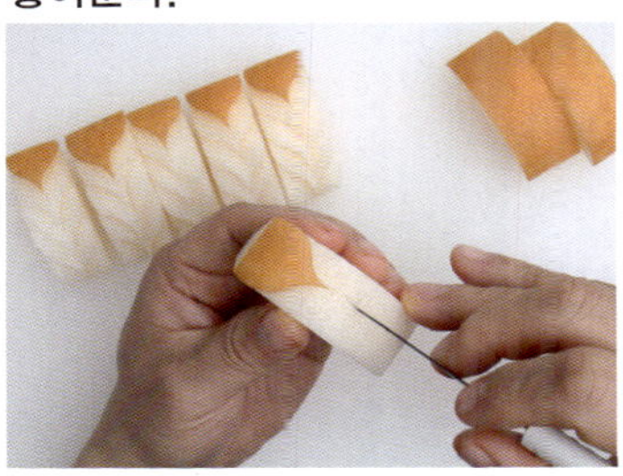

20. 샤토나이프를 세워 곡선으로 칼집을 내준다.

21. 샤토나이프를 눕혀 속을 제거한다.

22. 사과를 준비한다.

23. 양쪽 끝부분을 자른다.

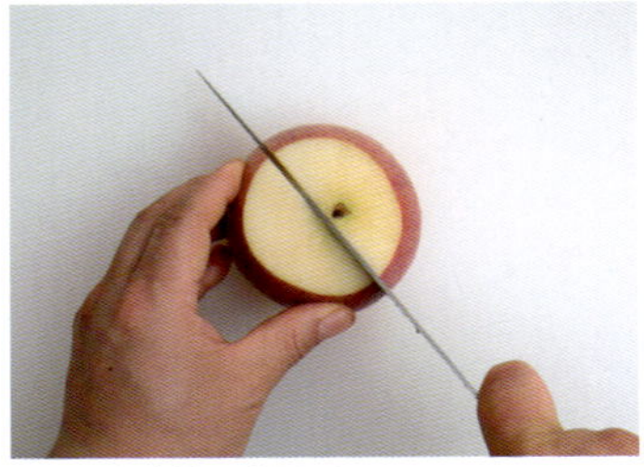

24. 절반을 자른다.

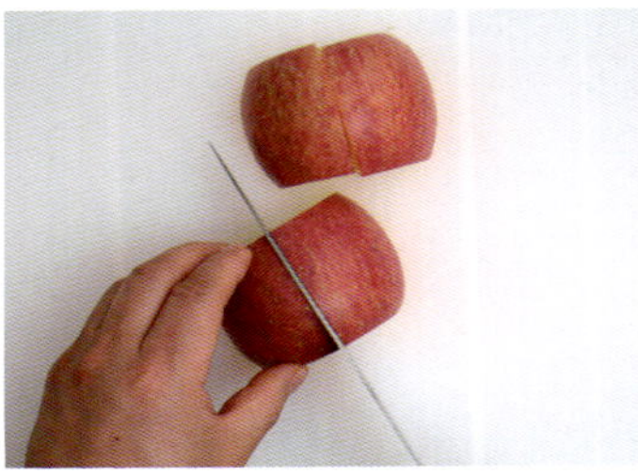

25. 절반으로 잘라준다.

26. 심을 제거한다.

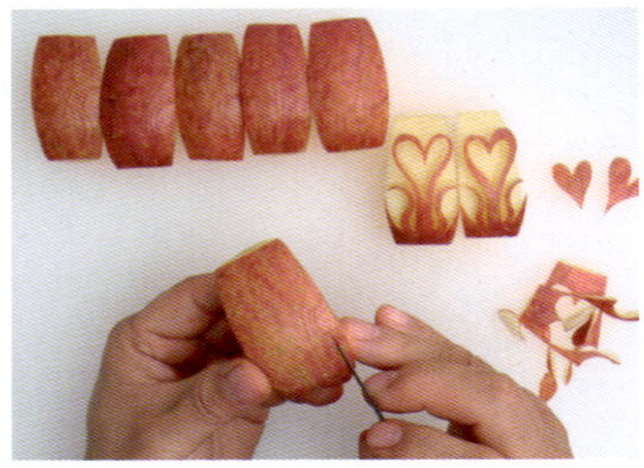

27. 사진과 같이 칼집을 내준다.

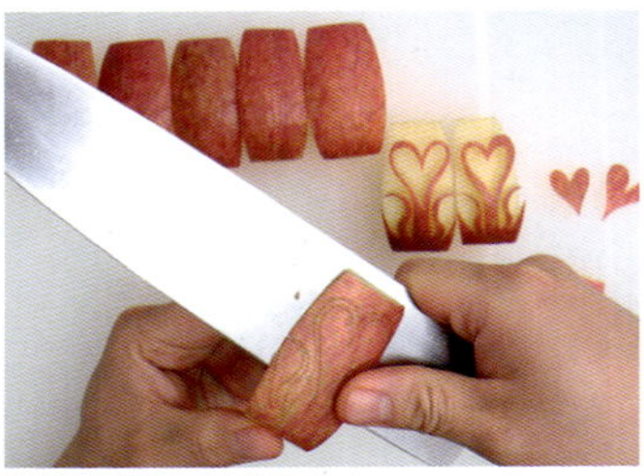

28. 아래부분을 약간 남겨두고 껍질을 벗겨낸다.

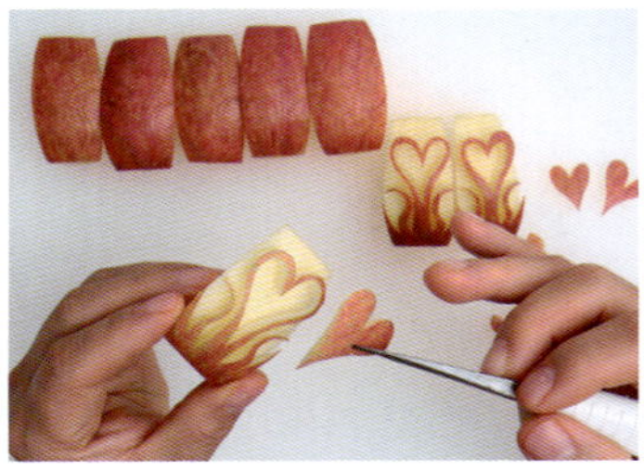

29. 안쪽 하트라인을 그려주고, 파낸다.

30. 수박을 절반으로 자른다.

31. 2등분 해준다.

32. 앞부분을 1cm 정도 자른다.

33. 양쪽 끝부분을 자른다.

34. 중간부분의 껍질을 살짝 잘라낸다.

35. 위에서 칼로 도려낸다.

36. 안쪽 부분에 칼을 살짝 넣어준다.

37. 위에서 칼로 도려낸다.

38. 동일한 방법으로 진행한다.

39. 사진과 같다.

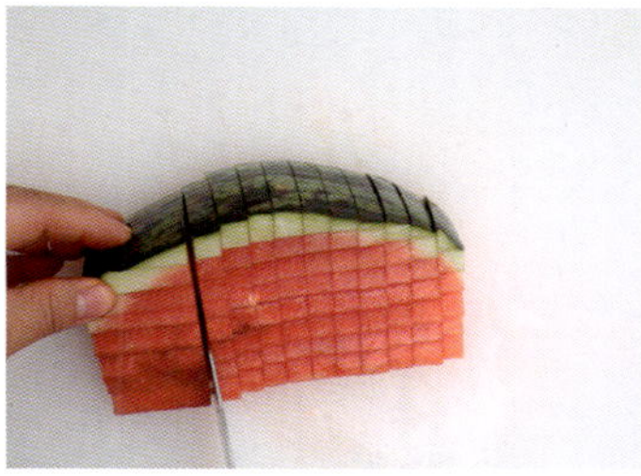

40. 일정한 두께로 잘라준다.

41. 완성한다.

42. 참외를 준비한다.

43. 샤토나이프로 사진과 같이 칼집을 넣어준다.

44. 사진과 같다.

45. 스쿱으로 속을 제거한다.

46. 사진과 같다.

47. 과육의 윗부분을 사진과 같이 정리한다.

48. 샤토나이프로 껍질에 1cm가량 더 들어가도록 칼집을 넣어준다.

49. 사진과 같다.

50. 과일을 담아준다.

1급 예제-작품12

1. 오렌지를 준비한다.

2. 양쪽 끝부분을 자른다.

3. 절반을 자른다.

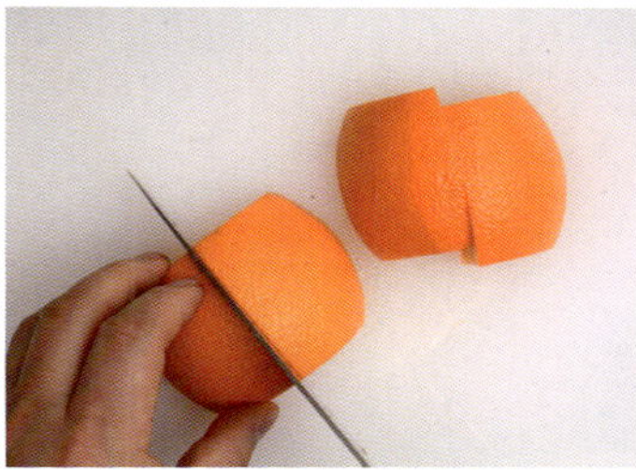
4. 4등분 해준다.

5. 8등분 해준다.

6. 심을 제거한다.

7. 껍질에 지그재그로 칼집을 넣어준다.

8. 칼집을 넣어준 껍질을 제거한다.

9. 키위를 준비한다.

10. 양쪽 끝부분을 자른다.

11. 껍질을 제거한다.

12. 톱니바퀴 모양으로 돌아가며 칼집을 넣어준다.

13. 사진과 같다.

14. 사과를 준비한다.

15. 양쪽 끝부분을 자른다.

16. 절반을 자른다.

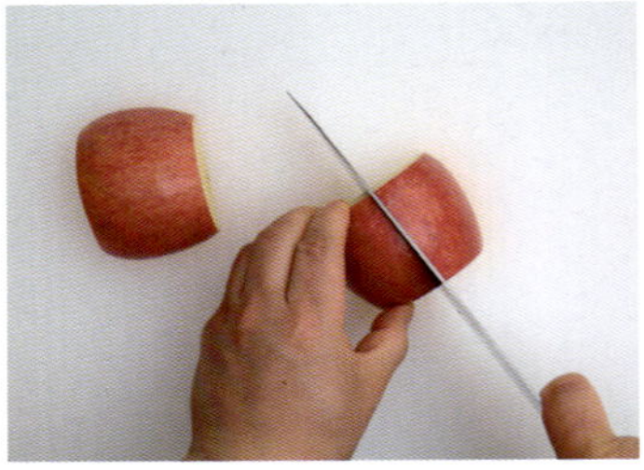

17. 절반으로 잘라준다.

18. 심을 제거한다.

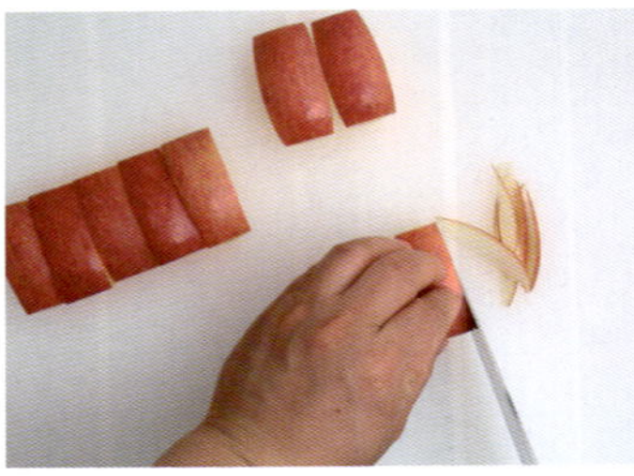

19. 둥근부분을 잘라낸다.

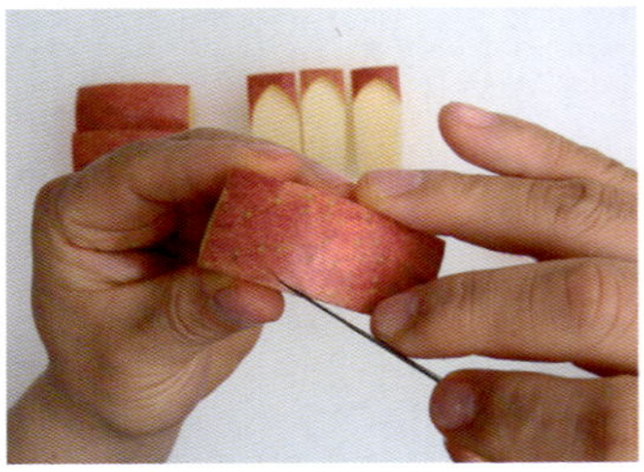

20. 칼집을 내준다.

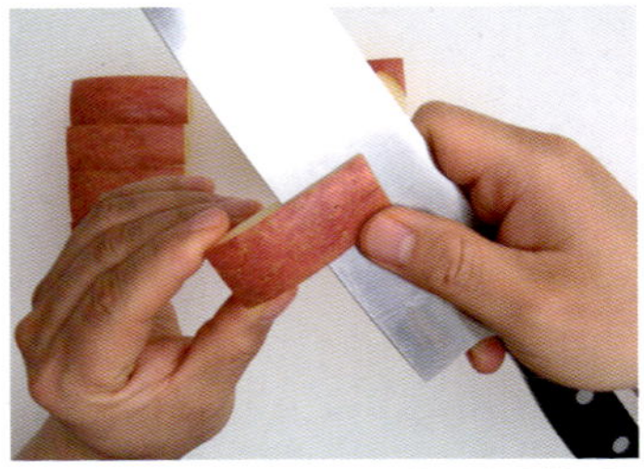

21. 사진과 같이 껍질을 제거한다.

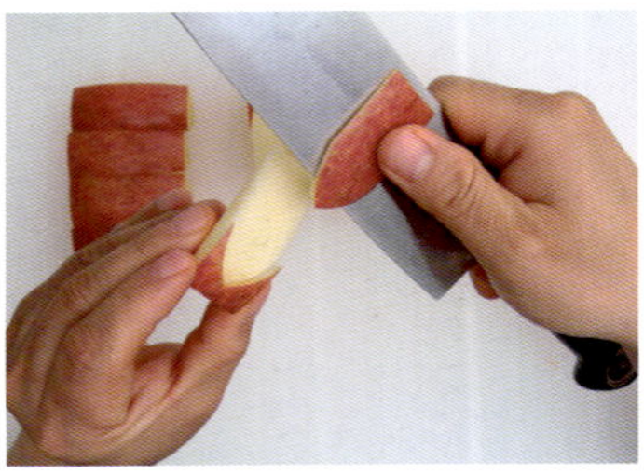

22. 사진과 같다.

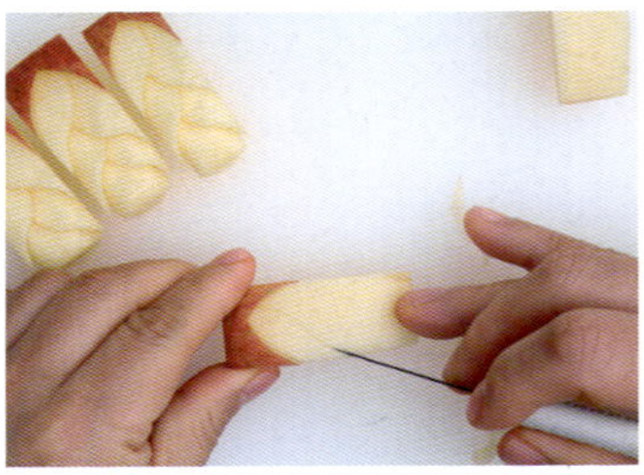

23. 칼을 세워서 곡선으로 칼집을 내준다.

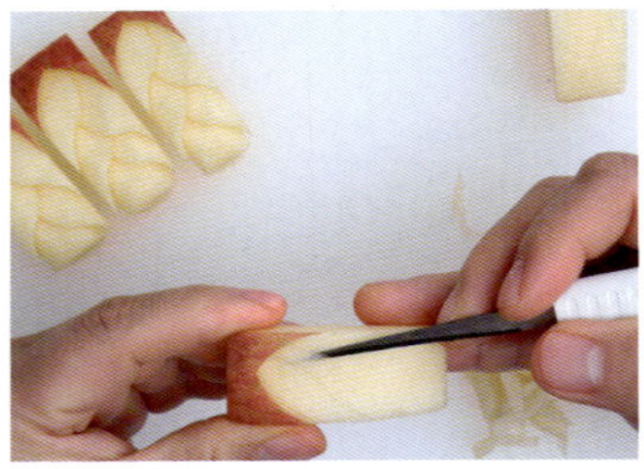

24. 사진과 같이 칼을 눕혀서 사과 속을 제거한다.

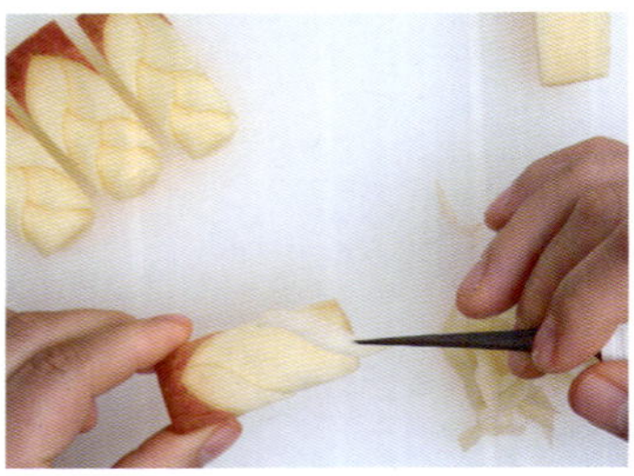

25. 사진과 같다.

26. 칼을 세워서 곡선으로 칼집을 내준다.

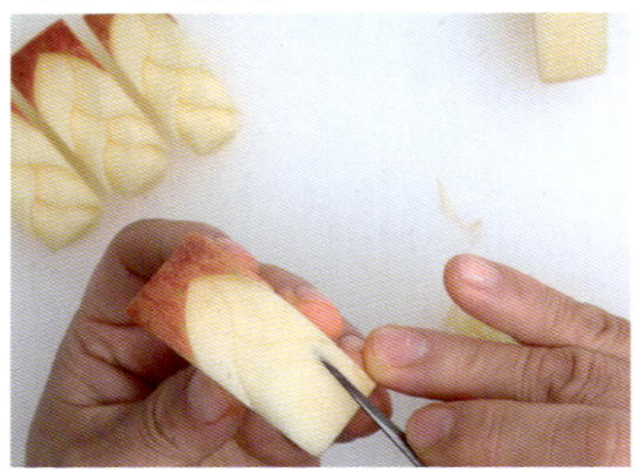

27. 칼을 눕혀서 사과 속을 제거한다.

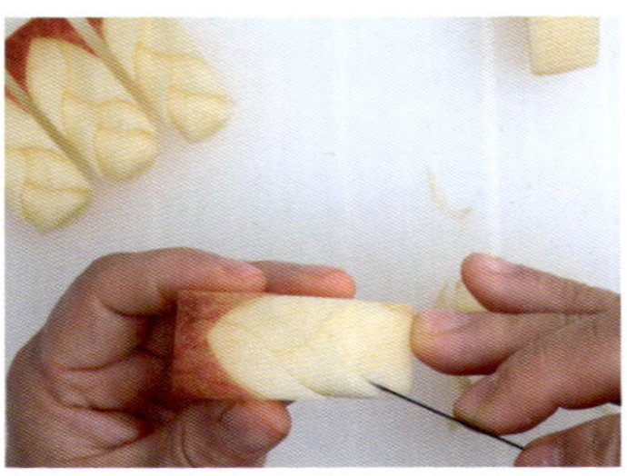

28. 칼을 세워서 곡선으로 칼집을 내준다.

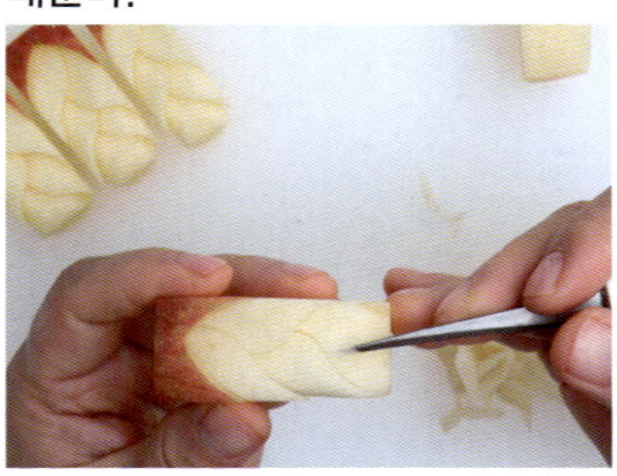

29. 칼을 눕혀서 사과 속을 제거한다.

30. 사진과 같다.

31. 수박을 절반으로 자른다.

32. 2등분 해준다.

33. 양쪽 끝부분을 자른다.

34. 앞부분을 1cm 정도 자른다.

35. 중간부분에 칼을 살짝 넣어준다.

36. 위에서 칼로 도려낸다.

37. 안쪽 부분에 칼을 살짝 넣어준다.

38. 위에서 칼로 도려낸다.

39. 동일한 방법으로 진행한다.

40. 사진과 같다.

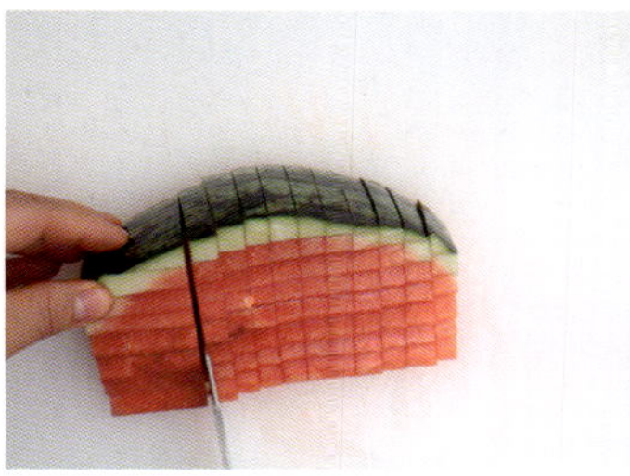

41. 일정한 두께로 잘라준다.

42. 완성한다.

1급 예제-작품13

1. 오렌지를 준비한다.

2. 양쪽 끝부분을 자른다.

3. 8등분 해준다.

4. 심을 제거한다.

5. 사진과 같다.

6. 배를 준비한다.

7. 양쪽 끝부분을 자른다.

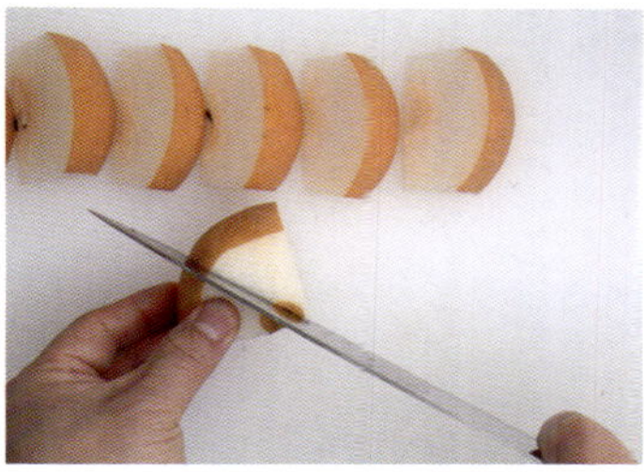
8. 8등분 해준다.

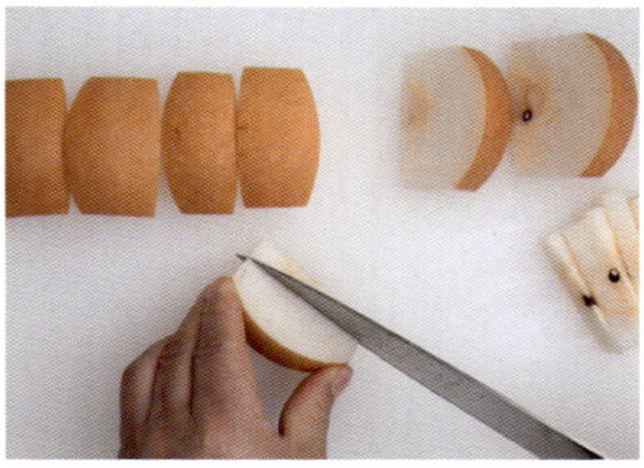
9. 심을 제거한다.

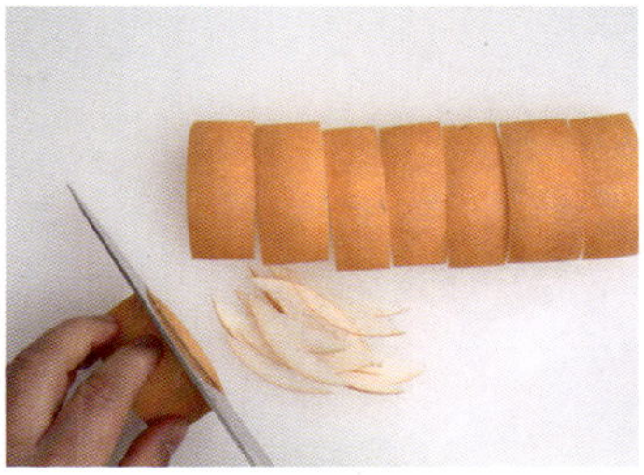
10. 둥근부분을 잘라낸다.

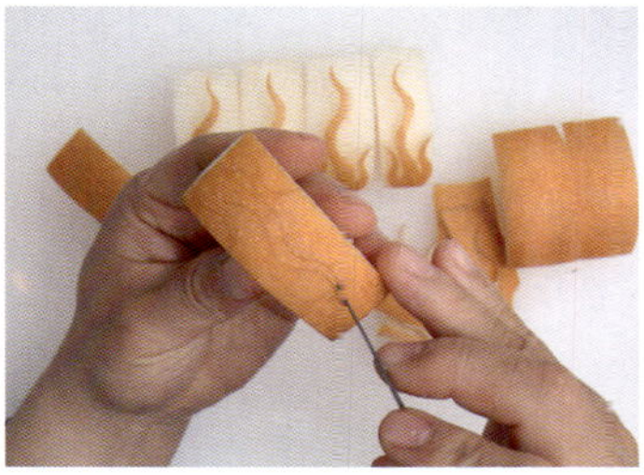
11. 사진과 같이 칼집을 넣어준다.

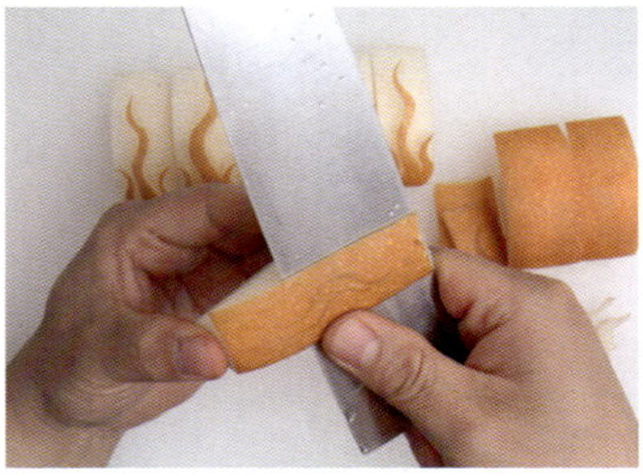
12. 껍질을 벗겨낸다.

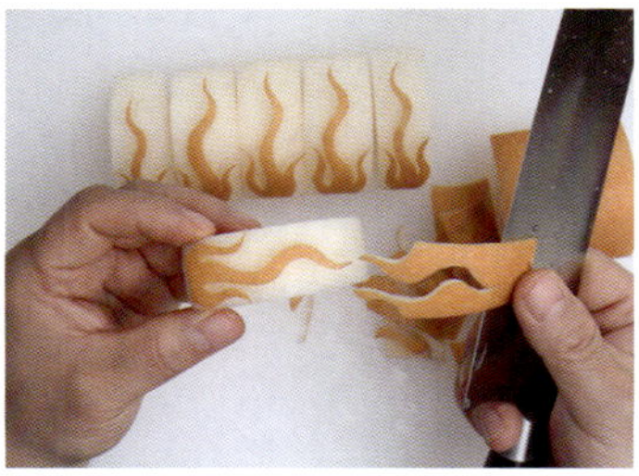
13. 사진과 같다.

14. 키위를 준비한다.

15. 양쪽 끝부분을 자른다.

16. 껍질을 제거한다.

17. 톱니바퀴 모양으로 돌아가며 칼집을 넣어준다.

18. 사진과 같다.

19. 사과를 준비한다.

20. 양쪽 끝부분을 자른다.

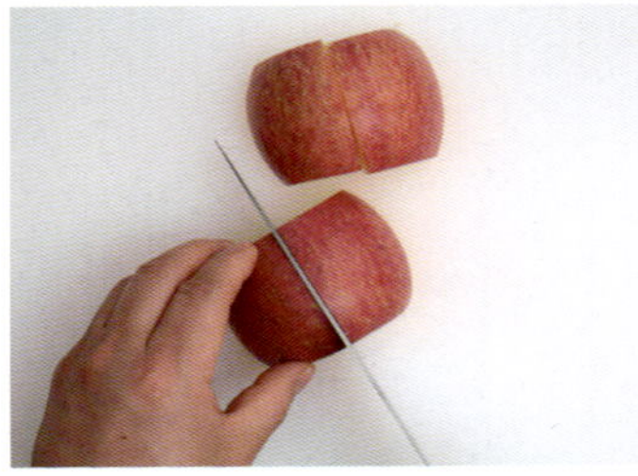

21. 8등분으로 잘라준다.

22. 심을 제거한다.

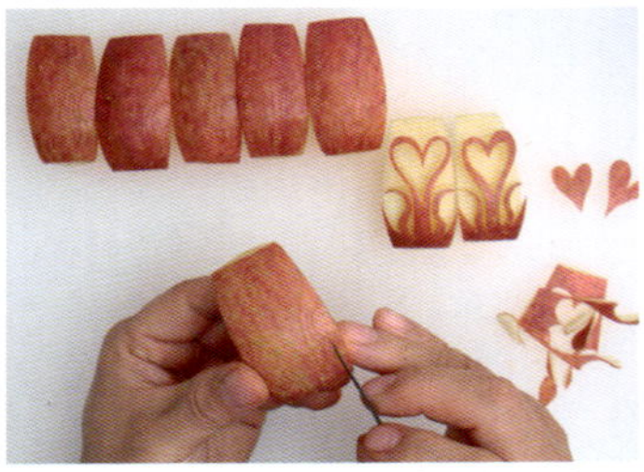

23. 사진과 같이 칼집을 내준다.

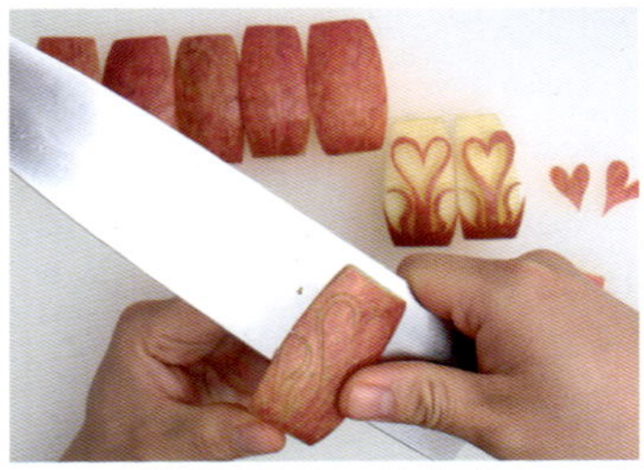

24. 아래부분을 약간 남겨두고 껍질을 벗겨낸다.

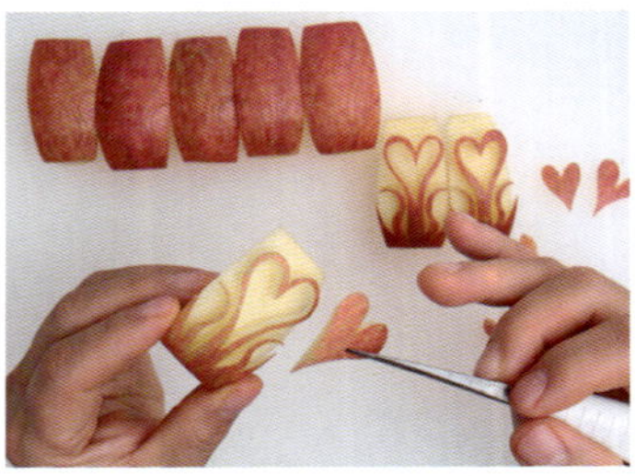

25. 안쪽 하트라인을 그려주고, 파낸다.

26. 수박을 절반으로 자른다.

27. 2등분 해준다.

28. 양쪽 끝부분을 자른다.

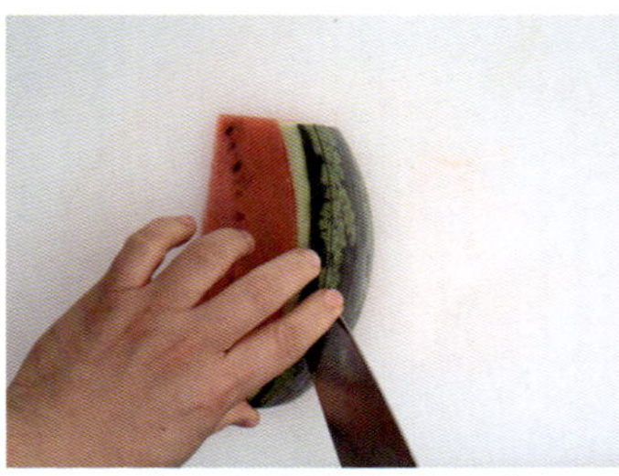

29. 사진처럼 흰살과 껍질의 1cm 정도 칼집을 살짝 넣어준다.

30. 사진과 같다.

31. 껍질부분에 약간 칼집을 내준다.

32. 껍질을 도려낸다.

33. 반대편도 흰살과 껍질의 1cm 정도 칼집을 살짝 넣어준다.

34. 사진과 같다.

35. 껍질을 도려낸다.

36. 사진과 같다.

37. 앞부분을 잘라준다.

38. 일정한 두께로 자른다.

39. 사선으로 배치한다.

1급 예제-작품14

1. 참외를 준비한다.

2. 샤토나이프로 사진과 같이 칼집을 넣어준다.

3. 사진과 같다.

4. 스쿱으로 속을 제거한다.

5. 사진과 같다.

6. 과육의 윗부분을 사진과 같이 정리한다.

7. 샤토나이프로 껍질에 1cm가량 더 들어가도록 칼집을 넣어준다.

8. 사진과 같다.

9. 과일을 담아준다.

10. 오렌지를 준비한다.

11. 양쪽 끝부분을 자른다.

12. 8등분 해준다.

13. 심을 제거한다.

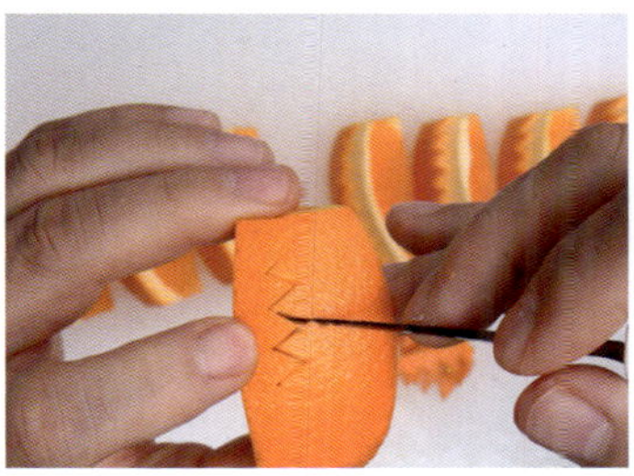

14. 껍질에 지그재그로 칼집을 넣어준다.

15. 칼집을 넣어준 껍질을 제거한다.

16. 수박을 절반으로 자른다.

17. 2등분 해준다.

18. 양쪽 끝부분을 자른다.

19. 앞부분을 1cm 정도 자른다.

20. 중간부분에 칼을 살짝 넣어준다.

21. 위에서 칼로 도려낸다.

22. 안쪽 부분에 칼을 살짝 넣어준다.

23. 위에서 칼로 도려낸다.

24. 동일한 방법으로 진행한다.

25. 사진과 같다.

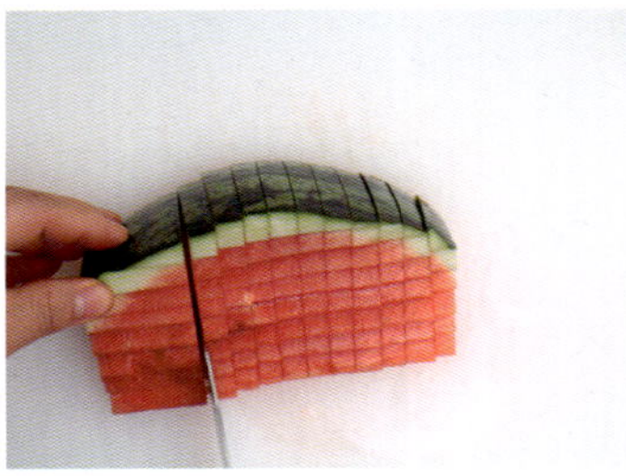
26. 일정한 두께로 잘라준다.

27. 완성한다.

28. 메론의 절반을 잘라 준비한다.

29. 4등분 해준다.

30. 8등분 해준다.

31. 16등분 해준다.

32. 사진과 같이 칼집을 넣어준다.

33. 껍질을 벗겨낸다.

34. 사진과 같이 고정시켜준다.

35. 4개의 메론에 동일한 모양을 완성한다.

36. 남은 메론조각에는 사진과 같이 칼집을 넣어준다.

37. 껍질을 벗겨낸다.

38. 사진과 같이 모양을 잡아준다.

1급 예제-작품15

1. 오렌지를 준비한다.

2. 양쪽 끝부분을 자른다.

3. 8등분 해준다.

4. 심을 제거한다.

5. 사진과 같다.

6. 수박을 절반으로 잘라준다.

7. 2등분 해준다.

8. 사진과 같다.

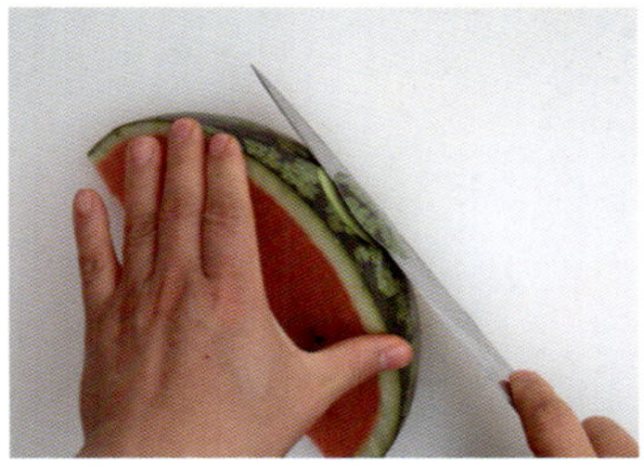

9. 중간부분의 껍질을 살짝 잘라 낸다.

10. V자로 칼집을 넣어준다.

11. 사진과 같다.

12. 양 옆을 잘라준다.

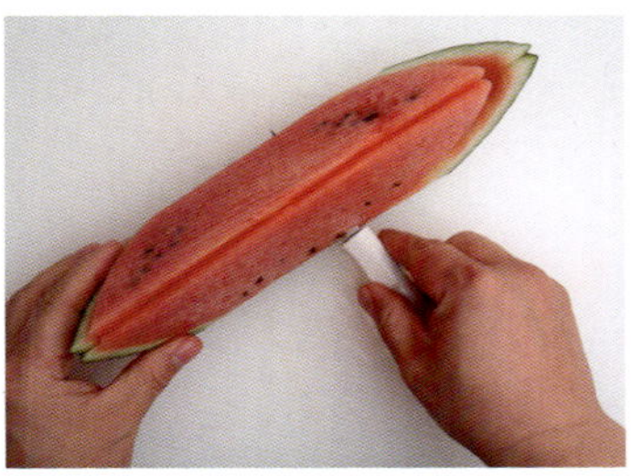

13. 껍질을 도려낸다.

14. 일정한 두께로 잘라준다.

15. 지그재그로 만들어준다.

16. 메론의 절반을 잘라 준비한다.

17. 8등분 해준다.

18. 16등분 해준다.

19. 사진과 같이 칼집을 넣어준다.

20. 껍질을 벗겨낸다.

21. 사진과 같이 고정시켜준다.

22. 사진과 같다.

23. 완성한다.

24. 메론의 씨를 제거한다.

25. 사진과 같다.

26. 2등분 해준다.

27. 샤토나이프로 사진과 같이 도려낸다.

28. 메론 모양대로 껍질 바로 위쪽으로 칼을 넣어 준다.

29. 위쪽에서 칼집을 넣어준다.

30. 지그재그로 만들어준다.

31. 사과를 준비한다.

32. 양쪽 끝부분을 자른다.

33. 8등분 해준다.

34. 심을 제거한다.

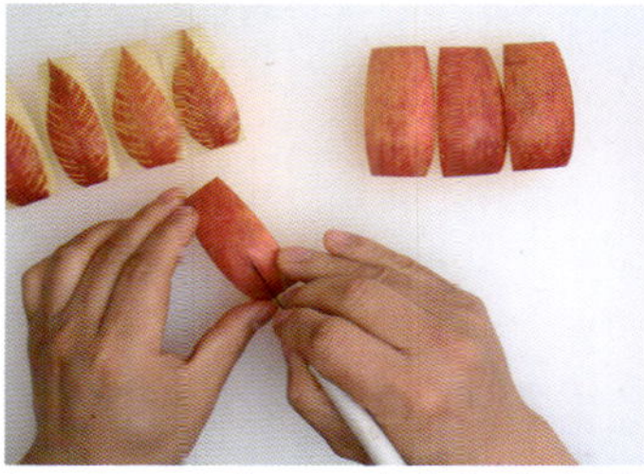

35. 샤토나이프로 사진과 같이 칼집을 넣어준다.

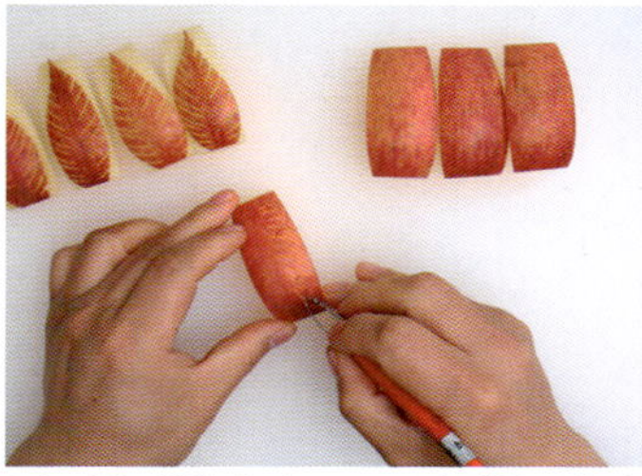

36. 풀카빙나이프로 칼집을 넣어준다.

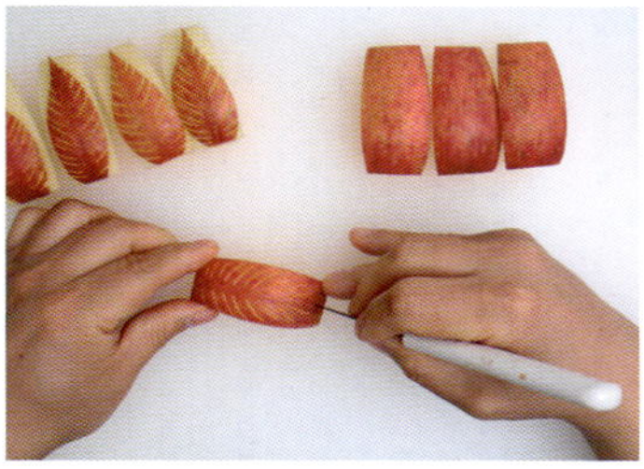

37. 샤토나이프로 칼집을 넣어준다.

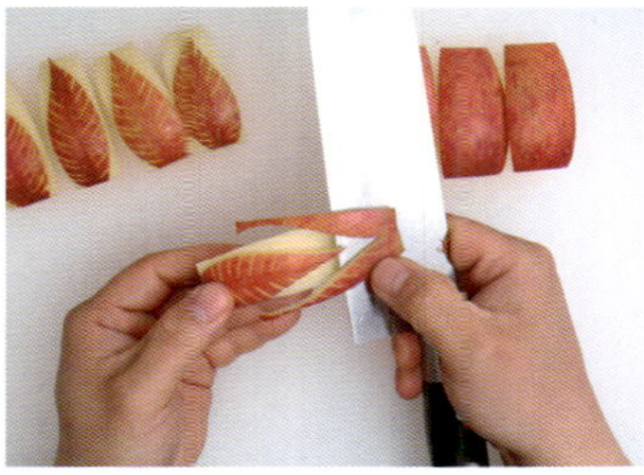

38. 칼로 윗부분을 벗겨낸다.

1급 예제-작품16

1. 오렌지를 준비한다.

2. 양쪽 끝부분을 자른다.

3. 8등분 해준다.

4. 심을 제거한다.

5. 수박을 절반으로 자른다.

6. 2등분 해준다.

7. 양쪽 끝부분을 자른다.

8. 사진처럼 흰살과 껍질의 1cm 정도 칼집을 살짝 넣어준다.

9. 사진과 같다.

10. 껍질부분에 약간 칼집을 내준다.

11. 껍질을 도려낸다.

12. 반대편도 흰살과 껍질의 1cm 정도 칼집을 살짝 넣어준다.

13. 사진과 같다.

14. 껍질을 도려낸다.

15. 사진과 같다.

16. 앞부분을 잘라준다.

17. 일정한 두께로 자른다.

18. 사선으로 배치한다.

19. 메론의 절반을 잘라 준비한다.

20. 8등분 해준다.

21. 16등분 해준다.

22. 사진과 같이 칼집을 넣어준다.

23. 껍질을 벗겨낸다.

24. 사진과 같이 고정시켜준다.

25. 사진과 같다.

26. 메론의 씨를 제거한다.

27. 2등분 해준다.

28. 샤토나이프로 사진과 같이 도려낸다.

29. 메론 모양대로 껍질 바로 위쪽으로 칼을 넣어 준다.

30. 위쪽에서 칼집을 넣어준다.

31. 지그재그로 만들어준다.

32. 사과를 준비하여 양쪽 끝부분을 자른다.

33. 8등분 해준다.

34. 심을 제거한다.

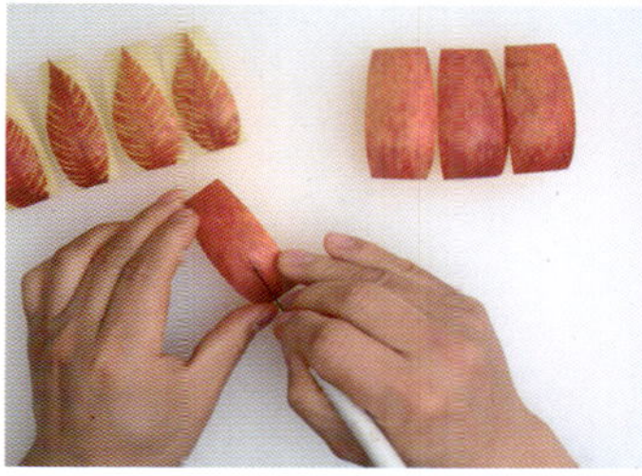

35. 샤토나이프로 사진과 같이 칼집을 넣어준다.

36. 풀카빙나이프로 칼집을 넣어준다.

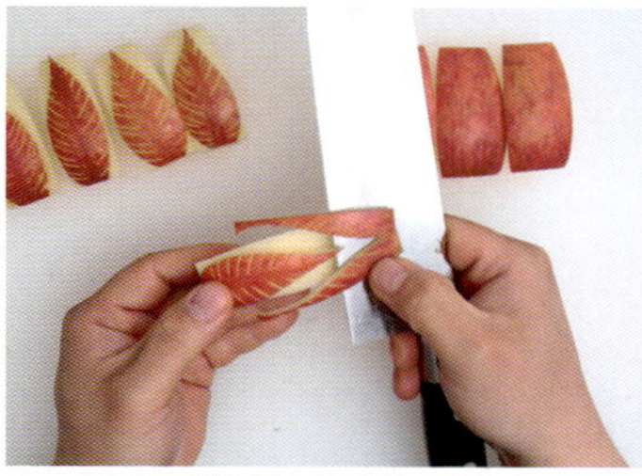

37. 칼로 윗부분을 벗겨낸다.

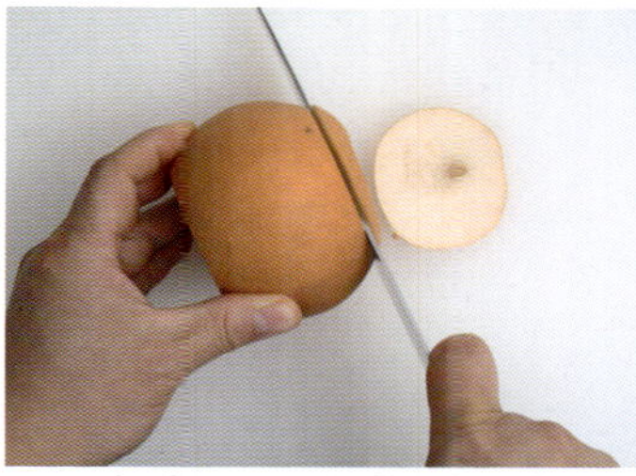

38. 배 양쪽 끝부분을 자른다.

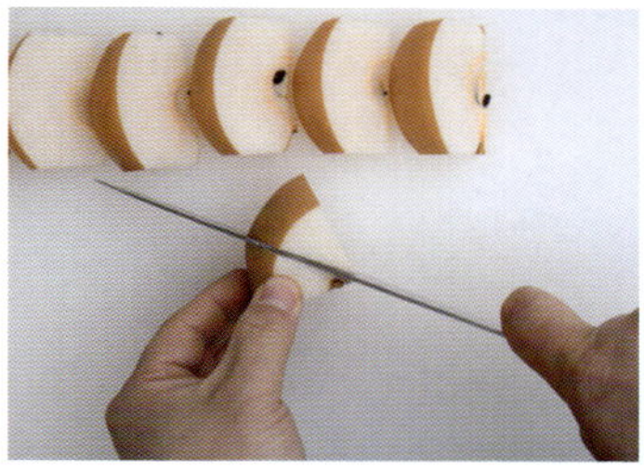

39. 8등분 해준다.

40. 심을 제거한다.

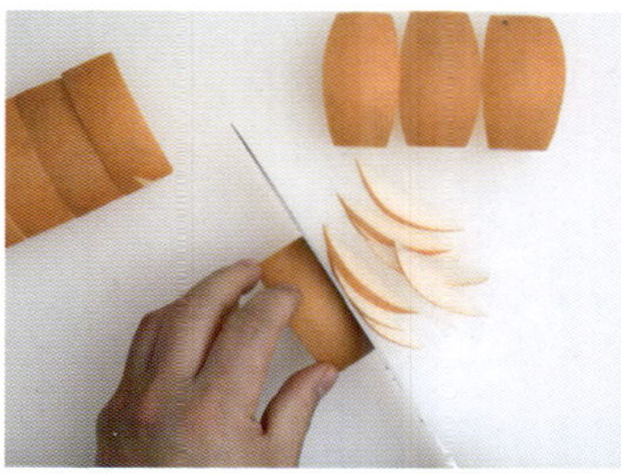

41. 둥근부분을 잘라낸다.

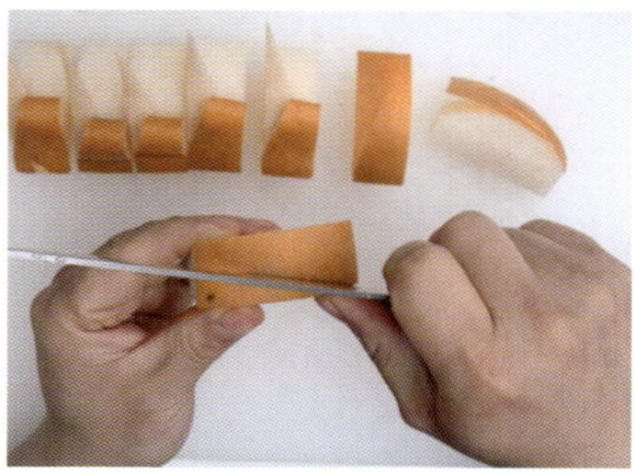

42. 사진과 같이 사이드쪽으로 칼을 넣어준다.

43. 껍질 부분에 사진과 같이 끝부분 1cm가량 남겨두고 칼을 넣어 준다.

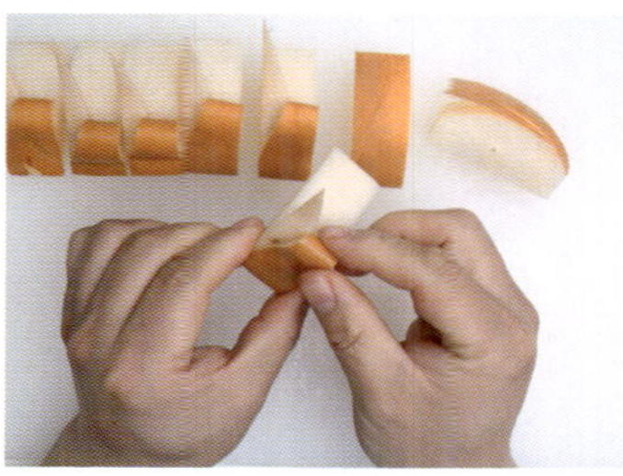

44. 사진처럼 끝부분을 안으로 접어준다.

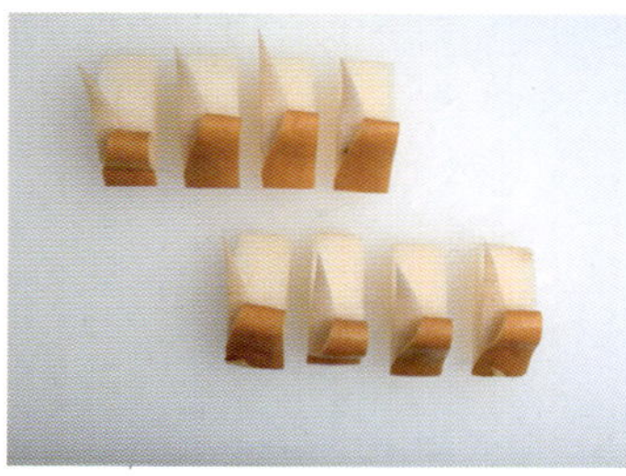

45. 사진과 같다.

1급 예제-작품17

1. 배를 준비한다.

2. 배의 양쪽 끝부분을 제거한다.

3. 일정한 크기로 8등분 한다.

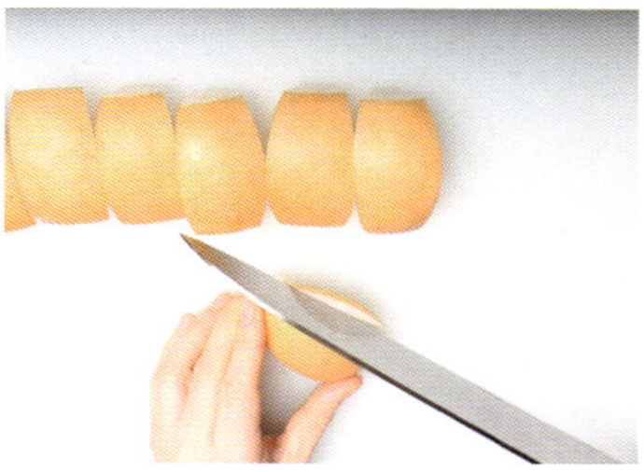

4. 배 조각 양끝 둥근부분을 일자로 제거한다.

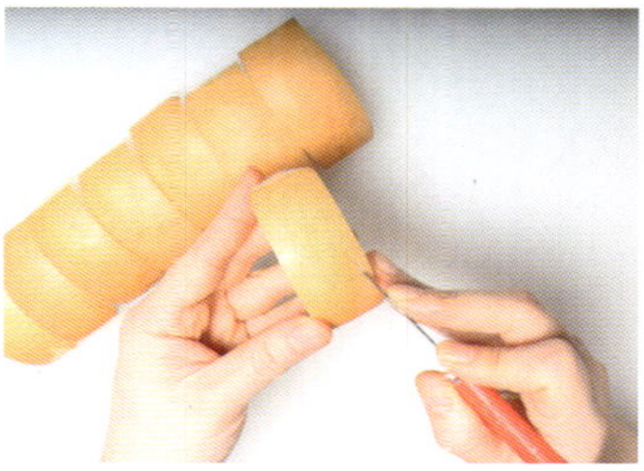

5. 사진과 같이 양쪽에 라인을 넣는다.

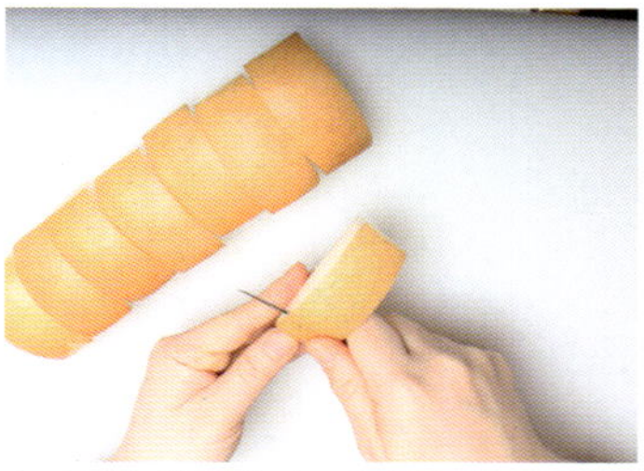

6. 위쪽에서부터 껍질을 제거한다.

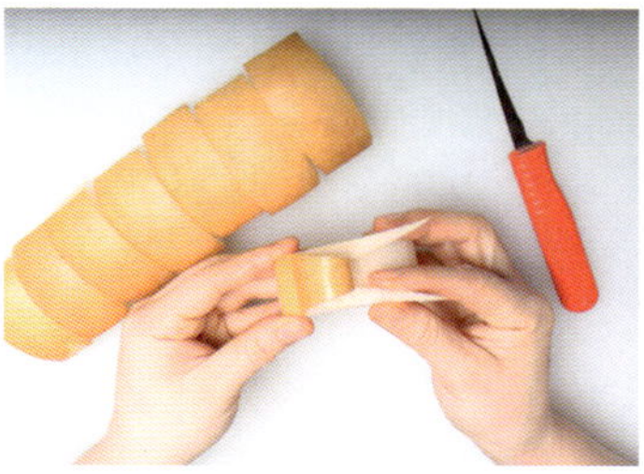

7. 껍질을 말아넣어 고정시킨다.

8. 파인애플을 준비한다.

9. 윗부분을 잘라준다.

10. 반대편도 잘라준다.

11. 돌려가며 껍질을 벗겨낸다.

12. 8등분 해준다.

13. 일정한 두께로 잘라준다.

14. 파인애플을 준비한다.

15. 줄기부분을 다듬는다.

16. 사진과 같다.

17. 8등분 해준다.

18. 사진과 같이 칼집을 넣어준다.

19. 중앙부분을 잘라낸다.

20. 일정한 두께로 잘라준다.

21. 지그재그로 만들어준다.

22. 수박의 4분의 1등분을 준비한다.

23. 2등분 해준다.

24. 양쪽 끝부분을 잘라준다.

25. 껍질의 시작점을 따라 칸집을 내준다.

26. 껍질의 1cm 정도 칼집을 내준다.

27. 사진과 같다.

28. 두번째 껍질의 0.5cm 정도 칼집을 내준다.

29. 껍질을 벗겨낸다.

30. 사진과 같이 잘라준다.

31. 일정한 두께로 잘라준다.

1급 예제-작품18

1. 배를 준비한다.

2. 양쪽 끝부분을 자른다.

3. 8등분 해준다.

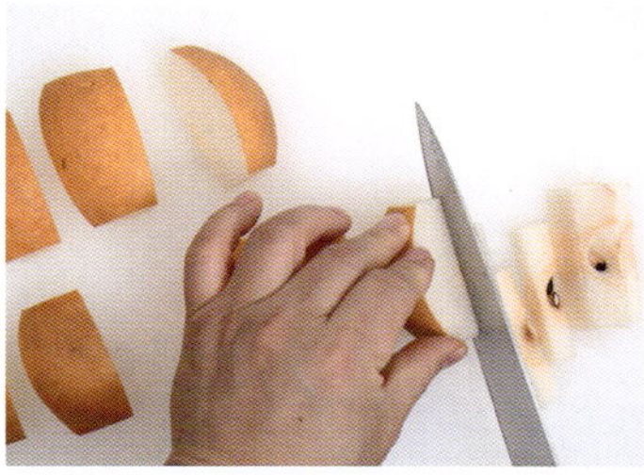
4. 심을 제거한다.

5. 둥근부분을 잘라낸다.

6. 사진과 같이 칼집을 넣어준다.

7. 사진과 같이 끝부분을 남겨두고 칼을 넣어 준다.

8. 껍질을 세워 고정한다.

9. 바나나를 준비한다.

10. 사진과 같이 껍질의 3분의 1부분에 칼집을 넣어준다.

11. 사진과 같이 칼집을 넣어준다.

12. 둥글게 말아 고정한다.

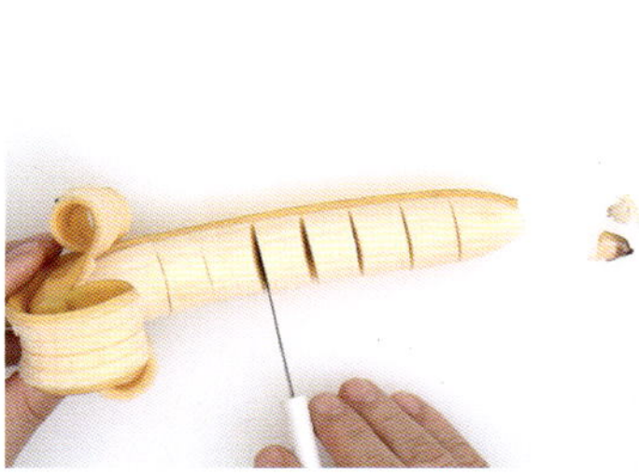
13. 속살을 잘라준다.

14. 완성한다.

15. 수박의 4분의 1등분을 준비한다.

16. 2등분 해준다.

17. 양쪽 끝부분을 잘라준다.

18. 껍질의 시작점을 따라 칼집을 내준다.

19. 껍질의 1cm 정도 칼집을 내준다.

20. 사진과 같다.

21. 두번째 껍질의 0.5cm 정도 칼집을 내준다.

22. 껍질을 벗겨낸다.

23. 사진과 같이 잘라준다.

24. 일정한 두께로 잘라준다.

25. 파인애플을 준비한다.

26. 줄기부분을 다듬는다.

27. 사진과 같다.

28. 8등분 해준다.

29. 사진과 같이 칼집을 넣어준다.

30. 중앙부분을 잘라낸다.

31. 일정한 두께로 잘라준다.

32. 지그재그로 만들어준다.

1급 예제-작품19

1. 수박을 절반으로 자른다.

2. 2등분 해준다.

3. 양쪽 끝부분을 자른다.

4. 껍질의 시작점을 따라 칼집을 내준다.

5. 사진처럼 흰살과 껍질의 1cm 정도 칼집을 살짝 넣어준다.

6. 떨어지는 껍질을 떼어낸다.

7. 일정한 두께로 잘라준다.

8. 재료와 도구를 준비한다.

9. 사과의 윗부분을 잘라낸다.

10. 사과의 아래부분을 살짝 잘라 낸다.

11. 스쿱으로 과육을 예쁘게 파내 준다.

12. 사진과 같다.

13. 과육을 제거한 사과 볼 안쪽을 샤토나이프로 정리한다.

14. 제거했던 사과 위쪽을 꽃잎라인으로 잘라준다.

15. 꽃잎 안쪽으로 작은 V자 라인을 넣어준다.

16. 사진과 같이 칼을 눕혀서 파내준다.

17. 사과 볼 안쪽으로 스쿱으로 파냈던 사과를 다시 넣어준다.

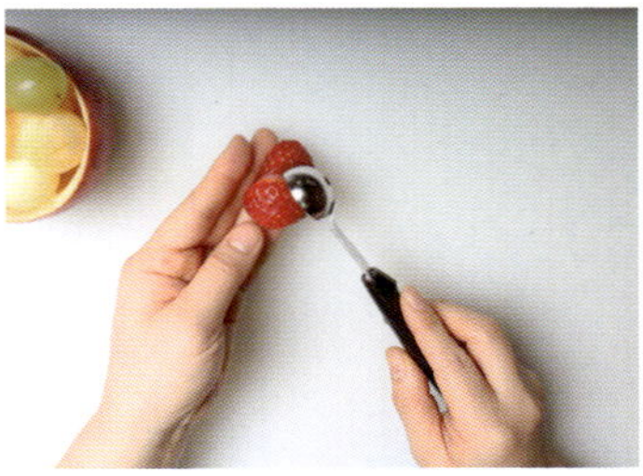

18. 딸기 등의 과일은 스쿱으로 동그랗게 파내어 넣어준다.

19. 사진과 같다.

20. 이쑤시개를 꽂아 사과볼에 꽂아준다.

21. 빈 부분은 파슬리로 데코해준다.

22. 메론과 도구를 준비한다.

23. 가로로 절반 자르고, 세로로 절반 자른다.

24. 일정한 크기로 8등분 해준다.

25. 칼을 눕혀 씨 부분을 매끄럽게 제거한다.

26. 바르게 세워지도록 아랫부분을 사선으로 잘라낸다.

27. 껍질부분에 사진과 같은 라인을 넣는다.

28. 위쪽에서부터 껍질을 제거한다.

29. 사진과 같이 양쪽 껍질을 안쪽으로 말아 넣어준다.

30. 모두 동일하게 만들어준다.

31. 사과를 준비한다.

32. 양쪽 끝부분을 자른다.

33. 절반을 자른다.

34. 절반으로 잘라준다.

35. 절반으로 자른다.

36. 심을 제거한다.

37. 둥근부분을 잘라낸다.

38. 사과 껍질 부분의 X자로 칼집을 넣어준다.

39. 칼집을 넣을때 너무 깊지 않을정도로 넣어준다.

40. 양쪽에 칼집을 넣어 파내준다.

41. 갈변방지를 위해 오렌지주스에 담가둔다.

42. 사과를 준비한다.

43. 양쪽 끝부분을 자른다.

44. 일정한 크기로 8등분한다.

45. 씨가 있는 부분을 일자로 제거해준다.

46. 사과조각 양끝 둥근부분을 일자로 제거한다.

47. 사과 한 조각에 대각선으로 칼집을 넣는다.

48. 사과 한 조각에 반대쪽 대각선으로도 칼집을 넣는다.

49. 칼을 세워 라인을 따라 선을 넣는다.

50. 칼을 눕혀 라인을 제거하고 껍질을 제거한다. 그 후 오렌지주스에 코팅한다.

51. 방울토마토는 꼭지와 함께 끝부분을 일자로 잘라낸다.

제 11장
과일플레이팅 마스터 예제

생신 축하드립니다

마스터 예제-메론1

1. 메론을 준비한다.

2. 연필토 드로잉을 해준다.

3. 샤토나이프로 드로잉을 따라 라인을 넣는다.

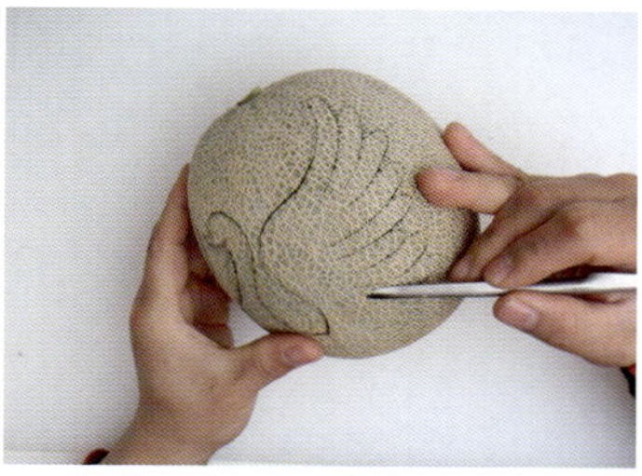

4. 스텐조각도로 날개를 드로잉 해준다.

5. 사진과 같이 해준다.

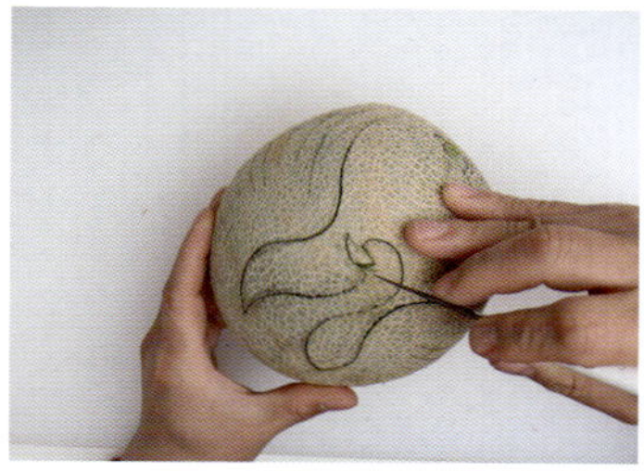

6. 부리 부분을 파내준다.

7. 얼굴 아래부분을 파내준다.

8. 얼굴을 드로잉 해준다.

9. 샤토나이프를 살짝 눕혀 떨어지는 조각을 제거한다.

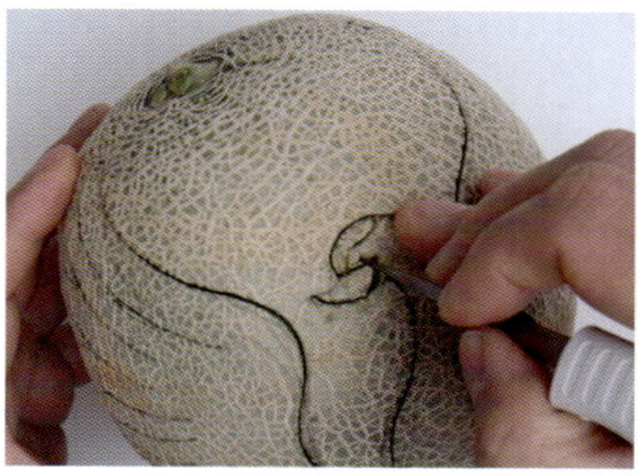

10. 눈을 그려준다.

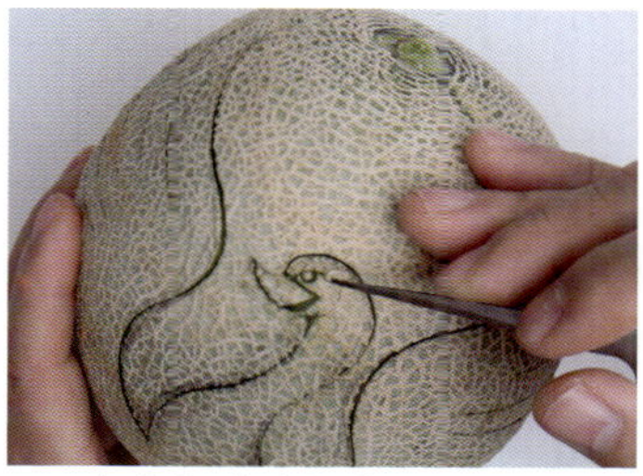

11. 사진과 같이 눈을 파내준다.

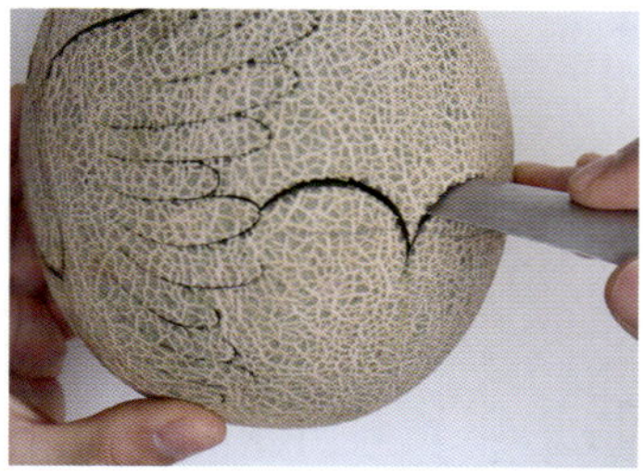

12. 칼로 깊게 넣어 칼집을 내준다.

13. 날개부분도 칼집을 내준다.

14. 사진과 같이 분리한다.

15. 스쿱으로 속을 파낸다.

16. 사진과 같다.

17. 속 정리 후 모습

18. 스쿱으로 과육을 파낸다.

19. 과육을 그릇에 담는다.

20. 샤토나이프로 껍질의 과육을 제거한다.

21. 날개 라인을 따라 껍질을 제거한다.

22. 칼을 눕혀 날개 아래쪽이 드러나도록 파내준다.

23. 완성한다.

24. 과일을 담는다.

마스터 예제-메론2

1. 메론을 준비한다.

2. 원형커터를 이용하여 원형을 찍어준다.

3. 칼로 한번 더 그려준다.

4. 45도 각도로 둥글게 파내준다.

5. 사진과 같다.

6. 원형 안쪽으로 센터봉오리 라인을 그린다.

7. 칼을 눕혀 라인이 드러나도록 파내준다.

8. 사진과 같다.

9. 두번째 곡선라인을 겹치게 그려준다.

10. 사진과 같다.

11. 반대편도 칼집을 내고 파내준다.

12. 원형 바깥쪽에 사진과 같이 라인을 넣는다.

13. 칼을 살짝 눕혀 바깥쪽을 파낸다.

14. 사진과 같다.

15. 사진과 같이 둥글게 칼집을 내고 파내준다.

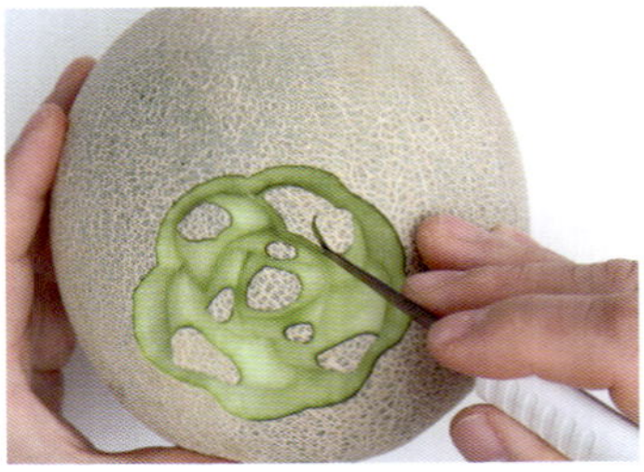

16. 칼을 눕혀 꽃잎의 모서리를 정리한다.

17. 칼을 눕혀 꽃잎라인이 뒤집어진 모양으로 파내준다.

18. 원형 센터봉오리 안쪽을 정리한다.

19. 꽃잎을 그려준다.

20. 샤토나이프를 눕혀 꽃 주위를 둥글게 파내준다.

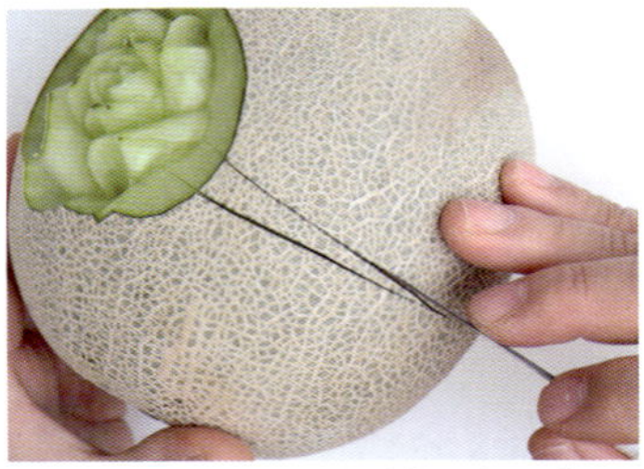

21. 사진과 같이 칼집을 내준다.

22. 사진과 같이 물방울 모양으로 칼집을 내어 파낸다.

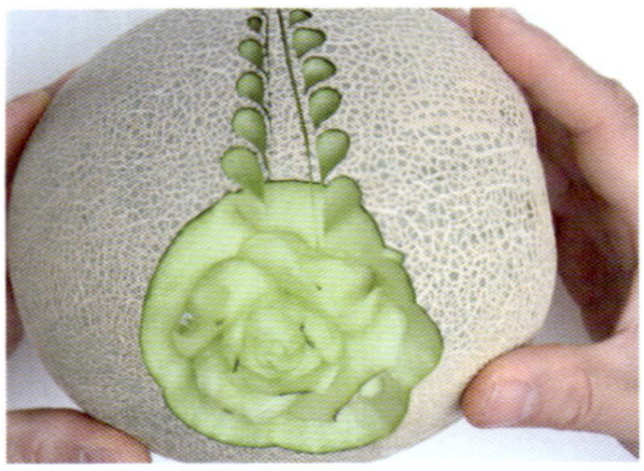

23. 사진과 같다.

24. 물방울 라인을 따라 칼집을 내준다.

25. 큰 꽃잎 모양으로 칼집을 내준다.

26. 반대편도 칼집을 내준다.

27. 라인이 드러나도록 파내준다.

28. 꽃잎의 모서리를 제거한다.

29. 사진과 같다.

30. 사진과 같이 칼을 눕혀 껍질을 제거한다.

31. 반대편도 사진과 같이 껍질을 제거한다.

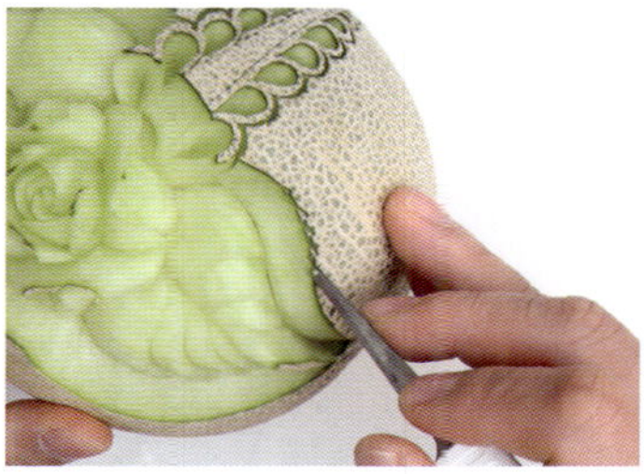

32. 샤토나이프로 톱니모양 꽃잎을 파내준다.

33. 사진과 같다.

34. 양 쪽 동일하게 작업해준다.

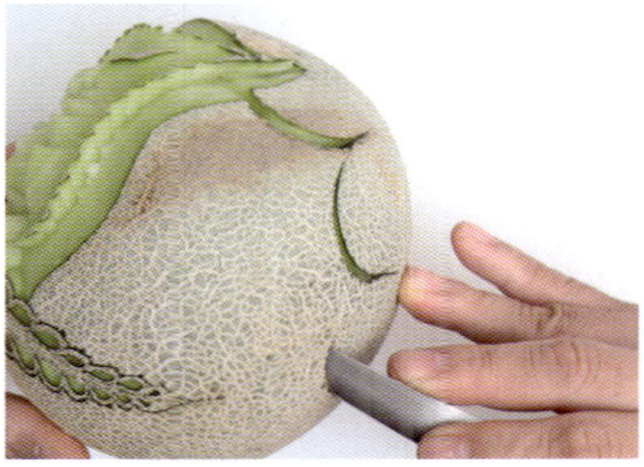

35. 칼로 모양내준다.

36. 메론을 분리한다.

37. 속을 스쿱으로 파낸다.

38. 완성한다.

39. 과일을 담는다.

마스터 예제-메론3

1. 메론을 준비한다.

2. 원형커터로 중앙에 원을 표시한다.

3. 라인을 따라 샤토나이프를 넣어준다.

4. 45도 각도로 원형 주변을 파내준다.

5. 사진과 같다.

6. 꽃잎 라인을 그려넣는다.

7. 라인을 파내준다.

8. 동일한 방법으로 라인을 그리며 칼을 눕혀 파내준다.

9. 반복작업한다.

10. 칼을 눕혀 꽃잎 라인 바깥쪽을 제거한다.

11. 동일한 방법으로 파내주고 꽃잎을 그려준다.

12. 추가로 동일한 방법으로 파내주고 꽃잎을 그려준다.

13. 동일하게 작업 후 꽃잎을 그려준다.

14. 반대편도 꽃잎라인을 그리고 파내준다.

15. 큰 꽃잎 라인을 그려준다.

16. 풀카빙나이프로 나뭇잎 모양을 그려준다.

17. 아래쪽도 나뭇잎을 그릴 자리를 정리해준다.

18. 풀카빙나이프를 깊게 넣어 파내준다.

19. 잎과 잎사이를 파내준다.

20. 나뭇잎 라인을 따라 모양 내준다.

21. 풀카빙나이프로 나뭇잎을 새겨준다.

22. 센터봉오리를 만들기 위해 샤토나이프를 눕혀 파내준다.

23. 칼을 세워 그리고, 눕혀서 파내고를 반복한다.

24. 사진과 같다.

25. 칼을 바깥쪽에서 눕혀 라인을 그려준다.

26. 안쪽에서 칼을 눕혀 제거한다.

27. 사진과 같이 완성한다.

28. 나뭇잎 아래쪽을 칼로 파내준다.

29. 뾰족한 나뭇잎 모양을 그린다.

30. 풀카빙나이프로 나뭇잎안쪽을 파내준다.

31. 칼을 깊게 넣고 파내어 모양내준다.

32. 사진과 같이 샤토나이프를 눕혀 파내준다.

33. 사진과 같다.

34. 동일하게 나뭇잎 모양을 새겨준다.

35. 조각도를 깊게 넣어 칼집을 내준다.

36. 메론을 분리한다.

37. 나뭇잎 라인을 따라 그려주고 샤토나이프를 눕혀 파낸다.

38. 사진과 같다.

39. 사진과 같다.

40. 속을 파내준다.

41. 속을 파내준다.

42. 완성한다.

43. 과일을 담는다.

마스터 예제-수박1

1. 수박을 준비한다.

2. 원형커터를 이용하여 원라인을 찍어준다.

3. 샤토나이프를 이용하여 원 라인 대로 칼을 넣어준다.

4. 45도 각도로 원 안쪽 라인을 파내준다.

5. 사진과 같이 파내준다.

6. 샤토나이프를 이용하여 꽃잎 라인을 그려준다.

7. 라인을 그릴때에는 샤토나이프를 세워서 그리고, 파낼때는 최대한 눕힌다.

8. 사진과 같이 완성한다.

9. 꽃잎 그려줘야할 공간을 파내준다.

10. 파낸 부분에 샤토나이프를 세워 꽃잎을 그려준다.

11. 첫번째 꽃잎에 이어 두번째 꽃잎그려줄 부분을 파내준다.

12. 다음 층에서는 넓은 꽃잎 라인을 만들어준다.

13. 칼을 세워 라인을 그리고, 칼을 눕혀 파내준다.

14. 꽃잎에 바짝 붙여 원형커터로 새로운 센터 봉오리를 만들어준다.

15. 같은 방법으로 샤토나이프를 똑바로 세워 그려준다.

16. 45도 각도로 안쪽 라인을 파내준다.

17. 센터봉오리는 둥근 형태로 만들어주셔야합니다.

18. 센터봉오리 라인을 그려준다.

19. 같은 방법으로 센터봉오리를 3개 만들어준다.

20. 사진과 같이 완성한다.

21. 사이드 부분을 파내준다.

22. 줄기를 그려준다.

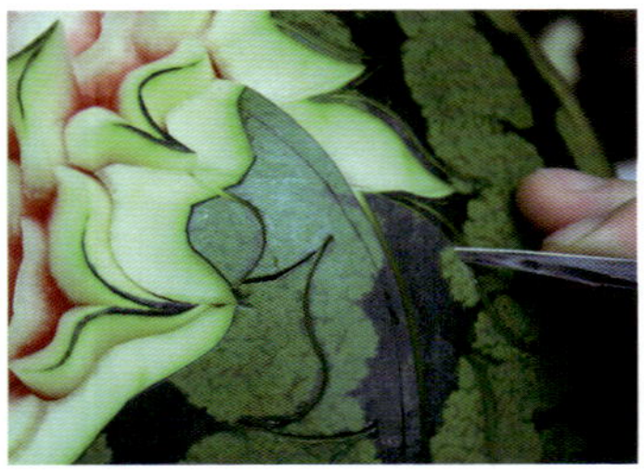

23. 줄기 안쪽을 파내어준다.

24. 5개 꽃잎 모양을 그려주고 파내어준다.

25. 바깥쪽 부분을 파내어준다.

26. 윗쪽 부분을 파내기 위 칼을 깊게 넣어준다.

27. 큰 칼로 자를수 있는부분까지만 껍질을 제거해준다.

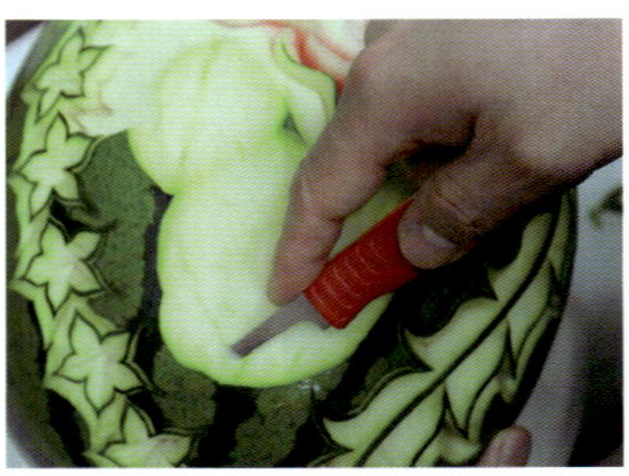

28. 샤토나이프로 남은 껍질 부분을 모두 제거한다.

29. 사진과 같이 붉은색 살이 보일 정도까지 파내준다.

30. 스쿱으로 볼을 파내어준다.

31. 안쪽은 깨끗이 정리해준다.

32. 사과를 준비한다.

33. 사과는 스쿱을 이용해서 파내준다.

34. 배를 준비한다.

35. 배는 스쿱을 이용하여 볼을 만들어준다.

36. 키위를 준비한다.

37. 스쿱을 이용하여 볼을 만들어준다.

38. 완성한다.

마스터 예제-수박2

1. 수박을 사진과 같이 자른다.

2. 작은 수박에 원형커터를 이용하여 원 모양을 표시한다.

3. 원 모양 사이사이에 홈을 파낸다.

4. 과육과 수박 껍질을 분리하는 선을 넣는다.

5. 사진과 같이 떨어지는 조각을 제거한다.

6. 사진과 같은 무늬로 원 안쪽을 정리해준다.

7. 무늬 안쪽에도 라인을 넣는다.

8. 라인 안쪽 수박껍질을 파낸다.

9. 원 바깥쪽 라인을 넣는다.

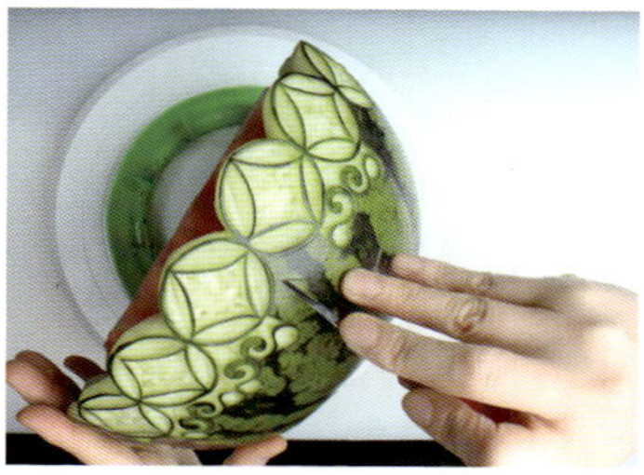

10. 원 사이에 홈을 파낸다.

11. 사진과 같은 무늬를 넣어준다.

12. 떨어지는 조각을 제거하며 라인을 그려준다.

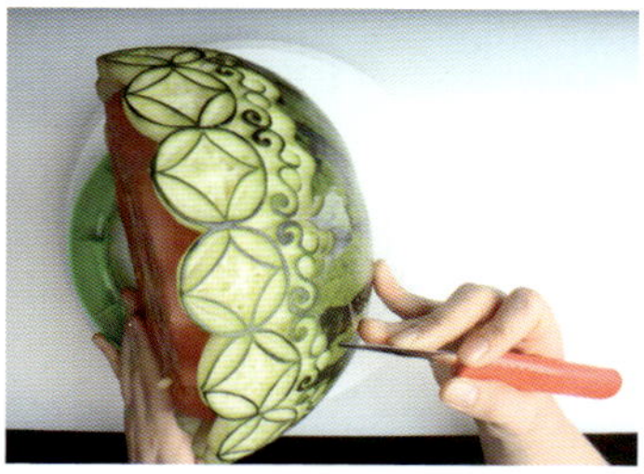

13. 아래쪽 껍질을 제거하여 라인을 드러낸다.

14. 수박 과육은 스쿱으로 동그랗게 파낸다.

15. 속을 파내고, 다른 다양한 과일들과 함께 속을 채워넣는다.

16. 수박껍질에 나비도안을 붙이고 라인을 따라 선을 넣는다.

17. 사진과 같다.

18. 필요없는 부분을 제거하고, 속부분에도 칼을 넣어 껍질을 제거한다.

19. 나비를 완성한다.

20. 완성한다.

마스터 예제-수박3

1. 수박을 사진과 같이 자른다.

2. 작은 수박에 원형커터를 이용하여 원 모양을 표시한다.

3. 표시한 원 모양 안쪽에 스텐조각도를 이용해 별 모양으로 파낸다.

4. 파낸 안쪽을 샤토나이프로 한 번 더 정리해준다.

5. 삼각스텐조각도로 깊게 파내어 무늬를 낸다.

6. 칼을 세워 바깥쪽 라인을 넣는다.

7. 라인이 드러나도록 칼을 눕혀 파낸다.

8. 위쪽 껍질도 제거한다.

9. 사진과 같이 꽃잎라인으로 파낸다.

10. 파내준 곳 위에 톱니 꽃잎라인을 넣어준다.

11. 라인 아래쪽을 파내준다.

12. 별 무늬에 따라서 위쪽 껍질도 파내준다.

13. 안쪽 과육은 스쿱으로 파내준다.

14. 다양한 과일들을 담아준다.

15. 수박껍질에 나비도안을 붙이고 라인을 따라 선을 넣는다.

16. 사진과 같다.

17. 필요없는 부분을 제거하고, 속부분에도 칼을 넣어 껍질을 제거한다.

18. 나비를 완성한다.

19. 완성한다.

마스터 예제-수박4

1. 수박을 사진과 같이 잘라준다.

2. 사진과 같이 등분한다.

3. 등분선을 기준으로 홈을 파내준다.

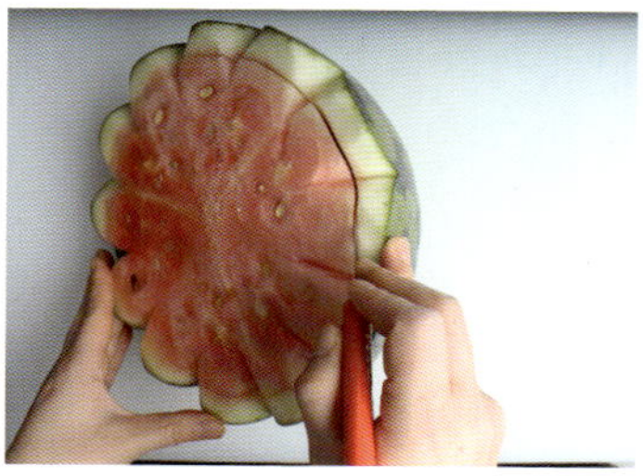

4. 칼을 살짝 눕혀 과육과 껍질을 분리해준다.

5. 안쪽에서도 칼을 눕혀 떨어지는 조각을 제거한다.

6. 파내준 홈에 꽃잎라인을 그린다.

7. 꽃잎라인 아래쪽부터는 칼을 눕혀 돌린다.

8. 떨어지는 조각을 떼어낸다.

9. 칼을 돌리면서 위쪽 중앙으로 올라가며 잘라준다.

10. 반대쪽도 마찬가지로 꽃잎라인을 그린다.

11. 꽃잎라인 아래쪽부터 칼을 눕혀 돌린다.

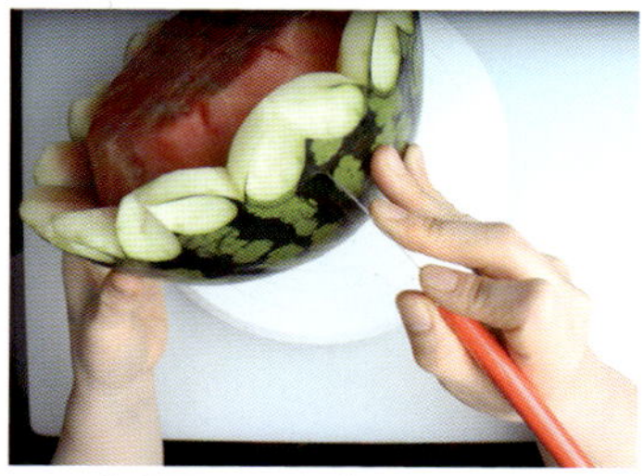

12. 파내준 곳 아래쪽으로 꽃잎라인을 그린다.

13. 칼을 눕혀 홈을 파낸다.

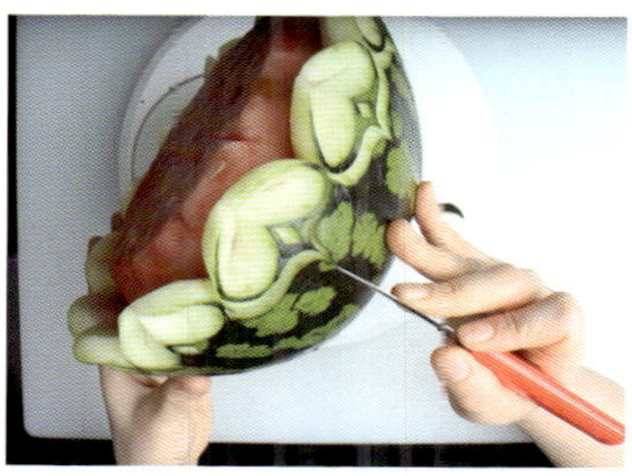

14. 칼을 눕혀 사진과 같이 꽃잎라인으로 파내준다.

15. 꽃잎라인을 그린다.

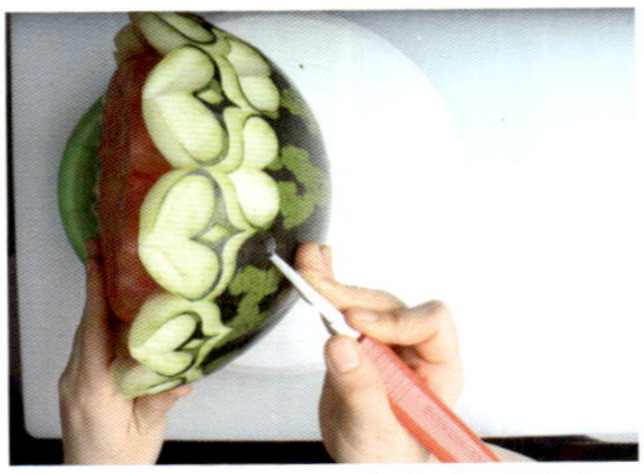

16. 꽃잎라인 끝부분에서 칼을 눕혀 돌려준다.

17. 떨어지는 조각을 제거한다.

18. 칼을 세워 아래쪽에 꽃잎라인을 그린다.

19. 라인 안쪽에 사진과 같이 홈을 파낸다.

20. 칼을 눕혀 꽃잎라인대로 파내준다.

21. 과육을 스쿱으로 파내준다.

22. 다양한 과일들을 넣어 채운다.

23. 수박껍질에 나비도안을 붙이고 라인을 따라 선을 넣는다.

24. 사진과 같다.

25. 필요없는 부분을 제거하고, 속 부분에도 칼을 넣어 껍질을 제거한다.

26. 나비를 완성한다.

27. 완성한다.

마스터 예제-수박5

1. 수박을 사진과 같이 잘라준다.

2. 큰 수박의 과육을 스쿱으로 예쁘게 파내준다.

3. 나비를 만들기 위해 큰 수박의 껍질을 벗겨낸다.

4. 작은 수박을 사진과 같이 등분한다.

5. 칼을 살짝 눕혀 꽃잎라인으로 파낸다.

6. 떨어지는 조각을 제거한다.

7. 사진과 같다.

8. 아래쪽으로도 이어지는 꽃잎라인을 그린다.

9. 라인 안쪽을 파내준다.

10. 양쪽 모두 모서리를 제거한다.

11. 아래쪽 모서리도 제거한다.

12. 꽃잎라인을 그린다.

13. 칼을 눕혀서 라인이 드러나도록 파내준다.

14. 두번째 꽃잎라인을 그린다.

15. 칼을 눕혀서 라인이 드러나도록 파내준다.

16. 꽃잎라인을 그린다.

17. 칼을 눕혀서 라인이 드러나도록 파내준다.

18. 반복하여 마무리한다.

19. 아래쪽에 칼을 눕혀 모서리를 살짝 제거한다.

20. 반대쪽도 마찬가지로 정리한다.

21. 떨어지는 조각을 제거한다.

22. 안쪽에 과육을 스쿱으로 파낸다.

23. 다양한 과일들을 넣어 채운다.

24. 수박껍질에 나비도안을 붙이고 라인을 따라 선을 넣는다.

25. 사진과 같다.

26. 필요없는 부분을 제거하고, 속부분에도 칼을 넣어 껍질을 제거한다.

27. 나비를 완성한다.

28. 나비를 세워 데코한다.

29. 완성한다.

마스터 예제-수박6

1. 수박을 사진과 같이 잘라준다.

2. 작은수박에 사진과 같이 등분해준다.

3. 등분선을 기준으로 홈을 파내준다.

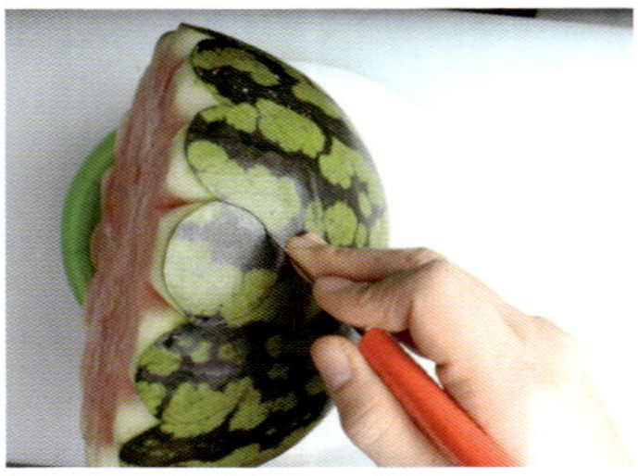

4. 아래쪽을 원 모양으로 라인을 넣는다.

5. 사진과 같이 안쪽 모서리정리를 한다.

6. 칼을 세워 센터봉오리 라인을 넣는다.

7. 센터봉오리 작업을 반복한다.

8. 센터봉오리 위쪽 라인을 둥글게 정리한다.

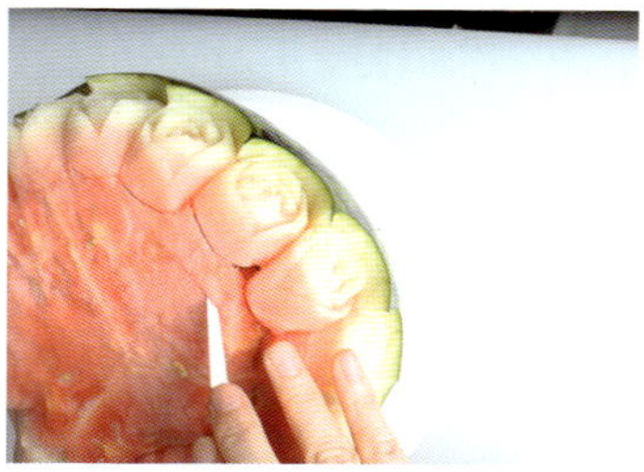

9. 과육과 껍질 사이를 정리한다.

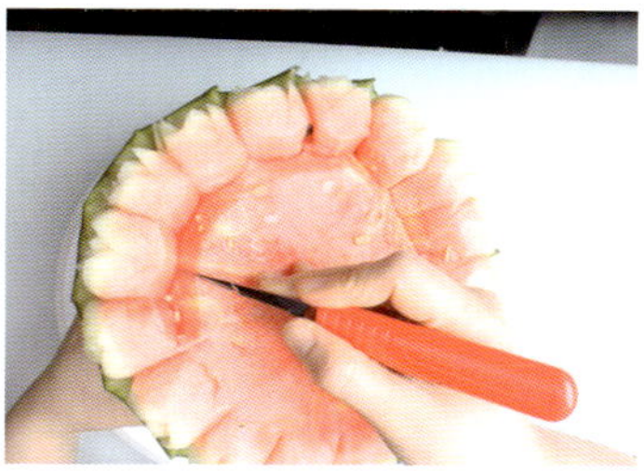

10. 사진과 같다.

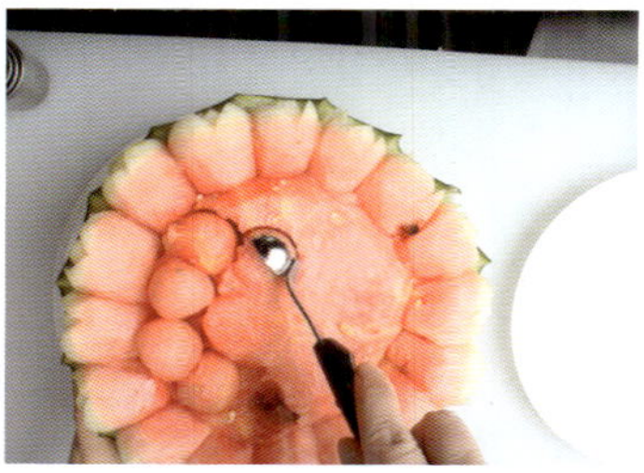

11. 과육은 스쿱을 이용해 파내준다.

12. 칼을 눕혀 센터봉오리 아래쪽을 둥글게 파낸다.

13. 사진과 같이 꽃잎라인으로 파내고, 그 위에 라인을 그린다.

14. 아래쪽 껍질을 제거하여 떨어지는 조각을 제거한다.

15. 수박껍질에 나비도안을 붙이고 라인을 따라 선을 넣는다.

16. 사진과 같다.

17. 필요없는 부분을 제거하고, 속부분에도 칼을 넣어 껍질을 제거한다.

18. 나비를 완성한다.

19. 다양한 과일들로 속을 채워주고 나비를 꽂아 완성한다.

마스터 예제-수박7

1. 수박에 펜으로 드로잉을 한다.

2. 드로잉 라인을 따라 선을 넣고 칼을 눕혀서 파낸다.

3. 안쪽 필요없는 수박껍질도 제거한다.

4. 리본 옆쪽에 띠 모양을 드로잉 한다.

5. 그려놓은 라인을 따라 선을 넣어준다.

6. 선 안쪽에도 또다시 라인을 넣어준다.

7. 먼저 그려둔 라인과 수직이 되도록 선을 긋는다.

8. 라인이 드러나도록 칼을 눕혀 제거한다.

9. 사진과 같이 바둑판 형식으로 껍질을 제거한다.

10. 사진과 같다.

11. 아래쪽으로도 라인을 넣어준다.

12. 사진과 같이 세개의 라인을 넣는다.

13. 칼을 눕혀 라인이 드러나도록 파내준다.

14. 안쪽 필요없는 껍질들을 제거한다.

15. 그어놓은 선과 수직이 되도록 일정한 간격의 라인을 긋는다.

16. 바둑판 형식으로 껍질을 파낸다.

17. 리본 위쪽으로도 동일한 라인을 넣는다.

18. 그어놓은 라인과 수직이 되도록 일정한 간격의 선을 긋는다.

19. 라인이 드러나도록 칼을 눕혀 제거한다.

20. 원형커터를 찍는다.

21. 칼을 눕혀 원이 드러나도록 파내준다.

22. 안쪽 모서리를 제거한다.

23. 가장 작은 스텐조각도로 돌려가며 찍는다.

24. 칼을 눕혀 안쪽을 제거한다.

25. 아래쪽에 동일하게 모양을 찍어낸다.

26. 칼을 눕혀 제거한다.

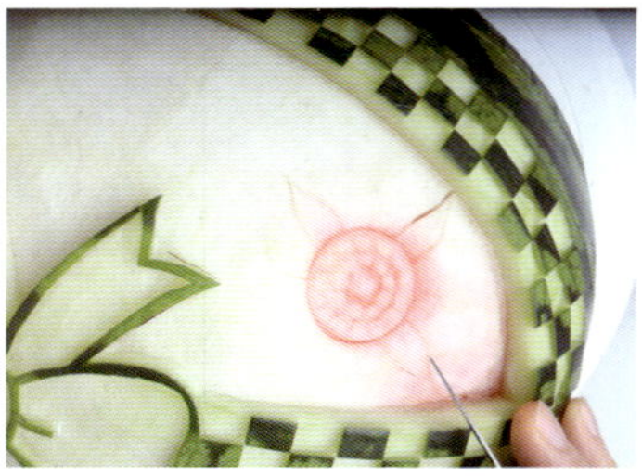

27. 사진과 같이 꽃잎을 그린다.

28. 꽃잎 양옆을 파내고 사진과 같은 꽃잎라인을 그린다.

29. 사진과 같다.

30. 사진과 같은 위치에 원형커터를 찍는다.

31. 칼을 눕혀 원 안쪽을 모서리제거 한다.

32. 삼각도를 살짝 눕혀 돌려가며 찍는다.

33. 칼을 눕혀 원 안쪽을 제거한다.

34. 두번째 층도 마찬가지로 작업한다.

35. 칼을 눕혀 라인을 파내준다.

36. 사진과 같이 꽃잎을 그린다.

37. 꽃잎 안쪽을 파내준다.

38. 사진과 같은 위치에 스텐조각도를 찍어준다.

39. 칼을 눕혀 안쪽 모서리를 제거한다.

40. 바깥쪽 모서리도 살짝 제거한다..

41. 칼을 세워 꽃잎라인을 그린다.

42. 꽃잎 사이사이를 파내준다.

43. 사진과 같은 위치에 라인을 넣는다.

44. 칼을 눕혀 안쪽 모서리를 제거한다.

45. 칼을 세워 꽃잎라인을 그린다.

46. 사진과 같은 위치에 스텐조각도를 찍어낸다.

47. 칼을 눕혀 원 안쪽 모서리를 제거한다.

48. 삼각도를 세워 원 안쪽에 돌려가며 찍어준다.

49. 적당한 크기로 등분을 해준다.

50. 꽃잎라인을 그려넣는다.

51. 두번째 층도 마찬가지로 작업한다.

52. 칼을 눕혀 꽃잎 사이사이를 제거한다.

53. 세번째 층 꽃잎은 작게 그려준다.

54. 꽃잎 사이사이를 제거한다.

55. 사진과 같은 위치에 라인을 넣는다.

56. 원 안쪽을 모서리 제거한다.

57. 칼을 눕혀서 원 바깥쪽을 파낸다.

58. 꽃잎라인을 그려준다.

59. 사진과 같이 라인을 넣는다.

60. 칼을 눕혀 모서리를 제거한다.

61. 센터봉오리 라인을 그린다.

62. 칼을 눕혀 라인이 드러나도록 제거한다.

63. 사진과 같이 완성한다.

64. 리본 윗부분은 스쿱으로 파내 준다.

65. 사진과 같다.

66. 다양한 과일들을 담아준다.

마스터 예제-사과1

1. 사과를 준비한다.

2. 사과의 한쪽 면을 반듯하게 잘라낸다.

3. 칼을 일정한 각도로 비스듬히 넣어, 홈을 파낸다.

4. 계속해서 점점 커지는 홈을 파낸다.

5. 파내준 홈을 순서대로 겹친다.

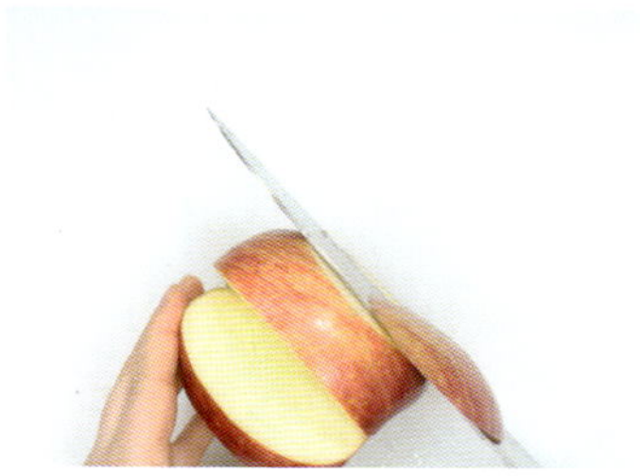

6. 옆쪽 면을 반듯하게 잘라낸다.

7. 사진과 같다.

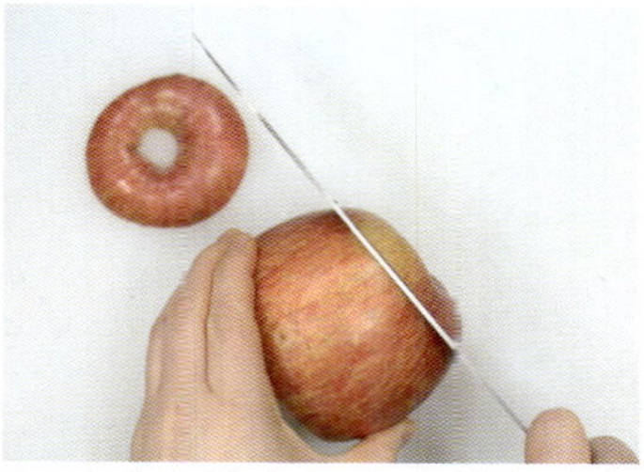

8. 나머지 사과의 위 아래를 잘라준다.

9. 가로로 일정한 선을 그어준다.

10. 세로로도 일정한 선을 그어준다.

11. 칼을 눕혀 사과 껍질을 하나 건너 하나 제거한다.

12. 사진과 같다.

13. 사과를 하나 더 준비하여, 문구를 새긴다.

14. 사진과 같이 칼을 세워 문구를 넣는다.

15. 칼을 눕혀 문구를 제외한 껍질을 제거한다.

16. 사진과 같다.

17. 주변 테두리를 넣어준다.

18. 테두리 안쪽의 사과껍질을 깔끔하게 제거한다.

19. 사진과 같다.

20. 위쪽을 반듯하게 잘라준다.

21. 잘라낸 부분의 과육을 스쿱으로 파낸다.

22. 키위의 위아래를 제거한다.

23. 껍질을 제거한다.

24. 과육을 자른다.

25. 오렌지 과육도 비슷하게 자른다.

26. 사과 볼 안에 다양한 과육들을 채워넣는다.

27. 사진과 같다.

28. 완성한다.

마스터 예제-배1

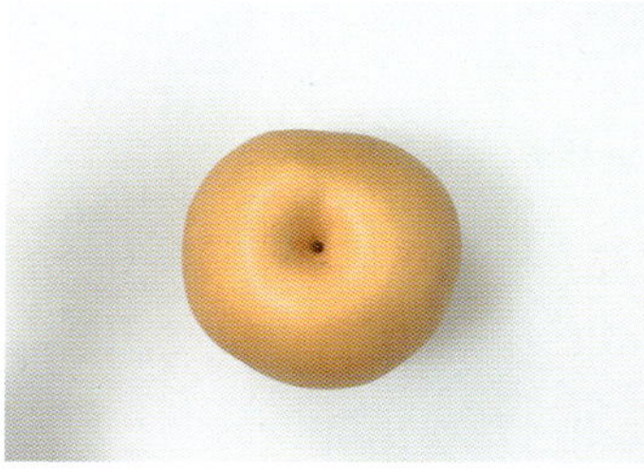

1. 배를 준비한다.

2. 원하는 문구를 새긴다.

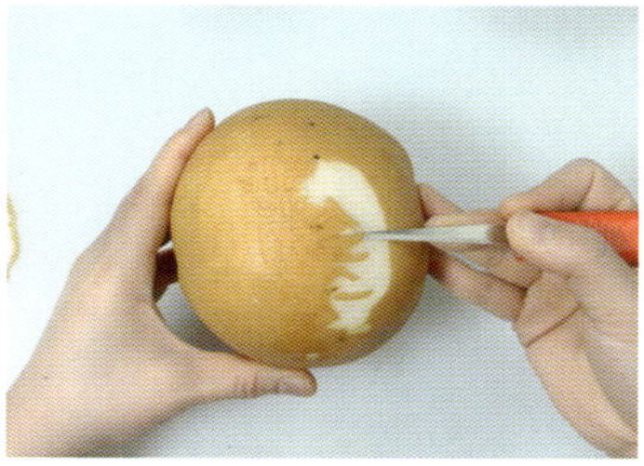

3. 칼을 눕혀 문구가 드러나도록 껍질을 제거한다.

4. 글씨 주위 테두리를 만들어, 껍질을 깔끔하게 정리해준다.

5. 칼을 눕혀 테두리 주변에 U자 홈을 파낸다.

6. 파낸 부분에 칼을 세워 꽃잎라인을 그린다.

7. 옆쪽을 또다시 U자로 파내고, 꽃잎라인을 그린다.

8. 이와 같은 작업을 반복한다.

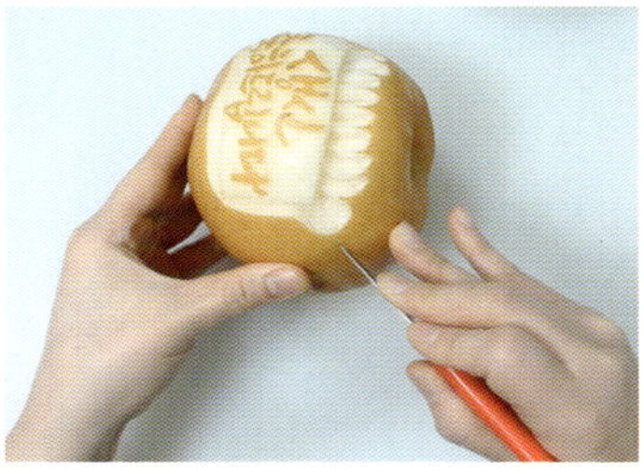

9. 사진과 같다.

10. 칼을 눕혀 꽃잎라인 바깥쪽 라인을 정리한다.

11. 옆부분도 정리해준다.

12. 사진과 같다.

13. 배의 위, 아래 부분을 일자로 잘라낸다.

14. 윗부분의 과육을 스쿱으로 예쁘게 파낸다.

15. 깔끔하게 속을 파내어 오렌지 주스에 과육을 담근다.

16. 사과의 위,아래를 일자로 잘라 낸다.

17. 가로로 일정한 간격의 선을 긋는다.

18. 세로로 일정한 간격의 선을 긋는다.

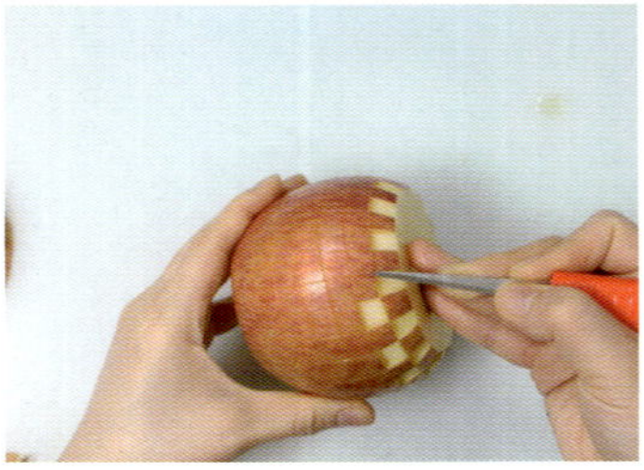

19. 칼을 눕혀서 껍질을 하나 건너 하나 제거한다.

20. 사진과 같다.

21. 오렌지 과육을 사진과 같이 잘라준다.

22. 키위 과육을 사진과 같이 잘라 준다.

23. 파냈던 곳에 과육을 채워넣는다.

24. 완성한다.

한국카빙데코레이션협회
KoreaCarvingDecorationAssociation

과 일 플 레 이 팅 마 스 터

발행 2023년 5 월 3 일

저자 **고윤희 김미숙 이수연 전현준 이솜 전선주**

발행 **한국카빙데코레이션협회**

서울본사 **서울특별시 송파구 법원로 127 문정대명벨리온 제11층 제1119호**
전화 02-499-9707

대구본사 **대구광역시 동구 효목동 168-2번지 2층**
전화 053-763-9707

홈페이지 www.foodcarving.co.kr

이메일 987307@hanmail.net

주문전화 053-763-9707 010-7501-9707

출판등록 2012년 08월13일 제2012-000047호

펴낸곳 **한국카빙데코레이션협회**

편집 **한국카빙데코레이션협회**

교정 • 교열 **한국카빙데코레이션협회**

인쇄 • 제책 **한결그래픽스**

주소 **대구광역시 동구 효목동 168-2번지 2층**

ISBN 979-11-89071-12-7

값 34,000원